古代歷史文化研究輯刊

四 編

王 明 蓀 主編

第12冊

漢唐民間結社研究（上）

黃懷德 著

國家圖書館出版品預行編目資料

漢唐民間結社研究(上)／黃懷德 著 — 初版 — 台北縣永和市：
花木蘭文化出版社，2010〔民 99〕
目 2+172 面；19×26 公分
（古代歷史文化研究輯刊 四編：第 12 冊）
ISBN：978-986-254-232-3（精裝）
1. 社會團體　2. 中國史
546.7　　　　　　　　　　　　　　　　99012976

ISBN - 978-986-254-232-3

9 789862 542323

古代歷史文化研究輯刊
四 編　第十二冊　　　　　　ISBN：978-986-254-232-3

漢唐民間結社研究（上）

作　　者　黃懷德
主　　編　王明蓀
總 編 輯　杜潔祥
印　　刷　普羅文化出版廣告事業
出　　版　花木蘭文化出版社
發 行 所　花木蘭文化出版社
發 行 人　高小娟
聯絡地址　台北縣永和市中正路五九五號七樓之三
　　　　　電話：02-2923-1455／傳眞：02-2923-1452
電子信箱　sut81518@ms59.hinet.net
初　　版　2010 年 9 月
定　　價　四編 35 冊（精裝）新台幣 55,000 元

漢唐民間結社研究（上）

黃懷德　著

作者簡介

　　黃懷德，台灣省雲林縣人，1975 年生。國立政治大學歷史學系碩士，現任桃園縣立壽山高中歷史科教師；仍就讀於國立政治大學歷史學系博士班。專長領域有二：

　　一是中國秦漢時期社會史。發表專文有〈唐五代宋初敦煌私社的活互助功能〉，《政大史粹》第五期（台北，2003）。另，〈東晉南朝江南的「佛會」——兼論山崎宏的「法社」說〉一文，曾獲 94 學年政治大學史學論文獎論文組第二名。

　　二是國軍的戡亂戰史。曾於 2003 年「1940 年代中國軍事史國際學術研討會」提報〈國軍徐蚌會戰失利原因試析——以第一階段戰事為中心〉，收入：《中華軍史學會會刊》第九期（台北，2004）。

提　　要

　　從先秦以迄近代，最基層鄉里聚落的「社」，於春、秋兩季的社日，由群眾共同出錢出力，操辦祭祀社神與聚飲活動，提供了娛樂與社會交際的功能，是鄉里社會生活中不可或缺的一部分。在唐代以前，民間除了「社」的組織之外，漢代有單、僤、彈、墠等民間團體，已具有協力共耕、地方事務與商業合作等功能。北朝有邑、邑義、法義等奉佛團體，除從事造像外，亦有進行造橋、鋪路、掘井、植樹等，符合佛教福田事業的公共建設；甚至於還有「義」的組織，則是專門進行社會救濟事業。至於南朝，則是組織較為鬆散，屬於淨土法門，多為名士與高僧結合成的「佛會」。復次，有學者曾論及的「法社」，則暫視為佛教信徒中，一種以不殺牲而守戒的佛教齋會「法社齋」存疑。

　　唐代私社大盛，各類民間團體都可以用「社」作為組織名稱，具有多重功能的民間結社，活躍於庶民社會，其組織也邁向成熟與定型。傳統春、秋二社已是民間重要的歲時節日之一，社神的選配、社日活動的形式等方面，也已漸趨定型；除了依村里聚落所組成的祭社外，許多私社也具備此一功能。再者，奉佛雖仍是結社目的之大宗，但如喪葬互助，急難基金的設置，迎娶、生子、立莊造舍、遠行、疾病慰問等生活互助功能，也多能在私社中彰顯。

　　私社的組織與功能，除能反映庶民日常生活所需之外，國家在此間的態度，也深刻影響著民間結社的發展。

目次

第一章　序　論

（一）研究旨趣與問題意識

在中國古代，有許多民間團體、組織活躍於社會上，我們概稱為民間結社。其並不屬於官府的地方行政系統，在正史中也罕見記載，但仍可透過其他文獻或出土史料的零星記載，窺探、拼湊其組織及活動之實況。這些民間結社，或進行慈善事業，或宗教，或經濟生活互助等活動，成員帶有一定程度的自願性質；即便在專制君主的統治之下，仍能糾合群眾，發揮力量，展現社會自主性的活力。對於民間結社的研究，有別於菁英史觀的視野，而能從庶民的生活出發，展現一個時代的社會、經濟特色。

「社」乃「祀」與「土」之結合，亦即對土神之祭祀。現代意義的「社」，可以大如「社會」，小如泛指人民團體或者公司行號，並沒有多少祭祀的色彩。但在中國古代（先秦），「社」，上可以是代表國家〔註1〕，下可以是地方的祭祀團體〔註2〕，似乎都與祭祀脫不了關係。國家的「社」，作為代表國家權力的祭祀儀式及地點，或在廟堂之上，或在地方各級行政單位中而設，這類的社通常都視為「官社」，不具民眾糾集組織的性質，因此不在本書討論之列。

〔註1〕 最為人所熟知的例子，即如《孟子·盡心》所言之：「民為貴，『社稷』次之，君為輕。」

〔註2〕 《詩經·小雅·甫田》曰：「以我齊明，與我犧羊，以社以方，我田既臧，農夫之慶。」鄭玄箋云：「秋祭社與四方，為五穀成熟，報其功也。」再如《禮記·郊特牲》曰：「唯為社事，單出里；唯為社、田，國人畢作；唯社，丘乘共粢盛。」《戰國策·秦策》所言：「睹之二社之地。」高誘注：「邑皆有社，……二社即二邑。」

　　至於最基層鄉里聚落的「社」，在中國古代社會，源遠流長。其功能主要乃鄉里間的「祭酺合醵」〔註3〕，由群眾共同出錢出力，組織對社神的祭祀，並操辦宴飲聚會活動。如《漢書》卷二十四〈食貨志〉載戰國時李悝計算一般農民日常開銷，列有「社閭嘗新春秋之祠，用錢三百」；《全唐詩》卷二七七盧綸〈村南逢病叟〉詩云：「雙膝過頤頂在肩，四鄰知姓不知年，臥驅鳥雀惜禾黍，猶恐諸孫無社錢。」明代華允誠等重編《華氏傳芳集》卷九〈處士華公二容傳〉：「俗於春秋二社，必集錢演劇，貧者稱貸從事，或至破產。」清代嘉慶《蕪湖縣志》卷一〈風俗〉載鄉村農人田功一完，「皆釀金賽神，叢祠社鼓，村落闐然」。社日活動的花費，是民眾每年生活中必須支出的固定項目，先秦至清代都有類似的記載。再如《全唐詩》卷六九〇王駕〈社日〉詩述：「桑柘影斜春社散，家家扶得醉人歸。」宋代周密《武林舊事》卷四記八月社日，民間舉行「糕會」，以祭秋社；明代《錢塘縣志》，〈紀事・風俗〉云二月的社日舉行社祭，「民間輪年釀金祀土穀神。祀畢，爲社會飲。又，七月，各里釀金作會祀神，與春社同」。從先秦以迄近代，「社」的祭祀與聚飲活動，廣泛、普遍成爲鄉里社會生活中不可或缺的一部分。即使這種「社」依托最基層的地方行政單位里、村等而存在，一般也習慣稱爲「里社」、「村社」，也許仍具有官方色彩，但因其群眾性質明確，並兼具娛樂、交際的功能，當然屬於民間結社的一環。但在歷史演變中，「社」是如何從「祭酺合醵」的社，發展成爲一般民間團體皆能以「社」作爲名稱呢？

　　目前對於「社」的歷史發展研究，以寧可與郝春文爲代表，兩位學者的著作指出：先秦到漢代，是屬於「里、社合一」的狀態，「社」與邑、里等聚落單位是重疊的，「社」等同於自然聚落的組織。從漢代開始，出現「里、社分離」的狀態，「社」開始有私人化的性質，在傳統的「里社」之外也出現了私人的民間組織。但不論如何，在唐代以前，「社」仍是作爲鄉里間的祭祀團體，其他的民間團體並不稱爲社，另有其專門的名稱，如漢代的僤、北朝的邑。在唐代開始出現了社與邑的合流，包括傳統鄉里間對社神的祭祀，及其他各種類型與性質的民間團體，就習慣多以「社」作爲其團體的名稱〔註4〕。

〔註3〕《詩經・周頌・良耜》曰：「以開百室」，鄭玄箋云：「百室者初必共溫間而耕，入必共族而居，又有祭酺合醵之歡。」鄭玄所指爲先秦時，在封建制度下，聚落中的共同體特色。如何能作爲最基層鄉里聚落的「社」的功能，本書第二章第一節有詳細的論述。

〔註4〕寧可，〈述「社邑」〉，《北京師範學院學報》，1985年第一期，頁12～24，亦

以兩位學者精辟之論，作為本書民間結社研究之基礎，論述由此出發，可以
由兩條脈絡開始發展：

第一條脈絡，鄉里間的祭祀團體「社」，其組織與功能是如何演變？

第二條脈絡，除了鄉里間對於社神的祭祀團體之外，尚有各式各樣不同
類型的民間團體，或因興趣、或因宗教信仰、或因生活所需而結合。在每個
時代，各以什麼面貌來展現？

這兩條脈絡，自先秦開始往後發展，至唐代開始結合並行，民間組織的
名稱也漸趨於一致，可以開始廣泛地概稱為社、社邑、私社。本書行文立
論，即以這兩條脈絡之發展為主軸。關注的焦點在於：第一條脈絡中鄉里間
的祭祀團體「社」，乃一般所習稱的「里社」、「村社」。本於民眾集聚而生，
有很強的地域性，也就是其成員共同的身份就是同一鄉里聚落的百姓。但我
們不禁要問，鄉里間「必然」會有祭祀團體嗎？鄉里百姓都必須參加嗎？
這又衍生出一個更重要的問題：其性質究竟是屬官方，或者是純屬民間組織
呢？是地方父母官的行政職責嗎？如果不屬官方單位，那麼對其成員的糾集
就較無強制性；誠如是，又是什麼力量來組織群眾？由何人來組織呢？如
果這類的社是由地方父母官來主持或組織，那麼這種社的活動，會僅僅只
是一種儀式嗎？抑或是另有群眾性質及其他功能？以上種種都是亟待釐清的
重點。

相較於鄉里間的祭祀團體「社」，因興趣、或因宗教信仰、或因生活所需
而結合的民間結社，也就是我們一般習稱的「私社」，其成員有更大的自主性，
也更不具官方的色彩。其所展現的功能，即能反應出，是什麼樣的動機、需
求，可以讓一群人糾合在一起；而這就與當時代人們的風俗文化，以及日常
的生活環境有關。對於長時段發展的研究，便能理解是什麼時代，會出現什
麼樣的民間結社？通常由誰來組織，如何組織？

除了需求的因素之外，民間結社的組織與活動可以展現群眾自主性的活
力，這無法完全從朝廷政策推行，由上而下的視野探查之。民間結社的組織，
是否能發展出一套社會所習用的組織規則，而能長久運作，並非僅是人存政
舉，端看有力人士是否出面號召、主持。運作時間的長短，是不是常設性的

收入：氏著，《寧可史學論集》（北京：中國社會科學出版社，1999 年），頁
440～457；郝春文，〈東晉南北朝時期的佛教結社〉，《歷史研究》，1992 年第
一期，頁 90～105。

組織，都是判斷民間結社的成熟性，以及活動力的主要指標。另外，時空環境的物質文明與交通水準，也深刻影響著結社活動的地域範圍，活動的範圍越大，當然也能展現結社活力的一個側面。在明末清初，就有山東的鄉村居民，「百十爲群，結社而往」，「群聚爲會，東祠泰山，南祠武當」〔註5〕，已類似今日進香團性質的結社。上文已提到唐代私社大盛，除了一般咸認史料在數量上遠勝於前代的因素之外，包括組織的成熟度，活動的範圍等，也都必須加以考察、驗證。

在兩條脈絡之外，若轉換成以國家統治的角度觀察，民間結社固然展現了社會活力，但因糾集人眾而形成力量，國家權力如何看待這股力量？所能容忍的規模限度爲何？就民間結社的功能而言，哪些功能是有必要扶持，甚至加以運用者？官府的力量往往因此而介入，甚至地方長吏運用個人職權之便，而成爲民間結社的組織者。此外，有哪些功能類別的結社，是必須嚴加禁斷？官府當有其自身之考量。最顯而易見的例子，便是歷朝歷代均可見官方對於淫祀的禁制。對於有政治意圖的宗教團體，自是須鏟除務盡，甚至僅是單純的信仰團體，我們也常見官府以未符合國家的信仰體制爲由，而將其視爲左道淫祀，歸入排除之列。另一方面，民間結社又該如何在國家的統治秩序中發揮民眾所需要的功能？是否有一些做法可以作爲兩造溝通、平衡的橋樑？民間結社與國家權力間的互動關係，也是相當值得探索的焦點。

民間結社所牽涉的層面至廣，反映的現象至多，包括一時代之政治、社會、經濟等方面，因此對民間結社進行全方位的探討，對於理解庶民社會，官方與民間的互動上，應該是能有所建樹的。民間結社的發展，由上文所述，可知唐代具有重要里程碑的意義；且目前的研究也都指出，唐代民間結社大盛，遠過於前代；除了史料相對豐富的因素之外，也應有與之相配合的時空環境因素。另一方面，由於明清時代諸如行會、秘密教派、會社等團體組織活躍，以及拜有相對較多史料呈現之賜，歷來學者的研究也多著墨於此，對於唐代以前的討論，數量上就較感缺乏。因此，本書即以《漢唐民間結社研究》爲題，討論先秦以迄唐代，民間結社的淵源與各時代間的發展，期能建

〔註5〕顧炎武，《天下郡國利病書》第十五冊〈山東〉引《青城志》。再如《古今圖書集成・方輿匯編・職風典》卷一七五〈常州府部〉亦載清代吳地之人，還有去武當進香之習。每次進香，必定在無錫相會。所以每逢二月，無錫北塘就會有「香燈之會」。

立一個完整段落的民間結社史。

（二）研究史之回顧

關於先秦以迄唐代民間結社的研究，目前已經累積了相當的成果。陳寶良與寧可的研究則綜論了中國史上的民間結社。陳寶良之著作對歷代的「社」，有詳盡的分類與介紹，收羅的史料也堪稱豐富，但由於涵蓋時間長，無法就各個時代結社的特色以及變遷的原因作說明，不過對於基礎的認識仍有極大幫助；寧可的論文，則著重於其歷史演變的探討，有助於「社邑」史觀的建立〔註6〕。先秦兩漢時期的論述，席涵靜舉列經籍中周代的社，及其功能與性質，但並未對當時的國家社會結構進行連結〔註7〕。大陸學者俞偉超指出，漢代的單、彈、僤、壇等，乃古代公社的遺留，不過經杜正勝詳細的考察，已經證實是民間的私人組織〔註8〕；兩者的論證之法都頗爲精采，然左派學者致力於將所有歷史現象歸入馬克思史學的解釋結構中，與史實多有出入。複次，邢義田論漢代的父老與聚族里居，一併考察了「父老僤」的性質與功能〔註9〕。寧可與羅彤華師的論文，對漢代的民間組織則有系統性的論述，包括組織的淵源、性質、功能，以及與國家、經濟、社會等各方面的互動關係。〔註10〕

兩晉南北朝時期，由於佛教的流佈，民間奉佛團體的出現，便成爲此時期民間結社顯著的標誌，尤其在北朝造像之風盛行下，民眾合夥出資造像所結成的的「邑」、「邑義」、「法義」等團體，藉由目前留存的大量造像碑刻之便，學者的研究也盡集中於此。日本學者如那波利貞、山崎宏，以及法國學者謝和耐（Gernet Jacques）涉及最早，但由於討論的重點都在尋求隋唐五代私社的活水源頭，所以留待稍後再予介紹。此外，郝春文對於造像邑的組織

〔註6〕 陳寶良，《中國的社與會》；寧可，〈述「社邑」〉，《北京師範學院學報》，1985年第一期，頁12～24，亦收入：氏著，《寧可史學論集》，頁440～457。

〔註7〕 席函靜，《周社研究》（台北：福記文化圖書有限公司印行，1986年）。

〔註8〕 俞偉超，《中國古代公社組織的考察──論先秦兩漢的「單、僤、彈」》（北京：文物出版社，1988年）；杜正勝，〈漢「單」結社說〉，收入：氏著，《古代社會與國家》（台北：允晨文化實業，1992年），頁953～970。

〔註9〕 邢義田，〈漢代的父老、僤與聚族里居〉，收入：氏著，《秦漢史論稿》（台北：東大圖書公司，1987年），頁232。

〔註10〕 羅師彤華，〈漢代的民間結社〉，《大陸雜誌》，1991年第六期，頁12～49；寧可，〈漢代的社〉、〈關於〈漢侍廷里父老僤買田約束石券〉〉、〈五斗米道、張魯政權和「社」〉，分別收入：《寧可史學論集》，頁458～469、470～483、493～518。

有系統性的論述，並有專論組織領導人的文章〔註11〕。李文生則針對北朝至唐代，洛陽龍門石窟的造像邑進行研究，對於其名稱與組織型式，以及兩個時代的變化進行討論〔註12〕；顏尚文則是以單一造像銘記，探討組織成員的佛教信仰〔註13〕；盧建榮的論文乃發前人所未發，討論並整理造像銘記所反映的社會意識，提供新的研究方向〔註14〕。北朝造像邑的功能，除了造像之外，並有兼行佛教所倡導的福田事業，如修橋、造路、種樹、掘井等公共建設事業，甚至還有以「義」為名稱的組織，專門進行社會救濟事業，這些也都能反映佛教教義中對於「義」的行為與思想的闡釋，劉淑芬在這一部分的研究用力最深，也獲具代表性的成果〔註15〕。當時民間的佛教信仰，支撐著造像活動的興盛，在劉淑芬的研究之外，侯旭東的著作卻能跳脫正統的、由上而下的信仰傳播系統，由民眾在信仰上為何選擇佛教入手，探討由傳統信仰與佛教所搏成的民間信仰，文中雖然未論及造像邑的組織，但對於民間造像的動機，提供本書相當的啟發與思考脈絡。〔註16〕

相較於華北地區，江南同樣是佛教傳播盛行之地，但對於民間奉佛組織的介紹或相關研究，卻似乎頗為單薄；多是在兩晉南北朝的佛教史論著中，或者是論述中國淨土發展史時，針對慧遠的盧山教團進行討論〔註17〕。嚴耀

〔註11〕郝春文，〈東晉南北朝時期的佛教結社〉，《歷史研究》，1992 年第一期，頁 90～105。

〔註12〕李文生，〈龍門石窟佛社研究〉，《歷史文物雙月刊》六卷二期（台北：1996 年），頁 6～25。

〔註13〕顏尚文，〈北朝佛教社區共同體的法華邑義組織與活動——以東魏〈李氏合邑造像碑〉為例〉，《佛學研究中心學報》第一期（台北：1996 年），頁 167～184。

〔註14〕盧建榮，〈從造像銘記論五至六世紀北朝鄉民社會意識〉，《師大歷史學報》第二十三期（台北：1995 年），頁 1～35。

〔註15〕劉淑芬，〈五至六世紀華北鄉村的佛教信仰〉，《中央研究院歷史語言研究所集刊》第六十三本三分（台北：1993 年），頁 497～544；劉淑芬，〈慈悲喜捨——中古時期佛教徒的社會福利事業〉，《北縣文化》第四十期（台北：1994 年），頁 17～20；劉淑芬，〈北齊標異鄉義慈惠石柱——中古佛教社會救濟的個案研究〉，《新史學》五卷四期（台北：1994 年），頁 1～47。

〔註16〕侯旭東，《五、六世紀北方的民眾信仰》（北京：中國社會科學出版社，1998 年）。

〔註17〕如湯用彤，《漢魏兩晉南北朝佛教史》上冊（台北：駱駝出版社，1987 年），頁 341～373；望月信亨著，釋印海譯，《中國淨土教理史》第三章與第五章（台北：正聞出版社，1991 年），頁 17～26、35～42；方立天，《魏晉南北朝佛教論叢》（北京：中華書局，1995 年），頁 51～110；陳揚炯，《中國淨土宗通史》

中的著作屬近年之作，專就歷代江南地區，對佛教傳播的環境、佛教的發展及信仰體系進行介紹；其中也包括了對民間奉佛組織的論述，有助於認識其時代發展的演變〔註 18〕。至於專就當時民間佛教「結社」的論述，也無針對江南地區而論者，僅上述那波利貞、山崎宏與郝春文的著述中兼有論及，且主要的討論焦點，仍是集中在慧遠所創立的廬山教團。

　　隋唐五代時期私社大盛，拜敦煌出土寫本文書之賜，藉由相關社邑文書的運用，已累積了相當豐碩的研究成果。那波利貞無疑是此領域的開拓者，雖然對於文書數量的掌握與判讀、解釋，就今日所知或有顯缺失，但那波氏所刊佈的六十四件社邑文書，使海內外學者對這些「雜文書」的價值開始有所了解；而且其將唐代社邑的發展，分爲三種不同類型的觀點，至今仍爲不刊之論；再者，他對佛教社團與寺院關係的論述，對後進的研究也有借鑒的意義〔註 19〕。繼那波利貞之後，山崎宏提出了若干不同的看法，最主要是山崎氏認爲興起於北朝的邑義與南朝的法社，因唐代社會文化，漸次失去北朝的文化，南朝文化愈益濃厚，因此唐代的法社有壓倒性的發展，此即與那波利貞之論意見相左〔註 20〕。法國學者謝和耐在著作中，論述五世紀末至十世紀華北佛教團體的發展，指出從邑、社有別到邑社不分的歷史現象，至隋唐時以傳統春、秋二社爲功能的「社」，在一定條件下可以轉化爲佛教的社，此乃一項重大的突破；但謝和耐過於強調唐代私社的佛教性質，認爲具有互助或崇佛功能的私社都深受佛教的影響，因而認爲那波利貞將敦煌私社分爲互助團體或只從事奉佛活動的團體，是沒有意義的，這就使得整體的論述顯得籠統與不夠準確〔註 21〕。之後，日本學者竺沙雅章重新整理了那波利貞所刊佈的法藏敦煌社邑文書，並對英藏敦煌社邑文書進行全面的清理，重新探討敦煌私社的活動與組織情況；其中最重要成果是指出，當時私社的互助功能

（南京：江蘇古籍出版社，2000 年），頁 86～108。

〔註 18〕 嚴耀中，《江南佛教史》（上海：上海人民出版社，2000 年）。

〔註 19〕 那波利貞，〈唐代の社邑に就きて〉，《史林》二十三卷二、三、四期（東京：1938 年），頁 15～57、71～110、93～157；那波利貞，〈佛教信仰に基きて組織せら中晚唐五代時代の社邑に就きて〉，《史林》二十四卷三、四期（東京：1939 年），頁 1～72、81～122，兩篇文章並收入：氏著，《唐代社會文化史研究》第五、六編（東京：創文社，1974 年），頁 459～678。

〔註 20〕 山崎宏，《支那中世佛教の展開》，〈唐末敦煌地區の義邑〉一節（東京：清水書店，1942 年），頁 820～827。

〔註 21〕 謝和耐（Jacques Gernet），耿昇譯，《中國五至十世紀的寺院經濟》（台北：商鼎文化出版公司，1987 年），頁 212～325。

以喪葬互助最為重要，並對其具體過程進行考察；此外亦有論及官社在團保防盜及勸農耕作所起的作用〔註22〕。至於蘇聯學者丘古耶夫斯基，則較那波利貞、謝和耐等學者，更為強調社的根基與佛寺不可分離，社是在佛寺的直接指導和庇護下創立的；而其所運用當時尚未刊佈的列寧格勒藏敦煌寫本文書，則是其最主要的貢獻之一〔註23〕。另外，長澤和俊與土肥義和，則對上述的成果作了整理與介紹。〔註24〕

　　華人學者最早進行敦煌社邑文書研究的首推陳祚龍，一改國外學者所強調敦煌私社的佛教性質，而強調儒家傳統的影響，以及「互助」、「互惠」的精神根基〔註25〕。而郭鋒的文章，則是首次向兩岸學者較全面性地介紹敦煌民間結社的情況，其中關於其淵源與特徵的論述，已較先前的研究有了更大的進展〔註26〕。之後，配合各處所藏的社邑相關文書的刊佈漸趨完整，包括寧可、郝春文、劉永華、胡同慶、黃霞、李德龍、鄭炳林、陸慶夫、楊森、林豔枝等學者，針對敦煌私社的各種功能、成員的結合情形、與寺院的關係等各方面的議題進行專文研究〔註27〕。這些成果，已足以拼湊出對敦煌私社的

〔註22〕竺沙雅章，〈敦煌出土「社」文書の研究〉，《東方學報》第三十五期（京都：1964年），頁215～288。

〔註23〕丘古耶夫斯基，〈俄羅斯科學院東方研究所聖彼得堡分所館藏敦煌寫本中的轉帖〉，《敦煌學輯刊》，1996年第一期，頁1～2。

〔註24〕池田溫主編，《講座敦煌》（三），《敦煌の社會》中，由長澤和俊所撰寫的第三章第三節中的〈庶民生活と社の關係〉，頁468～475。另外，榎一雄主編，《講座敦煌》（二），《敦煌の歷史》中，由土肥義和所撰寫的第五章第五節〈「社」集團に莫高窟の修復〉，頁285～292，則對敦煌遺書和石窟題記、發願文中有關歸義軍時期，社邑修窟、建窟、造龕、修佛堂、塑像等情況進行考察。

〔註25〕陳祚龍，〈敦煌古鈔（社條）三種〉，《孔孟月刊》三卷七期（台北：1965年），頁22～24；陳祚龍，〈敦煌卷冊可貴之一斑〉，第三節〈中古敦煌結社的真相〉，《古今談》第一〇〇期（台北：1973年），頁19～22，該節並收入：氏著，《敦煌學海探珠》下冊（台北：台北商務印書館，1979年），頁362～365。

〔註26〕郭鋒，〈敦煌的社及其活動〉，《敦煌學輯刊》第四期（蘭州：1983年），頁80～91。

〔註27〕郝春文，〈敦煌遺書中的「春秋座局席」考〉，《北京師範學院學報》，1989年第四期，頁31～36；郝春文，〈隋唐五代宋初佛社與寺院的關係〉，《敦煌學輯刊》，1990年第一期，頁16～23；李德龍，〈敦煌寫本〈社司納贈歷〉淺探〉，《大慶師專學報》，1990年第二期；寧可、郝春文，〈北朝至隋唐五代間的女人結社〉，《北京師範學院學報》，1990年第五期，頁12～24；郝春文，〈隋唐五代宋初傳統私社與寺院的關係〉，《中國史研究》，1991年第一期，頁3～12；

系統性認識。姜伯勤、郝春文兩位學者即有此一領域研究史的評述。〔註28〕

　　除了敦煌文書的研究之外，現今北京房山雲居寺所存唐代石經題記，也可見盛唐、中唐時期，當地社、邑的刻石經之活動，亦為學者研究的焦點。唐耕耦、梁豐有專文論之，有助於瞭解當地村落或城市中的「行」，所結合的刻經社（邑）之性質與功能〔註29〕。日本學者氣賀澤保規，仔細介紹唐代房山的刻經事業，並透過刻經題名對於當地一個張姓府兵家族進行考察，對於其刻經動機詳加論述，提供了一個個案研究的範例〔註30〕。而土肥義和則是力圖透過石經題記、敦煌社邑文書、及傳統文獻等各方面目前所能掌握的史料，專對唐代的社邑組織型態進行研究，尤其對於房山石經社（邑）刻經題記的整理與列表，比唐耕耦尚要再更進一步，並歸納出兩種不同的組織系統；此外也披露部分尚未刊佈的敦煌社邑文書等方面，獲致相當顯著的成果。〔註31〕

寧可、郝春文，〈敦煌社邑的喪葬互助〉，《首都師範大學學報》第一○七期（北京：1995 年），頁 32～40 等；劉永華，〈唐中後期敦煌的家庭變遷和社邑〉，《敦煌研究》第二十八期（1991），頁 81～87；胡同慶，〈從敦煌結社活動探討人的群體性以及個體與集體的關係〉，《敦煌研究》第二十五期（蘭州：1990 年），頁 71～75；黃霞，〈北圖藏敦煌「女人社」規約一件〉，《文獻》，1996 年第四期，頁 263～266；黃霞，〈淺談晚唐五代敦煌「女人社」的型態及特點〉，《北京圖書館館刊》第四期（北京：1997 年），頁 88～92；鄭炳林、陸慶夫，〈唐末五代敦煌的社與粟特人的聚落〉，收入：鄭炳林主編，《敦煌歸義軍史專題研究》（蘭州：蘭州大學出版社，1997 年），頁 391～399；楊森，〈晚唐五代兩件《女人社》文書札記〉，《敦煌研究》，1998 年第一期，頁 65～74；楊森，〈敦煌社司文書劃押符號及相關問題〉，《敦煌學輯刊》，1998 年第一期，頁 85～90；林豔枝，〈敦煌地區的民間結社及其風俗研究〉、〈唐五代時期敦煌地區的女人結社〉，《中國文化月刊》二二○、二四二期（台中：1998、2000 年），頁 40～57、32～50。

〔註28〕 郝春文，〈五十年來（1938～1990）敦煌寫本社文書研究評述〉，《中國史研究動態》，1991 年第八期，頁 11～17；姜伯勤，《敦煌社會文書導論》（台北：新文豐出版公司，1993 年），頁 250～262。

〔註29〕 唐耕耦，〈房山石經題記中的唐代社邑〉，《文獻季刊》，1989 年第一期，頁 74～106；梁豐，〈從房山「石經題記」看唐代的邑社組織〉，《中國歷史博物館館刊》第十期（北京：1987 年），頁 67～71、76。

〔註30〕 氣賀澤保規，〈唐代房山雲居寺の發展と石經事業〉，收入：氣賀澤保規編，《中國佛教石經の研究：房山雲居寺石經を中心に》（京都：京都大學學術出版會，1996 年），頁 23～105；氣賀澤保規，〈唐代幽州の地域と社會──房山石經題記を手がかりとして〉，收入：唐代史研究會編，《中國都市の歷史的研究》（東京：刀水書房，1988 年），頁 157～167。

〔註31〕 土肥義和，〈唐、北宋間の「社」の組織形態に關する一考察〉，收入：「中國

　　至於佐竹靖彥與堀敏一兩位學者，則是在唐代至宋代地方村落結構的改變，包括「里」行政功能的虛級化，以及自然聚落「村」的興起，並漸漸成爲官方的行政單位的趨勢下，附帶論及以民眾聚居聚落的村爲地域基礎，所組成的「村社」性質與功能之演變〔註 32〕。另外，還有傅曉靜的論文，述及唐代民間結社存在與發展的條件，以及社與鄉里的關係，並指出社有成爲鄉里政權在經濟、思想、政治、組織上，控制人民輔助手段的傾向。〔註 33〕

　　回顧歷來學者之研究，應還有二個方面有待闡揚：（一）建立動態的、整體的研究觀念。在先秦以迄唐代約千年的歲月中，民間結社與各時代政治、經濟、社會等因素的互動關係，非單由平面分析，或個案與單一類型的研究中，就能窺其全貌。在注入時間因素，考慮地緣特性之後，才能於時空遞變與人事異動中，瞭然民間結社的發展實況及其功能。（二）釐清準確的結社名稱、性質與功能。雖然私社在漢代就已有發展，但在唐代以前，仍是指以春、秋二社爲主要功能的鄉里組織，其他各種功能團體，則有其所適用的名稱，在狹義的定義上，並不宜概以私社稱之；再如北朝的「邑」、「邑義」與「法義」，雖然同屬民間造像團體，且論者已眾，但三者有何區別？目前似仍未有令人清楚的解釋；以及如山崎宏所提出，在江南地區始於南朝，至唐代益發盛行的「法社」，其所指爲何？也尚有待詳細考證。正因爲既有的研究成果未盡周延，所待解決之盲點也不少，民間結社仍是一個值得投注心力的研究課題。

（三）史料介紹

　　在研究資料上，主要有傳統文獻、碑銘與出土文書三大類。傳統文獻中，史部文獻除先秦至隋唐五代的歷代正史外，另有《唐會要》、《通典》、《資治通鑑》、《唐令拾遺》等；經部典籍主要有《詩經》、《尚書》、《國語》、《周禮》、《禮記》、《孟子》等；子部典籍以《四民月令》、《太平御覽》、《太平廣記》、《冊府元龜》、《文苑英華》、《入唐求法巡禮行記》等爲主；集部文獻有

古代の國家と民眾」編輯委員會編，《堀敏一先生古稀記念：中國古代の國家と民眾》（東京：汲古書院，1995 年），頁 691～763。

〔註 32〕佐竹靖彥，《唐宋變革の地域的研究》，第一章〈宋代鄉村制度の形成過程〉（京都：同朋社，1990 年），頁 21～68；堀敏一，《中國古代の家と集落》，第九章〈唐代の鄉里制と村制〉（東京：汲古書院，1996 年），頁 401～476。

〔註 33〕傅曉靜，〈論唐代鄉村社會的社〉，《青島大學師範學院學報》十七卷一期（青島：2000 年），頁 21～25。

《全上古三代秦漢三國六朝文》、《唐大詔令集》、《全唐詩》、《全唐文》、《王梵志詩校注》等，文中還因論及具有奉佛功能的民間團體，故時而引證佛教典籍。在碑銘方面，兩漢以迄唐代皆有運用，如在華北現存的上千件造像題記，以及今日北京房山雲居寺的刻經題記，記錄了斯時斯地民間佛教團體的組織與活動，這些碑銘的拓片或錄文，主要收錄於新文豐出版公司編《石刻史料新編》；北京圖書館金石組編《北京圖書館藏中國歷代石刻拓本匯編》；北京魯迅博物館、上海魯迅紀念館編《魯迅輯校石刻手稿》，清·陸增祥編《八瓊室金石補正》；吳元貞編《北京圖書館藏龍門石窟造像題記拓本全編》；日·大村西崖所著《支那美術史·雕塑篇》；北京圖書館金石組編《房山石經題記彙編》等屬於史部的輯錄。

至於出土文書，以出自敦煌、吐魯番的寫本爲主，另兼及和闐、庫車等地文書。因吐魯番文書中，除了交河市估案以外，涉及社邑相關的資料並不多，因此還是以敦煌文書爲主要的研究史料。目前文書的刊佈情形，在吐魯番文書方面，主要有武漢大學歷史系等編《吐魯番出土文書》圖錄本（四冊）與簡編本（十冊）；陳國燦編《斯坦因所獲吐魯番文書研究》。在敦煌文書的部分，主要有黃永武編《敦煌寶藏》（一四○冊）；中國敦煌吐魯番學會敦煌古文獻編輯委員會等編《英藏敦煌文獻》（十四冊）；法國國家圖書館、上海古籍出版社編《法國國家圖書館藏敦煌西域文獻》（三十四冊）；俄羅斯科學院東方研究所聖彼得堡分所、上海古籍出版社等編《俄藏敦煌文獻》（十七冊）；中國國家圖書館編《中國國家圖書館藏敦煌遺書》（七冊）；甘肅藏敦煌文獻編委會編《甘肅藏敦煌文獻》（六冊）；天津藝術博物館編《天津市藝術博物館藏敦煌文獻》（七冊）；北京大學圖書館編《北京大學圖書館藏敦煌文獻》（二冊）；浙藏敦煌文獻編委會編《浙藏敦煌文獻》（一冊）。兼收二地文書，或依類別排比者有而小田義久編《大谷文書集成》（二冊）；上海博物館編《上海博物館藏敦煌吐魯番文獻》（二冊）；上海圖書館編《上海圖書館藏敦煌吐魯番文獻》（四冊）；唐耕耦編《敦煌社會經濟文獻眞蹟釋錄》（五冊）；日·山本達郎等編《敦煌吐魯番社會經濟資料》（五卷）（*Tun-huang and Turfan Documents concerning Social and Economic History*）。

關於敦煌的社邑之文書，兼收錄圖版和錄文的有《敦煌社會經濟文獻眞蹟釋錄》（第五冊）和《敦煌吐魯番社會經濟資料》（第四卷），後者不但考校、比勘等方面均較詳盡，且收錄文書與引用參考文獻數量亦較多。1997

年，由寧可、郝春文輯校的《敦煌社邑文書輯校》，收錄數量更爲豐富，實收敦煌寫本社邑文書三百四十三件，和吐魯番出土的社條二件，對文書的說明和年代的考訂亦有相當成果，可與《敦煌吐魯番社會經濟資料》互相參照，互補不足〔註 34〕。除了出土文書之外，敦煌莫高窟內的供養人題記，也有部分私社營窟的記錄，可參閱《敦煌莫高窟供養人題記》，這一部分在《敦煌社邑文書輯校》中亦有收錄。敦煌的社邑文書，絕大多數都是集中在歸義軍時期，約莫是中土的晚唐五代宋初之時〔註 35〕，且不在唐政府直接控制下，或頂多間接臣屬之，因此嚴格來說，在範圍上已逸出本書之時空定限。然而，民間結社的組織大體依慣例行之，有其延續性，經由這些文書資料，在一定程度上，依然可反映唐政府掌控下，民間結社之詳情，甚或可爲內地情形的參考〔註 36〕。復次，這些出土寫本文書多屬直接使用後封存的實用文書，具體展現了斯時斯地私社的組織、運作情形與活動內容，而傳統文獻中零散的記載，就多不具備這些條件。正因爲出土文書有上述的功能與價值，故本書因應客觀形勢與資料特性，在研究範圍上略做彈性調整，期能更深入的解析民間結社的每個細節，彌補傳統文獻較注重政策宣示，偏於上層社會動向，

〔註 34〕 山本達郎等編，《敦煌吐魯番社會經濟資料》第四卷，則錄有《敦煌社邑文書輯校》未收入的九件行人文書，九件當寺、徒眾轉帖，以及十三件身亡、局席、或不明事由轉帖，四件諸眾社人名目，十件納贈曆。而郝春文仍持續對《敦煌社邑文書輯校》進行補充，參見：氏著，〈《敦煌社邑文書輯校》補遺（一）、（二）、（三）〉，《首都師範大學學報》，1999 年第四期、2000 年第二期、2001 年第四期，頁 23～28、6～11、27～33；以及氏著，〈《敦煌社邑文書輯校》補遺（四）〉，浙江大學漢語史研究中心、浙江大學古籍研究所編，《漢語史學報》第三期，《姜亮夫、蔣禮鴻、郭在貽先生紀念文集》（上海：上海教育出版社，2003 年），頁 368～386。《敦煌社邑文書輯校》也有不少評介，如李丹禾，〈《敦煌社邑文書輯校》補正〉，《敦煌研究》，1999 年第二期，頁 55～59；李正宇，〈《敦煌社邑文書輯校》評介〉，《敦煌研究》，1998 年第三期，頁 168～170；牛汝極，〈讀《敦煌社邑文書輯校》〉，《首都師範大學學報》，1999 年第三期，頁 124。

〔註 35〕 歸義軍時期可分爲張氏（851～914）與曹氏（914～1036）兩個統治時代。唐大中二年（848）沙州起義，結束吐蕃政權，但張議潮在大中五年（851）才被任命爲歸義軍節度使，開始張氏統治時代。關於歸義軍時代的統治情況，參看：榮新江，《歸義軍史研究——唐宋時代歷史考索》（上海：上海古籍出版社，1996 年）。

〔註 36〕 如敦煌私社的領導人「三官」——社老、社長、錄事的編制，與龍門石窟造像題記，以及盛唐、中唐時期幽州石經題記中，所見的社邑組織類似，在其他文獻中亦多雷同。

忽略基層生活情態之缺憾。是以這兩種資料之妥善運用，互相補益，無疑更能增加本書之深度與完整性。〔註37〕

（四）研究課題的說明

本書以《漢唐民間結社研究》為題，即欲對先秦以迄唐代民間結社的情形，重新做一通盤理解。在時間斷限上，如上文所述，為求行文立論的完整，配合社會現象所具有的延續特質，本書的論述將審慎、適度地擴及至五代時期；且在敦煌出土文書的運用上，也有一小部分會逸出至宋代初期。而定題中的「民間」，即欲將視野聚焦於庶民社會。在組織上，屬於國家典制內的行政機構，或是寺院的僧團組織，便不在論述之列；至於地方官吏就其職權之便，因事制宜，組織民眾互助或行地方事務，抑或是寺院僧人勸化民眾結成組織以奉佛，皆因以民眾為主體，且非官方或僧團之常式組織，故仍為本書探討的對象。復次，由於「結社」主要討論的是常態性，且具有一定程度之組織型態者，因此饑民盜寇、塢堡營壁等特殊型態的結合，或傳道授業、長吏召會、賓客宴飲、因事圍觀等臨時的、散漫的聚會，則排除在討論的範圍之外。

社邑中的成員身份，則須是純屬私人性質，因此即便有官員身份，但只要是職責之外的私人參與，甚或成為組織幹部，但也因與其官職無關，便能算是民間結社的一員；僧官或僧人的情形亦復如是。當然，有的時候結社團體有可能純粹由官員或僧人組成，這就得視其結合的目的來作篩選，如北朝有僧侶彼此間結成團體共同出資造像的情形〔註38〕，晚唐五代宋初的敦煌，由基層士兵所組成的「官健社」與「馬社」〔註39〕，如果是私底下、非公務

〔註37〕出土文書仍須與傳統文獻互相配合，始能相得益彰。如敦煌社邑文書中，雖記載了私社的組織、運作等實際運作的情形，此乃傳統文獻固所欠缺者，但敦煌私社並沒有如《新唐書》卷一九七〈循吏韋宙傳〉所載，韋宙組織民眾，每月集會錢買牛，類似今日「合會」的記錄；在敦煌私社的奉佛功能中，亦不見如內地的結社賽神，如《元稹集》卷一〈賽神〉詩描述：「楚俗不事事，巫風事妖神，事妖結妖社，不問疏與親。……家家不斂穫，賽妖無貧富。……更來官稅迫，求質倍稱緡。貧者日消鑠，富亦無倉瞞。不謂事神苦，自言誠不真。……此事四鄰有，亦欲開四鄰。」因此，各類不同性質史料的交互運用，才能描繪出民間結社之全貌。

〔註38〕如〈北魏太和十九年（495）七帝寺造像〉，收入：《北京圖書館藏中國歷代石刻拓本匯編》第三冊（鄭州：中州古籍出版社，1989年），頁22。

〔註39〕P.32881〈十世紀後期佛齋納胡餅曆〉，其研究參見：土肥義和，〈唐、北宋間の「社」の組織形態に關する一考察〉，收入：「中國古代の國家と民眾」編

性質的結合，就仍可以視爲民間結社的一環。最後，關於官員間的互爲朋黨，因其目的絕大部分乃屬政治性質，且非屬於庶民社會之產物，當亦非本書所論。

　　本書的研究架構，除了首章陳述選題旨趣與研究意義外，以下第二、三、四章，則分別以先秦秦漢、魏晉南北朝、隋唐五代三個時期，就民間結社的性質、組織、功能及與政府關係，進行分期討論。末章則綜述先秦以迄隋唐民間結社的發展特色，俾使對此議題能有清晰深刻的整體概念。

輯委員會編，《堀敏一先生古稀記念：中國古代の國家と民眾》，頁 709。「馬社」的研究，可參見：盧向前，〈馬社研究──伯 3899 號背面馬社文書介紹〉，收入：北京大學中國中古史研究中心編，《敦煌吐魯番文獻研究論集》第二期（北京：北京大學出版社，1983 年），頁 361～424。

第二章　上古秦漢的社與里社

第一節　先秦社的起源與意涵

　　三代時期國家與社會的分野尚不明顯，軍、政、教三者合一，當時社的設置即反映了此一特色，本書即試圖由此展開討論，探究三代以後，社作爲民間祭祀組織的起源，以明瞭其發展的脈絡。

　　對於三代時期國家型態與社會基礎的研究，目前已累積了相當豐碩的成果。侯外廬講論古代社會史，提出「城市國家」的理論，並配合「亞細亞生產方式」的闡述，成爲其說之精髓〔註1〕。貝塚茂樹與宮崎市定也都具有共同的傾向，他們稱爲「都市國家」〔註2〕。二次大戰後，有些學者利用甲骨文與金文資料，研究邑的結構與統治型態，伊藤道治或松丸道雄則稱作「邑制國家」〔註3〕。侯外廬所指的「城市國家」即是「城邦」之義，其中包括城即是國，國與野等概念，杜正勝繼續發展完備，對於當時的國家社會提出系統性的解釋，以「國」和「野」的區分，也就是城邑和鄉村的對立爲基礎，直接將中國古代國家的型態以「城邦」視之〔註4〕。本書爲求討論之方便，採杜

〔註1〕侯外廬，《中國古代社會史論》（石家莊：河北教育出版社，2000年）。該書原作《中國古典社會史論》（重慶：五十年代出版社，1943年）。
〔註2〕貝塚茂樹，《貝塚茂樹著作集》，第一、二卷《中國の古代國家》、《中國古代の社會制度》（東京：中央公論社，1976、1977年）；宮崎市定，〈中國上代封建制が都市國家〉，《史林》三十二卷二期（東京：1950年）。
〔註3〕伊藤道治，《中國古代王朝の形成》（東京：創文社，1975年）或氏著，《中國古代王朝的形成》（北京：中華書局，2002年）；松丸道雄，《殷周國家の構造》，《波岩講座世界歷史（四）》（東京：波岩書店，1970年）。
〔註4〕杜正勝，《古代社會與國家》（台北：允晨文化實業，1992年）。

氏之說爲行文立論之依據。

城邦時代軍、政、教三者合一，此一特質即表現在圍城之內的廟寢與社壇〔註5〕。《春秋左傳·成公十三年》劉康公語：「國之大事，在祀與戎。」《左傳》隨文可見春秋時代的戰爭多由國君親自統率，如《春秋左傳·閔公二年》曰：「帥師專行謀，誓軍旅。」國君既是軍事領袖，也是政治領袖，戰前先在廟堂籌劃，後世遂有「廟算」一詞（《孫子·計》），之後授兵，《春秋左傳·隱公十一年》鄭莊公伐許「授兵於大宮」、《春秋左傳·閔公二年》梁餘子養所謂「帥師者授命於廟也」。再後，祭社，分食祭肉，梁餘子養所謂「受脤於社」。《周禮·春官·大祝》總述其典禮曰：「大師宜於社，造于祖，設軍社，類上帝，國將有事于四望及軍」，宜、造、類，皆祭祀之名。班師回國，則在祖廟嘉賞而在社刑罰，《尚書·甘誓》曰：「用命，賞於祖；不用命戮於社。」《墨子·明鬼下》亦曰：「賞必於祖，僇必於社。」孫詒讓《間詁》解釋，賞於祖廟是「告分之均」，戮於社是要顯示「告聽之中」。總之，正如《春秋左傳·成公十三年》劉康公所言，「祀有執膰，戎有受脤，神之大節也」，軍事之外無復政治。祭祀和戰爭是城邦大事，而兩者不可分離，終則歸結於宗教〔註6〕。「社」在簡中扮演著重要的角色。

廟寢主祭祖，而社壇專爲祭地。前者屋宇堂皇，而後者大概只是一堆封土。究「社」字之始義，「土」字可能就是「社」字的初文〔註7〕。《春秋公羊傳·哀公四年》曰：「社者封也。」何休注云：「封之爲社」。封土爲壇，祭祀時謂之「祭土」、「塚土」。但爲將土壇或祭土之土與一般的土地、土壤之土加以區別，故於祭土之土加「示」旁，由此可知社的原義應爲土地之祭祀〔註8〕。

〔註5〕 在當時有了廟寢與社壇就表示有國家。《詩經·魯頌·閟宮》曰：「徂來之松，新甫之國，是斷是度，是尋是尺。松桷有舄，路寢孔碩，新廟奕奕。奚斯所作，孔曼且碩，萬民是若。」廟寢安穩，萬民順若。

〔註6〕 杜正勝，《古代社會與國家》，頁625～626。

〔註7〕 東漢·許慎，《說文解字》云：「社地主也，馳示土。春秋傳曰：『共工之子句龍爲社神。』周禮：『二十五家爲社。』各樹其所宜木。𥛭，古文社。」除許慎所據的小篆之外，若以商代甲古文而言再配合段玉裁注文之解釋，可知許慎據小篆來解釋社字，並採用《孝經·援神契》：「社者，土地之主。土地廣博，不可遍敬，故封土以爲社而祀之，報功也。」的說法；再者，許慎亦認爲句龍（共工之子）爲社神的代表。朱芳圃，《甲骨文·文字編》文十三（台北：商務印書館，1933年），頁4後。

〔註8〕 而在古文經籍中另有一「祍」字，其意義可能是象徵社壇上有樹，因周代似有於社檀植樹之例（稱「社樹」、「社木」），故小篆之「祍」即爲楷書之「祍」，

《禮記‧郊特牲》孔穎達疏云：「社祭土而主陰氣也者，土謂五土：山林、川澤、丘陵、墳衍、原隰也。以時祭之，故云社祭土。」

但嚴格說來，祭土又應與祭地有所區別。清代金鶚所著《求古錄禮說》卷九〈社稷考〉云：「蓋祭地是全載大地，社則有大小，天子大社，祭九州之土，王社祭畿內之土，諸侯祭國社，祭畿內之土，侯社祭籍田之土，鄉大夫置社，祭一鄉之土，與全載之地異。」所以祭地與祭社有別，周代有「郊社」，即天子祭天於南郊，另祭地於北郊，此一祭禮延續至後代各朝亦然。《禮記‧禮運》所云：「天子祭天地，諸侯祭社稷。」再如《春秋左傳‧昭公二十九年》孔穎達疏引劉炫語：「天子以下俱荷地德，皆當祭地，但名位有高下，祭祀有等級，天子祭地，祭大地之神，諸侯不得祭地，使之祭社也。」天子郊社祭地，是祭祀地祇；至於諸侯、卿大夫，則是立社以祭畿內之土。城邦時代統治者立社，所祀土神也，或可逕稱為祭社。

由上述可知先秦的社，有天子的大社（太社）、王社，諸侯的國社、侯社，鄉大夫的置社，而在其他文獻資料中，還有州社〔註9〕、軍社〔註10〕、勝國之社〔註11〕、千社〔註12〕、馬社〔註13〕、巫社〔註14〕，除巫社與馬社性質

應為「社」字之別體或繁文。席涵靜，《周社研究》（台北：福記文化圖書有限公司印行，1986年），頁21～23。

〔註9〕《周禮‧地官‧州長》中賈公彥疏：「春祭社以祈膏雨，望五穀豐熟；秋祭社者，以百穀豐稔，所以報功，故云祭祀州社也。」以及「凡州大祭祀、大喪，皆涖其事。」鄭玄注云：「大祭祀謂州社稷也。」州社一年中有春、秋兩祭，州長應親臨主祭。所謂「州」則記：「州長各掌其州之教治……若以歲時祭祀州社。」《周禮注疏》卷十九〈肆師〉云州祭社、黨祭禜、族祭酺，「皆是國人所祭之事」，可知在《周禮》所規劃的地方行政系統中有州、黨、族，且似乎都是領有民眾的單位。

〔註10〕「軍社」則是指周天子或諸侯率軍出境所設之社。《周禮‧春官‧小宗伯》：「若大師，帥有司而立軍社，奉主車。」《禮記》鄭玄注云：「有司，大祝也，王出軍必先有事於社，及遷廟，而以其主行，社主曰軍社，遷主曰主。」賈公彥疏云：「『而立軍社』者謂小宗伯帥領有司、大祝而立軍社，載於齊車以行。」齊車按《周禮‧夏官‧齊右》：「前齊車，王乘則持馬，行則陪乘。」鄭玄注云：「齊車，金路。」金路應就是金輅，軍社載於金飾之大車而行。

〔註11〕勝國之社即亡國、喪國之社，當時有亳社、蒲社、薄社等。《周禮‧地官司徒‧媒氏》：「凡男女之陰訟，聽之於勝國之社，其附於刑者，歸之于土。」《春秋公羊傳‧哀公四年》：「六月，辛丑，蒲社災。蒲社為何？亡國之社也。」「社者，封也。其言災何？亡國之社蓋梗廬之，揜其上而柴其下。」

〔註12〕《春秋左傳‧昭公二十五年》：「齊侯曰：『自莒疆以西，請致千社……寡人之憂也。』公喜，子家子曰：『以魯足矣，失魯而以千社為臣，誰與之立……。』」杜預注云：「二十五家為一社，千社，二萬五千家。」又《史記‧孔子世家》：

不明外，用後代的概念來詮釋，似乎都是所謂的「官社」。由於政治身分不同，所能祭祀的對象有異，所以有各種不同的社，藉由祭社對象的限制及其祭祀時禮樂制度的規範，來加強政治倫理。周代的社由統治階層所立，在此意義上，與往後歷朝歷代的官社性質相同，但兩者間也存在著明顯的差異，周代有許多社，是統治階層為民所立，具有民眾參與的性質。這可藉由地方行政組織的實態來瞭解。

（一）社與原始聚落是重疊的

周代大小聚落都築有城牆，而城牆內有國人的社區，城外也散佈著野人居住的農莊。如春秋初期，魏亡於狄，後來在楚丘復國，《春秋左傳·僖公元年》曰：「諸侯城楚丘而封衛焉。」有城有封，然後成為國家。各聚落因領主的封建身份而有不同的名稱，諸侯駐居之者謂之「國」，屬於卿大夫，又有宗廟先君之主者，謂之「都」，「都」原則上要比國為小，如《春秋左傳·隱公元年》：「大都不過參國之一。中，五之一；小，九之一。」沒有宗廟先君者則稱為「邑」，推測亦比「都」還小〔註15〕。再仔細區分，國之外尚有「郊」，郊以外才是「野」，按《周禮》的系統而言，國和郊謂之「鄉」，以外謂之「遂」；「遂」在《逸周書·嘗麥》又分作「野」和「采」〔註16〕。總之，國、都、邑等都是星羅棋佈的大小聚落，都有圍牆，從殷商到西周，這些聚落皆可以統稱做「邑」。《論語·公冶長》有「十室之邑」和「千室之邑」的差別，《春秋穀梁傳·莊公九年》有「十室之邑」和「百室之邑」之異，《易經·頌九二》有三百戶之邑，可見邑所表示的聚落大小非常懸殊。《春秋左傳·襄公二十六年》疏引劉炫曰：「邑之為名，大小無定。」中國幅員廣大，

「季康子曰：『子之於軍旅……雖累千社，夫子不利也。』」不過周代以至春秋諸侯各國封賜萬戶以上絕少，因「千社」疑是指千戶以內的聚落所立之社。

〔註13〕《周禮·夏官司馬·校人》：「秋，祭馬社，臧僕。」鄭玄注：「馬社，始乘馬者。」孔穎達疏：「秋祭馬社者，秋時馬肥盛，可乘用，故祭始乘馬者。」孫詒讓《周禮正義》曰：「牧地及十二閑之中，蓋皆置社，以祭后土，而以始制乘馬之人配食焉，謂之馬社也。」周代於牧馬之地，以及馬廄之中，設社以祭后土，酬其草盛馬肥，並將創制乘馬者，亦在附祭之列。

〔註14〕「巫社」似是周代巫人所祀之社。《史記·封禪書》：「晉巫祠五帝東君、雲中、司命、巫社、巫族人先炊之屬。秦巫，祠社主、巫保、族累之屬。」

〔註15〕杜正勝，《古代社會與國家》，頁457；杜正勝，《編戶齊民》，頁97～98。

〔註16〕楊寬，《西周史》，頁395～403。

邑以聚人，人以從土，土視地形，聚落之大小自然不一致。〔註17〕

　　不論諸侯的「國」、卿大夫的「都」、或其他散佈各地的大「邑」、小「邑」，都是築有城圍的聚落，它們彼此不似秦漢以後，以郡縣制爲主的地方行政組織，在行政上具有層級的隸屬關係。國、都、邑等大小聚落，其差異主要在於規模大小，以及領主的政治身份不同，彼此並沒有行政系統中層層架構的隸屬關係，所以國、都、邑等並不能以行政單位視之，都是領有民眾的實體聚落，各聚落領主爲民眾立有與其封建地位相稱的社。因此，城邦時代就如《戰國策・秦策》所言：「睹之二社之地。」高誘注：「邑皆有社，……二社即二邑。」凡邑（包括國、都等）皆立有社。雖然即便如大社、國社、侯社、州社、置社等，依現存史料，實不易判明是否具有民眾參與的性質，但如《禮記・祭法》中載「國社」是「諸侯爲百姓立社。」而「置社」是：「大夫以下，成群立社。」《左傳會箋》：「鄉大夫置社，祭一鄉之土；州長置社，祭一州之土。」位列諸侯以下的諸大夫，在其封地「置社」，應當也是以爲其封地居民立社的成分居多。

　　秦漢以後國家所立官社的情形可能就有所不同。在統一帝國的郡縣制之下，只有在地方行政系統的最末端，也就是「里」，其所立之社才有組織民眾的祭社與聚飲，「里」的上級鄉、縣、郡、州，甚至中央等行政單位所立之社，其職能主要當在於祭祀，爲國家禮典的表現，原則上並不作爲民眾祭社的組織。所以，周代有置社、鄉社、州社，漢代亦有州社、鄉社等，彼此的性質雖都可視爲官社，但存在著是否具有群眾性質的差異。誠然，周代的社，也不見得全是統治者爲百姓所立，如大（太）社、王社、軍社、勝國之社等，顯然非庶民所參與；延續至後代，有太社、王社，乃皇帝所立，爲祭社的最高層級。

　　漢代的里立有社，作爲民眾唯一的公共祭祀之處，在史料中，周代也有關於「里」的記載。成王時期周公子明保「朝至於成周，出令舍三事令，及卿事僚，及諸尹，及里君，及百工，及諸侯：侯、甸、男，舍四方命」〔註18〕，故知成周有「里」。金文中亦有周天子以里賜人的記載〔註19〕。又康叔封於

〔註17〕 杜正勝，《編戶齊民》，頁98～102。

〔註18〕 羅振玉，《三代吉金文存釋文》卷六〈矢彝〉（民國上虞羅氏百爵齋影印本），頁57。

〔註19〕 李亞農，《中國的封建領主制和地主制》（上海：上海人民出版社，1962年），頁9～10、23～24。

衛，《尚書・酒誥》云，衛的內服有「里居」，居或君之誤，和成周里君一樣，均屬內服。周中期有一位史頌，周王令「史頌省牪法友里君百姓，率禺嶯于成周，休有成事」〔註20〕，史頌通省蘇國，率其法友、里君、百姓朝於成周〔註21〕，可見蘇國亦有里。據以上西周史料所顯示，里是屬於成周、衛、蘇等大城內的社區，推測其他國都或大城也都有里。春秋時代新建外城，沿襲西周的傳統，其社區也多以里命名。《春秋左傳・僖公十九年》曰：「初，梁伯好土功，亟城而弗處，民罷而弗堪，則曰：『寇將至』某。乃溝公宮，曰：『秦將襲我』。民懼而潰，秦遂取梁。」梁伯「亟城」即益其國，按《春秋左傳・僖公十八年》擴建的外城「命曰新里」，缺乏人口來充實，終被秦國所滅。據《春秋左傳・昭公二十一年》所載，宋國在春秋時也有南里、新里和公里等地名，按其西元前 521 年內戰情勢分析，這些里都在內城與外郭之間。《春秋左傳・襄公十八年》齊有東閭，適在東郭之內，東門之外，而東閭即東里。《春秋左傳・襄公二十五年》崔杼弑其君，「側莊公于北郭，丁亥，葬諸士孫之里。」士孫之里也可能在北郭內。復次，在《左傳》中也多處可見，即使到春秋末期，城內仍然是車兵爭勝的好戰場，可能當時仍有許多空地。戰國時代城內之擁擠喧囂亦只限於社區（里）而已；里以外尚有「市」，是城內特定的區域，但只佔全城極小的部分。〔註22〕

那麼「里」和「邑」的關係為何呢？在地理景觀上，規模較小的邑，如「十室之邑」，其本身即是一個完整的聚落；而較大的邑，如「千室之邑」，或如諸侯、卿大夫駐錫的國或都，其城牆之內則有民眾聚居的社區則稱為「里」，所以也可以說，較大城市內居民的社區即是「里」；小邑也就是大邑中的里，如《周禮・里宰》云：「掌比其邑之眾寡。」官銜為「里宰」，職掌卻是邑，鄭玄注云：「邑猶里也。」又如《春秋左傳・襄公二十六年》、《春秋左傳・哀公二十七年》所載，鄭國的南里在外郭以內，杜預之注也作「鄭邑」。杜正勝即指出，里雖在城內，但多少猶有獨立聚落的性質〔註23〕。《國語・齊語》和《管子・小匡》中記載的參國伍鄙法，國有里而鄙有邑，應即是此指。

〔註20〕 羅振玉，《三代吉金文存釋文》卷九〈史頌殷一〉，頁7。牪，即蘇，是殷商的諸侯，在《尚書・立政》中可知，周初蘇公曾任周的司寇。

〔註21〕 楊樹達，《積微居金文說》（北京：科學出版社，1959 年），頁 68。

〔註22〕 杜正勝，《編戶齊民》，頁 103。

〔註23〕 杜正勝，《編戶齊民》，頁 103～104。

至於里的戶口問題與邑相似，只能說其概略。《詩經・鄭風・將仲子》：「將仲子兮，無踰我里，無折我樹杞。」毛亨傳云：「里，居也，二十五家爲里。」《周禮・地官・遂人》：「五家爲鄰，五鄰爲里，四里爲酇，五酇爲鄙，五鄙爲縣，五縣爲遂。」〈大司徒〉亦曰：「五家爲比，五比爲閭。」這些說法是二十五家爲里。《國語・齊語》和《管子・小匡》都說齊國都城內的社區制度是「五家爲軌，十軌爲里」，一里有五十家；山東臨沂銀雀山西漢墓出土的竹書〈田法〉，則說明「五十家而爲里」〔註24〕，另《尚書・皐陶謨》也有五十家之說〔註 25〕。再如《風俗通義》、《管子・度地》則有七十二、一百家之說。〔註26〕

周代有里但尚未有「里社」之稱。《禮記・祭法》鄭玄注云：「大夫不得特立社，與民族居，百家以上，則共立一社，今時『里社』是也。」雖有「里社」一辭，可能是鄭玄以漢代的里社來加以比附、解釋的。且漢代「里社」之稱，亦是到社的私人化出現之後，爲與私社有別，而專有里社之名稱。蓋里與邑之本質本都爲民眾聚居的聚落，乃爲統治者立社的單位。如寧可先生所論，自春秋戰國時代，「里」開始發展，一直到漢代，都是「里、社合一」之制，其意亦爲「社」依托原始而自然的聚落組織而建立，與邑、里等聚落單位是重疊的。

（二）「社」是氏族祭祀的遺留

統治者爲民立社，民眾參與社事，蓋因士庶在家門外的公共場合僅只能祭社。上文已略有所述，有了廟寢（祖廟）與社壇，就表示有國家，兩者的功能亦能反映當時軍、政、教三者合一的性質。廟寢主祭祖，而社壇專爲祭地；統治者祭天、祖，被統治者祭社；所以廟寢乃作爲聯繫貴族的中心，而聯繫國人者則是社壇；前者是貴族性的，後者是平民性的。祭祖與祭土之別，正反映了上古宗教的發展。

我國古代宗教多由氏族祖神崇拜脫胎而來，起初是如《國語・楚語下》所說「家爲巫史」的狀況，「家」當指有血緣連繫的團體，在逐漸擴大之後，

〔註24〕　《文物》，1985 年第四期，頁 35。

〔註25〕　《尚書・皐陶謨》：「古之處師，八家而爲鄰，三鄰而爲朋，三朋而爲里，五里而爲邑，十邑而爲都，十都而爲師。」

〔註26〕　《管子・地度篇》：「故百家爲里，里十爲術，術十爲州，州十爲都，都十爲霸國。」漢・應劭，《風俗通義・佚文・古制》：「里者，止也，里有司，司五十家，共居止，春秋通其所也。」

由氏族組織逐漸擴充形成部落或部落聯盟。經過征服、奴役，結束了「家爲巫史」的狀況，征服者的祖神便成天帝，被征服者的祖神變成社神。也因此，統治階級祭天祭祖，被統治階級則祠社。祖與天最初是有關聯的，尤其對共主而言。天帝和祖宗神分離，大概發生於殷周之際，祭天專屬周王，祭祖則行於貴族之間，平民無廟，只祭祖禰二代於寢而已。〔註27〕

在上古宗教的演變中，祭司的功能及身分地位的轉變，使先秦一直到漢代，至少在民間，社與巫一直有著密不可分的關係。《國語・楚語下》觀射父爲楚昭王論「絕地天通」，說到遠古祭司地位的轉變，徐旭昇對此節傳說材料有精闢的闡述。中國文獻稱祭司女曰巫、男曰覡，通常籠統名之曰巫。「家爲巫史」時代，大概氏族長都是巫，至部落或部落聯盟時代，此時如果各「家」的巫史都能自由與天地交通，也就是能左右，甚至掌握指導政治、社會和人生的宗教，因此政治秩序將不得安寧，社會紀律也無法維持。於是共主出來干預，把宗教的事業變成了限於少數人的職責，只有他和重才能參加，甚至只有他才能傳達大神的意思〔註28〕。最高統治者將宗教壟斷，由「民神雜揉」進入《國語・楚語下》所謂「民神不雜」的時代〔註29〕。之後啓與湯顯然都是大巫覡之流〔註30〕，《尚書・金縢》中顯示周公和成王亦是政治領袖兼宗教

〔註27〕 在萬「國」林立的氏族部落時代，人民最尊崇仰賴的神是自己部族的祖先，沒有無所不在而遍佈天下之至上神明，因爲古人是「不祀非族」的。即使社會的政治型態由氏族而部落聯盟，而天下共主，國家機構出現，共祖之民族所祀之神還是他們的祖先，而不是普遍性的上帝。《國語・魯語上》春秋時代魯國賢大夫展禽說：「有虞氏禘黃帝而祖顓頊，郊堯而宗舜；夏后氏禘黃帝而祖顓頊，郊鯀而宗禹；商人禘舜而祖契，郊冥而宗湯；周人禘嚳而郊稷，祖文王而宗武王。」他們祭祀祖宗神是可以肯定的；向最高的遠祖舉行禘祭，上帝就是共主民族的老祖宗，《尚書・盤庚》盤庚威脅、勸說氏族長和眾民遷都，其靠山是「古我先王」、「古我前后」、「我古后」、「我先后」、「我高后」，而無帝、上帝或天帝。郭沫若說，「殷人的神同時又是殷民族的宗主神」，「至上神是殷民族自己的祖先」，是可以接受的。郭沫若，〈先秦天道觀之進展〉，收入：氏著，《青銅時代》（北京：科學出版社，1957年）。

〔註28〕 《國語・楚語下》記載顓頊「命重黎絕地天通」；《山海經・大荒西經》載「重實上天，黎實下地」；《史記・曆書與自序》云：顓頊「命南正重司天以屬人，火正黎司地以屬民」。

〔註29〕 徐旭昇，〈我國古代部族三集團考〉，收入：氏著，《中國古史的傳說時代》（台北：里仁出版社，1999年），頁74～86。

〔註30〕 《楚辭・天問》傳說夏后啓上天，竊取九辯之歌；《呂氏春秋・順民》、《墨子・兼愛下》載成湯以身禱於桑林，祈福於上帝。再如商周時代的青銅器，張光直指出是獲取和維持政治權力的主要工具；因爲政治與宗教、藝術是結合在

領袖。巫覡管理國政，《尚書·君奭》據周公說，商代太戊有巫咸，祖乙時有巫賢，是「乂（治）王家」的名臣。

　　按此演變而言，「社」應是氏族祭祀的遺留，由於氏族的吞併分合，大體上統治階級的血緣鎖帶比較牢固，被統治階級逐漸喪失姓氏，但其群居結社的特性還能繼續維持，如邑、里、郊、遂等社區。這些社群的祭司，他們祖先原來也是氏族長，而今在政治上失勢，淪落為下層階級，但其宗教功能仍能發揮，可能就是東周以後典籍中所謂的「巫」。由於當時的人際關係，和早期氏族社群的生活沒有太大的差異，社群的祭司，大概也由氏族祭司所轉化的〔註31〕。即如瞿兌之所說，凡邑皆有巫，專以斷吉兇、主祈禱、知鬼神為務，旁及醫療之巫〔註32〕。漢代時鼂錯曾云戰國時秦國開關新縣，國家仍須「置醫巫，以救疾病，以脩祭祀，男女有昏，生死相卹，墳墓相從，……此所以使民樂其處而有長居之心也」〔註33〕，此言即透露了兩個線索：一者，「巫」的功能除了祭祀外還兼及醫療，「以脩祭祀」有相當部分應是指祭社；二者，「巫」的設置仍是官府的工作之一，間接也能佐證，作為民眾公共祭祀的社，應也是由官方來設置。

　　總之，在上古宗教的發展下，統治者祭祖，被統治者祭社。關於祭社卿大夫以上，仍可在家設中霤以祭，如《春秋左傳·昭公二十九年》：「諸侯……家又不得祭社，使之祭中霤也。」《禮記·郊特牲》：「家主中霤而國主社，示本也。」孔穎達疏：「卿大夫之家，主祭土神在於中霤田，而國主社者：謂天子、諸侯之國，主祭土神於社。」《春秋左傳·昭公二十九年》：「土正曰土后。」杜預注云：「在家則祀中霤，在野則為社。」諸侯、卿大夫所祀之中霤，可能即是李玄伯所謂「氏族長掌中庭的祀火」〔註34〕。至於卿大夫以下

一起的，擁有了青銅器就如同掌握了宗教與藝術的政治力量。張光直，〈從商周青銅器談文明與國家的起源〉，收入：氏著，《中國青銅時代》（台北：聯經出版社，1990年），頁119。

〔註31〕 杜正勝，《古代社會與國家》，頁79～81。

〔註32〕 瞿兌之，〈釋巫〉，《燕京學報》第七期（東方文化書局影印本），頁1331～1333。《左傳》多有各邑之巫的記載，如〈成公十年〉：「晉侯夢大厲，……公覺召桑田（晉之邑）巫」，又〈襄公十八年〉：「年中行獻子將伐齊夢與厲公訟，……見梗陽之巫皋」，又〈隱公十一年〉：「賂尹氏而禱於其主鍾巫（鍾邑之巫）」。

〔註33〕 《漢書》卷四十九〈鼂錯傳〉。

〔註34〕 李玄伯，《中國古代社會新研初稿》，〈家的通論〉、〈釋主〉二章（北京：來熏閣書店，1941年），頁4～7、11～21。

的士庶，因爲他們沒有在家祭祀的權力，因此無中霤可祭，只能到公共祭祀處的「社」。

（三）社的功能與聚落的共同體性質

在先秦國家與社會分際的界線尚稱模糊之時，社的功能，除了反映軍、政、教三者合一之外，亦是民眾活動的公共場合；包括祈禱、誓師、獻俘、受脤、聽訟、賦事、閱兵、卜稼、要盟，莫不在社中舉行〔註35〕。如《春秋左傳・莊公二十三年》說魯莊公「如齊觀社」，因小民質樸，君子文飾，曹劌與《左傳》作者都批評他「非禮」，亦表示社事是屬於群眾活動性質的。因此，如《墨子・非攻下》云：「赤鳥銜珪，降周之岐社，曰：天命周文王伐殷，有國。」；《楚詞・天問》亦曰：「徹彼岐社，有殷國命。」掌握國人的象徵就是掌握社。

統治者爲民立社，亦有興教化，以利統治之效。《管子・輕重》云：「封土爲社，置木爲閭，民始知禮也。」而周代的「鄉飲酒禮」也可能是在聚落的社中所進行〔註36〕。至於祭社祭土之功，《禮記・郊特牲》有「報本反始」之說也。其云：

> 社所以神地之道也，地載萬物，天垂象取財於地，取法於天，是以尊天而親地也，故教民美報焉。家主中霤而國主社，示本也。唯爲社事，單出里；唯爲社田，國人畢作。爲社丘乘，共粢盛。所以報本反始也。

「本」，即是指土地，土地生萬物以養人類，祭社乃報答、感謝土地之功。「反始」即回響、回饋之意，土地生產五穀，故以五穀祭社。基於此義，在典籍上還有「答陰」〔註37〕、「列地利」〔註38〕、「報功」〔註39〕，亦都是透過祭

〔註35〕瞿兌之，〈社〉，《中國學報》一卷二期，頁1～5。

〔註36〕周代在社祭、臘祭後舉行集體的酒會，應當即是舉行「鄉飲酒禮」之時，在「庠」中由鄉大夫主持。其起源於氏族聚落的會食中，表現長老享有的威信和爲人所尊敬，周代成爲維護貴族統治的一種手段。其場合要正「齒位」，即安排長幼之序，日常的的社會秩序在典禮中，藉神前酒杯的巡迴而得到確認。參見：楊寬，《西周史》，頁742～754；西嶋定生，〈中國古代統一國家的特質——皇帝統治之出現〉，收入：杜正勝編，《中國上古史論文選集》（台北：華世出版社，1979年），頁742。

〔註37〕如《禮記・郊特牲》：「社祭主而主陰氣也，君南鄉於北墉下，答陰之義也。」孔穎達疏：「土謂五土：山林、川澤、丘陵、墳衍、原隰也，以時祭之，故云『社祭土』，土是陰氣之主，故云『而主陰氣也』……祭社時以社在南，社主

社，表達對土地貢獻的回報。

社的設置，通常是列石爲垣並以樹爲社主。《白虎通義》卷上〈社稷〉：「社稷所以有樹何，尊而識之也。使民望見即敬之，有所以表功也。故周官曰：『司徒班社而樹之，各以土地所生。』尚書逸篇曰：『大社唯松，東社唯柏，南社爲梓，西社爲樹，北社唯槐。』」說明了用樹的事實及其用意；而《周禮·大司徒》亦有云：「設其社稷之壝而樹之田主，各以其野之所宜木，遂以名其社與其野。」只是察其語意，恐爲後世之制作。在《北史》卷五十五〈劉芳傳〉中，載劉芳上書引《五經通義》云：「天子太社、王社，諸侯國社、侯社，制度奈何？曰，社皆有垣無屋，樹其中以木。有木者，土主生萬物，萬物莫善於木，故樹木也。」也說明了先秦之社，以樹爲社主。至於所擇之木，各代可能有所不同，如《倫語·八佾篇》：「哀公問社與宰我。對曰：『夏后氏以松，殷人以柏，周人以栗。』」

在社主之外，一般都還會有配祀的神祇，也就是所習稱的社神。瞿宣穎有言道：「天尊而地親，故社祭遍於人間而祭天限於王者。其後社爲群眾之祭，至須假人以實之。遂與天懸絕不得爲配，而別爲地祭以配天。」假有德之人以實之，經典所載多是以后土配祀，然亦有以顓頊之子黎、句龍、禹者〔註40〕。又，「社稷」二字常連言併用，蓋於祭土神之外亦配祀稷神。按稷的淵源乃原隰之神或五穀之神，如《孝經·援神契》：「社者五土之總神；稷

　　　　壇上北面，而君來自北牆下而南鄉祭之，是對陰之義也。」因此「答陰」也
　　　　就是回報土地之義。
〔註38〕《禮記·禮運》：「祀社於國，所以列地利也。」孔穎達疏：「天子至尊而猶自
　　　　祭社，欲使報恩之禮達於下也。地出財，故云『列地利』也。」即使士庶皆
　　　　知對土地感恩回報也。
〔註39〕《白虎通義·社稷》：「王者所以有社祭者何？爲天下求福報功。人非土不立，
　　　　非穀不食，土地廣博，不可遍敬；五穀眾多，不可一一祭也。故封土立社，
　　　　示有土也，稷五穀之長，故立稷而祭之也。」「宗廟太牢所以廣孝道，社稷爲
　　　　報功。」「太社爲天下報功，王社爲京師報功。」「報功」有可能是漢代人所
　　　　闡發的意義，但其義仍是報達土地的功勞。
〔註40〕后土、黎、句龍、禹作爲土神皆有其據。如《禮記·祭法》：「共工氏之伯九
　　　　州也，其子曰后土，能平九州，故祀以爲社。」《春秋左傳·昭公二十九年》
　　　　與《漢書·郊祀志》所載亦同。《禮記·郊特牲》疏云：「社稷之義，先儒所
　　　　解不同。鄭、康、成之說以社爲五土總神，稷爲原隰之神。勾龍以有平水土
　　　　之功，配社祀之。……若賈逵、馬融、王肅之徒，以社祭勾龍，稷祭后稷，
　　　　皆人鬼也，非地神。」傅斯年也曾謂：「蓋夏商周同祀土，而各以其祖配之，
　　　　夏以勾龍，殷以相土，周以棄稷。」選列各說於上備考。

者，原隰之神。」《周禮・春官・大宗伯》鄭玄注云：「社稷，土穀之神也」，賈公彥疏云：「社者土之神；稷者，穀之神，故云土穀之神也。」周代社內，社主除以土神配之外，亦有稷神，上自天子所立之社，下至大夫以下之置社，亦祭稷於社壇之上〔註41〕。祭社稷之制，至唐代始告確定，並一直綿延至清末，如《元史・祭祀志》：「稷壇一如社壇，惟土不用五色。」、《寧波府志》：「社右稷左，後用木主題曰：『府社府稷之神』」〔註42〕、《奉化縣志》有「縣社稷壇」〔註43〕等。

　　城邦時代軍、政、教三者合一，國、都、邑等既是自然聚落，也是封建體系下的政治單位，不僅社之所立與其重疊，庶民的許多生活機能，如耕作、賦役、祭祀等，也直接依托著這些自然聚落單位作爲組織，尤其是表現在如小邑、里、閭等民眾聚居的社區，由全體成員來共同完成。

　　「邑」、「里」、甚或其中更小的單位「閭」，都具有一定程度的封閉性質，可以地域關係來凝聚成員。不論是邑或是里都建築牆垣，以範圍內外，而能使同聚落的成員產生認同意識，區別不同聚落的族群，《逸周書・文政》曰：「閭不通徑。」《管子・八觀》曰：「里城不可以橫通。」《六韜・農器》亦曰：「里有周垣，不得相通。」里牆劃分內外，不得任意踰越。而邑、里內的主要街道是「巷」，《說文解字》第六〈文一八一・重六〉所謂：「里中道，從㘰從共，皆在邑中所共也。」巷既爲同聚落之人所共，故又可代表邑、里。《戰國策・東周策》云：「溫人之周，周不納客，客即對曰：『主人也。』問其巷而不知也，吏因求之」。問巷即問里，《韓非子・說林上》作「問其巷人」，巷人即里人也。同聚落的居民應該都是認識的，《墨子・號令》叫做「知識」。里、邑居民當時又叫做「巷族」，《韓非子・說難》所謂「構與黨，聚巷族」，「外接巷族以爲警」者也。巷道兩端設置門閂，稱爲「閭」。

　　里、閭對內的認同性和對外的排他性應是明顯的。《晏子春秋》卷五〈內篇雜上〉曰：「急門閭之政而淫民惡之，緩門閭之政而淫民說。」里閭門禁不嚴，姦慝之人自然容易爲非作歹。牆垣和門閭將每個里邑與外界隔開，也使每個里邑自成共同體。《管子・八觀》曰：「州里不鬲，閭閈不設，出入無時，早晏不禁，則攘奪竊盜，攻擊殘賊之民毋自勝矣。」是對內認同爲一

〔註41〕席涵靜，《周社研究》，頁44～45。

〔註42〕曹秉仁，《寧波府志》（台北：中華叢書委員會，1957年），頁508。

〔註43〕李前泮，《奉化縣志》（台北：中華叢書委員會，1957年），頁561。

體。里邑居民平昔聚集在巷道內休閒議論，共同體的成員若發生糾紛，則「頌於巷」〔註44〕，以求公平仲裁。復次，邑里亦各有旌旗以爲標幟，長官亦利用此部勒人民〔註45〕。庶眾會聚，鄉邑自成單位，各樹旗物以資分辨，《周禮・司常》亦曰：「師都建旗，州里建旟，縣鄙建旐。」《周禮・大司馬》講述會眾振旅曰：「鄉以州名，野以邑名。鄉遂載物，郊野載旐」，官府以其職事，貴族以其家號，州里的旗幟則象徵全州里之名；族師、縣師皆備旗物以帥其名。

里、邑中的成員平日即共耕均賦，同祭合飲。《詩經・周頌・良耜》曰：「以開百室」，鄭玄箋云：「百室者初必共洫間而耕，入必共族中而居，又有祭醋合醳之歡。」百室之家按《周禮》而言，應即是族，春秋以前算是極大的聚落。漢朝人寫的《春秋井田記》，在《春秋公羊傳・宣公十五年》何休所注，及《風俗通義・佚文・市井》中都曾引述過，可以代表漢時對古代聚落生產和分配的看法。其曰：「一曰無泄地氣，二曰無費一家，三曰同風俗，四曰合巧拙，五曰通財貨。」何休等都認爲，前四義謂其多前相助犁，田氣相通，同耕相習，共治耒耜；最後一義云，「井地相交遂生恩義，貨財有無，可以相通。」由於生產條件的限制，個體小農戶的生產力不高，乃採取互助勞動的生產方式，與聚落一體的特性也是息息相關的。但所謂互助勞動和《詩經・周頌・芟載》「千耦其耘，徂隰徂畛」或《詩經・周頌・噫嘻》「亦服爾耕，十千維耦」的集體勞動或有不同，數十戶人家的聚落恐談不上那種大場面。聚落中互助勞動的基本意義是「合耦」，視各家勞動力強弱之多寡，公平合理地調配，以協助耦耕。《周禮・里宰》曰：「以歲時合耦於耡，以治稼穡。」耡者，助也。《周禮・遂人》曰：「凡治野以興耡利甿。」鄭玄注云：「杜子春讀耡爲助，謂起民人，令相佐助。」《說文・耒部》有「耡，商人七十而耡」云云，據《孟子》之文，耡即助之別寫，也就是合耦。反之，合耦之處也可稱爲「耡」；合耦是里內的事務，在里宰辦公之地舉行〔註46〕，后文還會再接續談到漢代時合耦（耡）即是街彈之室的「室」。

〔註44〕 《周禮・調人》：「凡過而殺傷人者，以民成之；鳥獸亦如之。」即以閭里之民共同和解之。

〔註45〕 《周禮・鄉師》曰：「凡四時之田，前期出田灋于州里。簡其鼓鐸、旗物、兵器，脩其卒伍。及期，以司徒大旗致眾庶而陳之，以旗物辨鄉邑而治其政令刑禁。」

〔註46〕 杜正勝，《編戶齊民》，頁201～202。

－27－

勸或甚至往後漢代的街彈，不獨合耦而且平傜，使勞逸得均。古代聚落得以均賦，因爲賦役是以整個聚落作徵發單位。《管子・乘馬》曰：「一乘者四馬也，一馬其甲七，蔽五。四馬（原誤作乘）其甲二十有八，其蔽二十，白徒三十人。」一乘之地，方六里五十四家共同負擔甲冑二十八件，車蔽二十件，兵士三十人。《周禮・小司徒》曰：「上地家七人，可任也者家三人；中地家六人，可任也者二家五人；下地家五人，可任也者家二人。」任者，力役也；此處所言是採比例方法，按聚落內各家的實際情況調配負擔。《國語・魯語下》記孔子曾對冉有言道：「先王制土，藉田以力而砥其遠邇，賦里以入而量其有無，任力夫而議其老幼。」賦役徵發的對象是聚落，不是個人，上述《管子・乘馬》所言應是有根據的。《國語・晉語九》載春秋戰國之際，趙簡子使尹鐸治晉陽，尹鐸「損其戶數」，以保利人民，也是基於部落均賦的辦法。〔註47〕

凡邑皆有「社」，在組織上社與邑、里是重疊的，且是士庶家門外唯一能行的公共祭祀，當然亦能表現全體邑、里居民共同作業的特色；也就是在就是共耕均賦之餘，亦能「祭醵合醵」，即同聚共飲。《周禮・族師》：「春秋祭醵。」鄭玄注云：「醵者是人物災害之神。」大概是作弄牲畜的鬼魅和蝕害秧禾的蝝螟，對農人而言後者尤其嚴重。《詩經・小雅・大田》曰：「去其螟螣，及其蟊賊，無害我田穉，田祖有神，秉畀炎火。」即是指春秋的祭醵。在《周禮》的鄉遂系統中，國人的祭祀有社、禜、醵三者，州祭社、黨祭禜、族祭醵〔註48〕，如此則祭社不同於祭醵。但「祭醵合醵」，在後代都是指春、秋二季用於春祈秋報的社日祭社活動，《周禮》所規劃層次秩序分明的地方行政系統組織，恐爲後世儒家政治理想之擘畫。其規劃類似秦漢以後地方行政系統中的州社、郡社、縣社、鄉社、里社，具有行政隸屬的層級性質，但實際上只有親民的里社才爲民眾所祭；但城邦時代，州祭社、黨祭禜、族祭醵，卻又說「皆是國人所祭之事」，其意就頗爲滯礙難解。但不論如何，社、禜、醵都是士庶之所祭，則是可以理解的。

再就祭禜而言，主要是祈求風調雨順。《春秋左傳・昭公元年》鄭子產

〔註47〕 杜正勝，《編戶齊民》，頁202～203。

〔註48〕 《周禮注疏》卷十二〈閭胥〉：「知祭祀，謂州社、黨禜、族醵者，以其黨鄉之內，所有祭祀無過此三者。」卷十九〈肆師〉：「知水旱、凶荒，凶荒謂年穀不熟，知所命祭，是社及禜、醵者。……州祭社，黨祭禜，族祭醵，於六遂之中；亦縣祭社，鄙祭禜，酇祭醵，皆是國人所祭之事也。」

云：「山川之神，則水旱癘疫之災於是乎禜；日月星辰之神，則雪霜風雨之不時，於是乎禜之。」斯時農民沒有資格祭祀日月山川，但水旱風雨對農作關係至大，便有祭禜之舉〔註49〕。不過在本書下節將述及，漢代的求雨、止雨等祝禱，幾乎都是在社中舉行。綜上所述，即使城邦時代，社、禜、酺三者有所區別，但秦漢以後則漸歸於社祭之中。

城邦時代，聚落的祭祀仍以社最為重要，聚落人民之祭祀、社交和娛樂主要皆出於此。《詩經・小雅・甫田》曰：「以我齊明，與我犧羊，以社以方，我田既臧，農夫之慶。」鄭玄箋云：「秋祭社與四方，為五穀成熟，報其功也。」在祭社的禮節完畢後，群眾也就聚餐一頓，由主管宰殺犧牲的社宰來平均分給大家食用〔註50〕。《禮記・郊特牲》曰：「唯為社事，單出里；唯為社、田，國人畢作；唯社，丘乘共粢盛。」共粢盛即是合醵。《周禮正義》卷二十二孫詒讓以為「酺」主於祭神，「醵」則專為會飲。祭社之後，邑里居民群飲，按照長幼次序獻旅酬酢。祭祀花費由聚落人民分攤，備置酒肉供神，祭畢用這些酒肉合飲，即是「醵」，《禮記・禮器》鄭玄注曰：「合錢飲酒為醵。」《漢書・食貨志》載戰國初期，李悝估計百畝小農每年開支，有「社閭嘗新春秋之祠，用錢三百。」再者，據說曾參看到周祭「旅酬六尸」，於是慨嘆「周禮其猶醵與！」因為周禮祫祭，聚群廟之祖於太祖后稷廟中，六尸皆飲，旅酬相酌，毫不偏頗，就頗似聚落成員之會飲。〔註51〕

邑、里的共耕均賦，同祭合飲，在城邦時期都是聚落成員來共同完成，這種現象在戰國秦漢以後才逐漸改變，漢代有私社的出現，也有單、僤、彈等民間組織，雖然其成員彼此仍不脫於邑、里聚落，但已非是由全體居民共同完成的，而是具有自願性質，不完全是依靠整個聚落或行政單位作為組織。

會產生上述之改變，社會的分化及其結構的複雜化是其主要成因之一，許倬雲所論，由「原群」至「複群」的進展，或可提供較具體的說明。在中

〔註49〕 《周禮注疏》卷十二〈閭胥〉：「知祭祀，謂州社、黨禜、族酺者，以其黨鄉之內，所有祭祀無過此三者。」卷十九〈肆師〉：「知水旱、凶荒，凶荒謂年穀不熟，知所命祭，是社及禜、酺者。……州祭社，黨祭禜，族祭酺，於六遂之中；亦縣祭社，鄙祭禜，酇祭酺，皆是國人所祭之事也。」《周禮》的鄉遂體系中，國人的祭祀不出社、禜、酺，若按此言，則酺又不同於社。

〔註50〕 楊寬，《西周史》，頁202～203。

〔註51〕 《禮記・禮器》云：「周坐尸，詔侑武力，其禮亦然，其道一也。夏立尸而卒祭，殷坐尸，周旅酬六尸。曾子曰：『周禮其猶醵與！』」

國古代國家形成之前，人們已有的小型群體組織，如以親族、地緣組織爲主體的社會，稱之爲「原群」。「原群」指社會中其成員大致是與生俱來，出生於這個群體中，群體性質單純而同質，成員之間的關係親密而不能改變，不論是以職業分類或地位分類，都是相當持久的社會單位；而由許多原群的複合體，經過重整，參加成員的關係是合約性的、世俗性的，這樣的社會可稱之爲「複群」。在中國國家權力漸次形成的過程中，直到殷商，國家權力的運作仍有賴於「原群」族群作爲社會的基礎，且國家似乎只是社會的外表，國家權力的運作未嘗凌駕於社會之上；而西周的封建與宗法使國家的上層與社會完全重疊；至戰國以後才漸形「複群」社會，社會團體的組成漸多納入包括職業、宗教信仰等較多樣化的關係。〔註52〕

城邦時代的「原群」社會，是以單純的血緣與地緣組織爲主體〔註53〕；也就是以同族、同居地作爲彼此連結的關係，並作爲組織的單位〔註54〕。但戰國以後，因爲貧富階級的分化等原因，漸次形成「複群」社會，在原來血緣與地緣關係的基礎上，還會再加入其他的聯繫因子，如北朝時盛行由村落信仰佛教的居民，所組織的「造像邑」團體，便是在地緣基礎上在加入相同宗教信仰的連繫。而這在軍、政、教尚合一的城邦時代，「原群」社會中並沒有產生這類組織的條件。

〔註52〕許倬雲，〈中國古代社會與國家之關係的變動〉，《國家科學委員會研究彙刊：人文及社會科學》三卷一期，1993年，頁1～7。

〔註53〕杜正勝亦指出，就「人群結構」而言，須依古代聚落的特性從兩方面來分析，一是親族成員，其次是社區成員；也就是血緣關係，以血親爲主；以及地緣關係，包括國、野、郊、遂、邑、里、閭等聚落的關係，鄰里鄉黨或知識、朋友的人際關係等。參閱：氏著，《編戶齊民》，頁187～188、196～198。

〔註54〕古代社會的組成細胞是族，國家利用族群關係而統治，甚至可以說是建立在族群的基礎之上，商代的政治組織，是凝聚諸群而爲部落的政體，周人代商以後，商人分散隸屬於周人所分封的諸侯，仍以族爲分屬的單位，如《春秋左傳·定公四年》所載，分魯公「殷民六族」、分康叔「殷民七族」，可知以族爲單位而並非城邑。許倬雲亦指出，「地緣的邑，並不如族群共同體的功能重要」。但邑以聚人，人以從土，在社會進入「複群」之後，家族血緣的凝聚仍須鄉里關係來家以鞏固。漢代的里乃先秦聚落的延續，其主體仍多是以「聚族里居」的方式存在，這於下一節中將再予以陳述。總之，隨著歷史發展的進程，地緣關係對於民眾的結合，扮演著日漸吃重的角色。參閱：許倬雲，〈中國古代社會與國家之關係的變動〉，《國家科學委員會研究彙刊：人文及社會科學》三卷一期，1993年，頁4；杜正勝，《古代社會與國家》，頁49；杜正勝，《編戶齊民》，頁187。

　　對於聚落中共耕均賦，同祭合飲，由聚落全體居民共同來完成許多生活任務的狀態，許多日本學者逕稱之爲「共同體」〔註55〕，或大陸的左派學者專以「公社」稱之〔註56〕。其以經濟史的角度，建構全般的上古社會全貌，討論原始社會、奴隸社會以及封建社會的各個發展階段，以解釋、支持資本主義社會的形成；強調社會的有機性和整體性，以生產力和生產關係討論一個社會或時代的重要指標，對於中國上古史研究的得失，論者已眾，亦非本書之重點。在其理論脈絡中，所謂的「公社」，承繼恩格思等人的學說，認爲古代國家的形成，社會的主體有血緣組織向地緣組織發展的趨向〔註57〕，公

〔註55〕 共同體是資本主義社會形成之前各種社會型態的基本共同態，在原始共同態的基本框架上，隨著生產力的發展，而產生人類各種不同的共同組織。所謂「亞細亞式共同體」是「農業共同體」的第一個階段（即農業初發的形態），部落（stamm）或其部分的血緣集團成爲共同占有土地的主體，其共同體內部形成了村落或家族等等的從屬性共同態，顯示出應稱做家制大家族聯繫體的形態。共同體內各家族雖然佔有了一部分屬於私人的土地（宅地及園埔地），但各家族實際上只是被允許做個別的利用，大部分、重要的土地仍直接由部落共同體來直接占有，個人從屬於規範力極強的共同體，這反映了部落的共同勞動，如共同耕作、開墾，及灌溉設備的構築等。大塚久雄著，于嘉雲譯，《共同體的基礎理論》（台北：聯經出版事業公司，1999 年），頁 I～IV（譯者序）、3～5、43～44、50～54。關於亞細亞生產方式的介紹，參見：魯凡之，《東方專制主義論──亞細亞生產模式研究》（台北：南方出版社，1987 年），尤其是上篇與中篇。

〔註56〕 通常在《馬克思恩格思全集》的漢譯本中，Community 一詞單獨使用時通常運用「共同體」；但做爲複合名詞使用時，即是上述的「亞細亞式共同體」，通常就譯爲「公社」。「公社」演進時程依序爲母系氏族公社、母系家族公社、父系家族公社與農村公社。就其組織成員而言，氏族與母系家族公社是血親，而家族公社則是血親與姻親，至農村公社時期已突破單純的親屬（血緣）關係，帶有一定程度地域性組織的性質。大陸方面較具代表性的有郭沫若，《中國古代社會研究》（上海：上海書店，1989 年）；李亞農，《李亞農史論集》（上海：上海人民出版社，1978 年）；李亞農，《中國的封建領主制和地主制》尤其是第一章。

〔註57〕 李亞農，《中國的封建領主制和地主制》，頁 2；大塚久雄著，于嘉雲譯，《共同體的基礎理論》，頁 52～54 云「亞細亞式共同體」中，由於經濟生活的發展，許多外來的手工業或商業業者開始成爲居民，於是以血緣關係爲中心的氏族組織，不得不讓位於區域性的組織（農村公社）：手工業者（或謂村落的雇用者）也得到一定的園圃地與耕地而定居下來，編進了共同體的編制和規制之中。因爲已有屬於個人的土地，逐漸突破了共同體內部的純血緣編制，開始形成「不受血緣關係關係拘束的自由人間的社會聯合」（馬克思語）。再如李根蟠、黃崇岳、盧勛，《中國原始社會經濟研究》（北京：中國社會科學出版社，1987 年），頁 402 所言，農村公社在向形成國家的過渡中並沒有完全

社蛻變爲邑、里等地域組織，統治者藉其收取資源。因此寧可先生認爲春秋戰國時代，已漸形成「里、社合一」制，由於原來公社的許多功能已成爲國家的權力，「社」僅是公社宗教職能的殘留，而邑、里的前身即是公社，那麼里、邑也就是「社」，「里」與「社」彼此可以互稱〔註 58〕；以及俞偉超將先秦兩漢的單、僤、彈等民間組織，直指爲古代農村公社的殘留，都有其歷史解釋的淵源〔註 59〕。再者，大陸左派史家利用對於現代一些初民社會的社會經濟研究，而欲解釋古代「公社」的發展進程及其社會經濟狀況，指出這種未臻於現代文明的少數民族社會，有著集體生產、共同消費、生產工具集體打製、組織祭祀等功能〔註 60〕，對於本書探討上古民間組織的性質與功能的主題，有相當的啓發，但僅是以比附立論，恐較難爲嚴謹的治史學者所服膺。

（四）小 結

綜合本節所述，可知城邦時代，國君有大社、王社，而分封的諸侯、卿大夫，在其所分封的國、都、邑等聚落中，都爲百姓立有與其政治地位相稱的社，如國社、置社等。社是當時士庶在家門外的公共場合，唯一能進行的祭祀活動。究社之本義，乃是對土地的祭祀；對統治者而言，能宣示擁有封畿之意；在黎庶方面，則是藉以表達對土地貢獻的回報。社的信仰承續上古宗教的發展，可以視爲氏族祭祀的遺留，在氏族長失去政治地位後，轉而在部落、聚落中，以巫的角色繼續發揮原先祭司的功能，一直到漢代，民間的社仍與巫有密切的關係。

由於國、都、邑等聚落並不同於後代郡縣制下，有層級隸屬關係的地方行政組織，且都因具有民眾參與的性質，爲公共活動之場合，所以雖爲各聚落統治者所立，但仍不宜單純地將其比附爲後代，僅作爲官方祭典之用的官社。先秦各聚落的社，發展到漢代而爲里社，都是官方所立，以全體聚落爲單位的祭祀組織。在歷春秋戰國之後，社會由「原群」向「複群」演進，且統一帝國的地方行政系統也漸無法完全配合自然聚落而設，終於在漢代有私

瓦解，仍保留於社會之中構成基層的組織形式，而其地域性質則益發明顯。

〔註58〕「里、社合一」之說，參見寧可，〈述「社邑」〉，收入：氏著，《寧可史學論集》（北京：中國社會科學出版社，1999 年），頁 441～442。

〔註59〕俞偉超，《中國古代公社組織的考察——論先秦兩漢的「單、僤、彈」》（北京：文物出版社，1988 年）。

〔註60〕如李根蟠等人對現代雲南傣族的「勐」、納西族的「農社」、拉祜族的「底頁」之研究。李根蟠、黃崇岳、盧勛，《中國原始社會經濟研究》，頁 136～414。

社與單、僤、彈等民間組織的誕生，打破了以聚落全體為單位，共耕均賦，同祭合飲的「共同體」狀態。這就是本書以下所要接續探討的重點。

第二節　官社到私社——論漢代的里社

　　秦、漢時代統一帝國以郡縣制取代了先秦的城邦諸國，原來稱為萬國的國、都、邑等大大小小的聚落，在郡縣制的統治結構中，較大的邑就構成了縣、鄉、亭等基層行政單位〔註61〕；而原先大邑城中的里，和如「十室之邑」般的小邑，則成為縣、鄉、亭中居民集居的社區，也就是漢代最基層的行政單位——里。延續先秦時期，國、都與各聚落都有社的情況，秦漢的中央、郡國、縣、鄉、里等各級單位仍皆立社。此時「社」的意義還不能泛指為各類的民間私人組織，而是設立社神之處，以及祭祀社神的組織與活動。社事仍是官府行政工作的一環，因此各級行政組織的社，都是屬於官社的性質；但也從漢代開始，具有社會性質，也就是由全體里民所參與的里社，開始出現了「私人化」的傾向。本節意旨即在論述漢代里社的性質與功能，以及伴隨著里社的私人化，而有私社的出現。為求行文的方便，以下先由里社的母體，亦即漢代的里來談起。

（一）「里」是民眾聚居的社區

　　《水經注》卷十七〈渭水〉云：「元始二年，平帝罷安定滹沱苑，以為安民縣，起官寺市里。」官寺、市、里三者，乃城中所必須。其中，佔面積最大者當是作為民居的里。《水經注》卷二十二〈濟水〉云：「（大梁城）梁伯好土功，大其城，號曰新里。」也就是增建城郭，將新擴張的城內部分，稱作新里。唐代縣城及其以上的城內之里被稱作坊，漢代城內的「里」，也可以說

〔註61〕戰國時期，爭衡的君王權卿，就開始以閭里什伍或置新縣等制，將庶人百姓集中起來，在原有的聚落上加上新的編組，或是徙民開發新聚落，如商鞅變法，在《史記・商君傳》稱其在舊有的聚落上「集小鄉、邑、聚為縣」，而在新移民區，《漢書・鼂錯傳》鼂錯有云：「營邑立城，製里割宅，通田作之道，正阡陌之界，先為築室，……置器物焉，民至有所居，作有所用，此民所以輕去故鄉而勸之新邑也。」直接設立新縣。先秦時被稱做萬國的無數個邑，到了漢代，根據其規模大小或重要程度，共分為三級，上者為縣，中者為鄉，下者為亭，因此在地理景觀上，與三代的聚落並無二致；所不同者，不過體制上亭比鄉比縣小而已。可參閱：邢義田，〈漢代的父老、僤與聚族里居〉，收入：氏著，《秦漢史論稿》（台北：東大圖書公司，1987年），頁232。

類似唐代的坊，正如《後漢書》卷八十四〈楊震傳〉唐章懷太子所注：「里即坊也。」漢代聚落城郭之內被區分爲數個區域，即是里；工商業者與大多數農民也居住在城內里中。所以漢代的里延續先秦時，是國、都內的社區之本質，而爲縣、鄉、亭內民眾實際集居的社區〔註62〕。杜正勝也指出戰國及秦漢的里還保留不少古代聚落共同體的痕跡，如里是秦漢時代戶籍所繫，簿冊中人民的籍貫可以無鄉貫、縣貫或郡貫，但不能缺少里貫，這也是因爲里是具體聚落的緣故。〔註63〕

至於漢代里的規模，因爲里既然沿襲舊有的聚落而改稱，因此當與周代里的概況類似，里的所在位置不同而有異，經籍中也沒有一定的標準。不過百家之里應或許是秦漢社區頗爲普遍的現象，如《續漢書・百官志》司馬彪注曰：「一里百家」。《漢書》宣、元、成、哀諸〈紀〉載漢帝賜天下吏民爵，女子百戶牛酒，使閭里之民共同宴飲。

本章第一節已述，雖然始自戰國時代，社會的「複群」性質就已日漸滋長，但漢代的里既是先秦民眾集居聚落的延續，在一定程度上依然保有「共耕均賦，同祭合飲」的共同體性質，此而一性質必須是奠基於「原群」社會的基礎之上。雖然周代以降，統治的基層單位已由血緣的族逐漸演進爲地域的邑、里，但漢代里所保有的「原群」性質，血緣的連結關係依然濃厚，而由「聚族里居」的方式，使血緣與地緣關係共同發揮作用。〔註64〕

秦漢時期的家庭，雖然大致上是以夫婦與未成年子女共居，即五口左右的小家庭爲主〔註65〕，但在個別的小家庭上，必然還有較大的親族組織，個別的五口之家恐怕不是孤零零地存在於社會的網路之中〔註66〕。李悝《法

〔註62〕關於漢代及其後聚落的變遷，可參見：宮崎市定，〈關於中國聚落形體的變遷〉，收入劉俊文主編，《日本學者研究中國史論著選譯》第三冊（北京：中華書局，1993年），頁1～29。

〔註63〕杜正勝，《編戶齊民》，頁125～126。

〔註64〕「聚族里居」概念的闡釋，可參見：邢義田，〈漢代的父老、僤與聚族里居〉，收入：氏著，《秦漢史論稿》，頁232。

〔註65〕許倬雲，〈漢代家庭的大小〉，收入：氏著，《求古編》（台北：聯經出版公司，1982年），頁515～542；杜正勝，〈傳統家族試論〉，《大陸雜誌》六十五卷二、三期（台北：1982年），頁7～34、25～49。

〔註66〕如《漢書・馮奉世傳》曾記述馮奉世先世謂：「其先馮亭……趙封馮亭爲華陽君，與趙將括拒秦，戰死於長平。宗族繇是分散，或留潞，或在趙。」可見戰國末年三晉之地仍有聚居者。而在《漢書》〈萬石君傳〉、〈疏廣傳〉、〈酷吏傳〉嚴延之例、〈游俠傳〉樓護之例、〈序傳〉班伯之例，均可見漢人出來作

經‧雜律略》有一條曰：「越城，一人則誅；自十人以上，夷其鄉及族，曰城禁。」據《唐律疏義》卷一〈名例〉所言，李悝是「集諸國刑典，造法經六篇」，《晉書‧刑法志》亦說他「撰次諸國法」。所以其《法經》是集結各國的刑典，反映了一個鄉與族疊合相連的普遍狀況。《墨子》卷九〈非命上〉：「是以入則孝慈於親戚，出則弟長於鄉里。」《韓詩外傳》卷四：「出則為宗族患，入則為鄉里憂。」親戚、宗族與鄉里連言，顯示宗族與鄉里的關係密切。

世代不遷的農村聚落，除了血親之外，再由婚姻建立起更濃厚的血緣關係。少數幾族人聚居一處，則如《國語‧齊語》所云：「祭祀同福，死喪同恤。」《史記》卷五十五〈留侯世家〉記張良言：「天下游士，離其親戚，棄墳墓。」他們可能原本是合其親戚，終老一地的。《史記》卷九十七〈陸賈傳〉載漢高祖時，陸賈說南越王尉佗曰：「足下中國人，親戚、昆弟、墳墓在真定。今足下反天性，棄冠帶，欲以區區之越與天子抗衡……漢誠聞之，掘燒王先人冢，夷滅宗族。」可見宗族親戚原是聚居，死則葬於一處。對於這種共同性質，即有不少日本學者以「里共同體」來加以詮釋。〔註67〕

（二）「里、社合一」之制──里與社的組織是重疊的

漢代里中皆立有社，作為民眾唯一公共祭祀之處的社，當然也能表現出「祭祀同福，死喪同恤」、「同祭合歡」的共同性質；即由父老與里正領導，以全體聚落（里）為單位，作為祭祀社神的組織。

「社」字的原始意涵本為祭祀土神，在先秦兩漢文獻中，包括社神、祭祀社神之處（即社壇）、祭祀社神的活動、以及祭祀社神的組織，也都可單以「社」稱之。社有固定的地點，通常稱為社下，作為祭祀社神的社壇，也是居民集會的公共場所，有時亦為來往行人停宿之處〔註68〕。《三國志‧魏

官，老歸鄉里，而宗族的墳墓亦在故里，他們在任時，與故里族人保持連繫，樓護、班伯皆為其例；歸老時，照顧族人如疏廣之例。西漢時宗族聚里而居應是極普遍的現象。

〔註67〕川勝義雄指出，在這種「里共同體中」，自耕農民是由相當平等的共同體關係聯結在一起的，由「父老」即有豐富人生經驗的年老者為中心形成自治體，參閱：氏著，〈六朝貴族制社會的成立〉，收入：劉俊文主編，《日本學者研究中國史論著選譯》第四冊，頁6～10。

〔註68〕寧可引《列仙傳》下〈文賓〉；《晉書》卷九十四〈隱逸傳‧董京〉及《太平御覽》卷五三二〈社祭〉引習鑿齒〈逸民高士傳〉戴延之〈西征記〉等立論，唯因所引史料相對較晚，且諸如「鄉亭西社」、「白社」等，其性質為何，不易明瞭，但仍備一說。參閱：寧可，〈五斗米道、張魯政權和「社」〉，收入：

書》卷六〈董卓傳〉載：「時適二月社，民各在其社下，悉就斷其男子頭，駕其車牛，載其婦女財物。」民眾於祭社之日聚集於「社下」，當即是社壇所在之處。

漢代社所奉祀的社神，其標幟（也就是社主）通常是一株大樹或叢木，稱爲「社樹」、「社木」或「社叢」，有的仍如先秦時封土爲壇，而壇上或爲樹，或奉木或石的「社主」，還有修築城牆或祠屋的〔註69〕。同於先秦或用木、或用石以爲社主，漢代亦多可於文獻記載上尋得其例，然仍以用樹爲多。用石者如《周禮・春官・小宗伯》記帥有司而立軍社，鄭玄注云：「社之主蓋用石爲之。」賈疏云：「案許愼云『今山陽俗祠有石主』，彼雖施於神祠要有石主，主類其社，其社既以土爲壇，石是土之類，故鄭注社主蓋以石爲之，無正文蓋以疑之也。」《周禮・夏官・量人》賈疏云：「在軍不用命戮於社，故將社之石主而行。」

而用樹之說有較多且較直接的例證。如《漢書・陳勝傳》：「又令吳・廣之次所旁叢祠中，構火狐鳴曰：『大楚興，陳勝王。』」沈欽韓疏證曰：「古者，二十五家爲閭，閭各立社，即擇木之茂者爲位，故名樹爲社又爲叢也。」《漢書・東方朔傳》：「柏鬼之庭也」注：「言鬼神尙幽闇，故松柏之屬爲庭府。」《三國志・魏書》卷十一〈邴原傳〉注引〈別傳〉云：「嘗行而得遺錢，以繫樹枝，此錢不見取，繫錢者逾多，……里中遂斂其錢，以爲社供。」東漢蔡邕所書〈索昏庫上里社碑〉言，「相與樹碑作頌，以示後昆」〔註70〕，表示索昏庫上里社也是以樹作爲社主。〔註71〕

漢代各級行政組織所立之社都可以官社的概念視之，其功能主要表現在政治方面，藉由祭祀社神的儀典，彰顯統治國土的權力，具有行政階層倫理的象徵性意義。縣級以上之社視爲官社應無疑義，《續漢書・祭祀志》中記載

氏著，《寧可史學論集》，頁499。

〔註69〕寧可，〈漢代的社〉，收入：氏著，《寧可史學論集》，頁459。

〔註70〕東漢・蔡邕，《蔡中郎集》卷五〈陳留東昏庫上里社銘〉。

〔註71〕漢代與中國接近的遊牧民族，也有社樹之事，如《漢書・匈奴傳》：「秋馬肥，大會蹛林，校人畜計。」注引服虔曰：「（蹛）音帶，匈奴秋社，八月中皆會祭處也。」顏師古曰：「蹛者繞林木而祭也。鮮卑之俗自古相傳，秋天之祭無林木尙豎柳枝，眾騎三周迺止，此其遺法。」匈奴八月祀神一事和中原亦爲同時，《四民月令》云：「八月筮擇月節後良日，祠歲時常所奉尊神。前期七日舉家母到喪家及產乳家。少長及執事者悉集案祠，薄掃滌務加謹潔。」漢人常所奉尊神以社神、竈神爲要，所以八月所祭的神當應有社神。

官方所立之社，最基層即至縣社爲止，而《漢書》卷二十五〈郊祀志〉亦有云：「（高祖）因令縣爲公社。」李奇注曰：「猶官社。」如清代陳立著《白虎通疏證》、孫詒讓著《周禮正義》等，均謂郡、縣以上之社爲官社。但縣以下的各行政單位如鄉、里所立之社，是否亦有官社的性質呢？《史記》卷二十八〈封禪書〉載：「高祖初起，禱豐枌榆社（注：高祖里社）。……后四歲，天下已定，詔御史，令豐謹治枌榆社，常以四時春以羊彘祠之。」「高祖十年春，有司請令縣常以春二月及臘祠社稷以羊豕，民里社各自裁以祠。制曰：『可』。」以及《春秋繁露》卷十六〈求雨〉：「春旱求雨，令縣邑水日令民禱社。……諸閭社通之于閭外之溝。……」同卷〈止雨〉：「雨太多，……令縣、鄉、里歸社下。」〔註72〕可知鄉、里中之社，應仍具有相當程度的官方色彩。

「社」除了是祭祀社神的地點外，亦可作爲祭祀社神的組織。在春秋戰國時候，每個大小人群聚落皆立有社，群眾以聚落（里、邑）單位作爲祭祀社神的組織，在此意義上，社與邑、里的是重疊的，也是可以互稱的。漢代的縣、鄉、亭等行政區劃中，居民的社區即稱爲「里」，乃是春秋戰國以來自然聚落的持續發展，里既是行政單位，也是民眾集居的自然聚落。里中居民承襲前代各聚落皆立社的傳統，里中亦皆有社，所以漢代有不少例子即是以里名爲社名〔註73〕。里內居民是由行政單位的「里」組織祭祀社神，民眾祭社的組織與行政單位是重疊的，里的全體居民不論貧富都是社的當然成員，因此社的成員並沒有專門的稱呼，「社民」或「社人」之稱是在兩晉以後才出現。社的活動即是行政單位「里」職司的一部分，里與社兩者在組織上合一的，此情形應即是寧可所言的「里、社合一」之制。〔註74〕

里中之社的領導人也能反應「里、社合一」的情形。

在聚族里居的情況之下，一里有可能由一個或幾個主要的宗族所構成〔註75〕，族中的長者就是聚落的領袖。《漢書・百官公卿年表》中，對於派駐

〔註72〕又《太平廣記》卷一六一〈感應・呂虔〉載：「魏長沙郡久雨。太守呂虔令戶曹掾齋戒，在社三日三夜，祈晴。夢見白頭翁曰：『汝來遲，明日當霽。』果……。」太守駐社祈晴，應是在官社的社壇上。

〔註73〕如《水經注》卷二十六記臨淄有梧台里社碑；東漢・蔡邕，《蔡郎中集》，卷五〈陳留東昏庫上里社碑〉；《三國志・公孫度傳》有「襄平延里社」。

〔註74〕寧可，〈述「社邑」〉，收入：氏著，《寧可史學論集》，頁442。

〔註75〕漢代有一些里就以社區中最主要的姓氏爲名，在居延漢簡吏卒籍貫就有曾里、高里、辛里、胡里、侯里、呂里等等，參閱：林振東，〈居延漢簡吏卒籍

於地方的官吏，只提到鄉而未及里，然里吏的功能仍頗活躍於諸多文獻中。戰國時代治里的小吏通稱作「里正」，秦王政即位後為避諱，改作「里典」，睡虎地秦簡有不少里典和父老的律令與律說。關於父老與里正的資格與職責，《春秋公羊傳·宣帝十五年》何休注云：「一里八十戶，選其耆老有高德者名曰父老，其有辨護伉健者為里正。」父老無吏職，卻負起吏的責任能，與里正成為閭里的雙元領袖；前者是原來社區長久以來，血緣與地緣關係力量所搏成的代表者，而後者則是國家行政統治的執行者。父老在行政系統中所扮演的角色，一方面則暗示了傳統聚落（里）的血緣聯繫仍然存在；另一方面則顯示了行政單位（里）與民眾聚居社區重疊，國家直接以自然聚落作為最基層的統治單位，這也多少暗示了國家的力量尚未完全掌控到「共同體」之中。所以官方維繫秩序的力量失調，這股非官方力量立刻填補官府空缺，成為地方上的主導力量。〔註76〕

《春秋繁露》卷十六〈止雨〉言里社祭祀時需有「里正父老三人以上，祝一人」。里正可算是官方業務的承辦人，而父老則是在「聚族里居」的背景之下，里中大族負聲望、受敬重的耆老，代表著來自地方聚落本身的力量，因此即便社由屬於里正方面的國家行政單位所立，但父老率全體聚落民眾參與，亦可表現「里、社合一」之意。

里正與父老雙首長之制，代表著維繫鄉里秩序，除官府的政令、法律之外，仍須以孝悌、敬老等倫理尊卑理念，來穩定有相當程度以血緣為紐帶所形成的聚落秩序，以及父老力量來源之不墜。所以在政治教化上，如《白虎通》卷上〈辟雍〉云：「教民者皆里中之老而有道德者為右師。教里中之子弟以道藝、孝悌、行義、立五帝之德。」《漢書》卷二〈惠帝紀〉：舉「民孝悌、力田者，復其身。」這些並非是法家或儒家的理論使然，而是有其政治

貫地名索引〉，《簡牘學報》第六期（台北：1978 年），頁 166～181。但有許多里即使不會完全同姓，但大概也有一個或幾個主要的姓，就成了當地的大姓，其長者也就有可能成為里秩序的維護者，如《漢書·酷吏傳》載景帝時濟南瞷氏宗人有三百餘家，遂為鄉里「豪猾」；《漢書·鄭弘傳》李承注引謝承書言會稽鄭弘曾祖父本齊國臨淄人，「武帝時徙強宗，大姓不得族居，將三子移居山陰，因遂家焉。」

〔註76〕杜正勝，《編户齊民》，頁 218～228。關於父老的研究還可參見：守屋美都雄，〈父老〉，收入：劉俊文主編，《日本學者研究中國史論著選譯》第三冊，頁 564～584；邢義田，〈漢代的父老、僤與聚族里居〉，收入：氏著，《秦漢史論稿》，頁 213～246。

考量，以保障國家統治的基礎，所以即使如秦律，仍對於「不孝」、「子告父母」、「毆打父母」都加重治罪。〔註77〕

　　因此在祭社之日的酺釀之時，里民齊聚於社，社教化里民、整齊人倫的的政治功能乃藉此展開，透過發揚孝悌、敬老等倫理觀念的儀式，作為維持聚落傳統秩序的象徵。最頗為人知的例子，就是《漢書》卷四十〈陳平傳〉等文獻所載，陳平擔任社宰，在祭社之後能將胙肉按尊卑長幼，合宜地分給每一個人，而得到父老的讚許〔註78〕。此外，西嶋定生認為漢代政府所實施的二十等爵制，下起庶民上至列侯、諸侯王均賜予爵級，賜爵之時以里為單位舉行集會飲酒（釀），可能也是在社下所進行，里之居民不論男女都參加宴會，宴會賜爵時有飲酒禮儀，類似於周代的「鄉飲酒禮」。賜爵包括賜予爵位與齒位，爵位是官方的秩序，而齒位是鄉里的秩序，也就是以父老為首，依血緣為連繫基礎所構成的秩序。不同於周代鄉飲酒禮只限於齒位，二十等爵制齒位、爵位兼具，搏成「里」的秩序，以此為基層單位，納入以皇帝為頂點（「天子」亦是爵稱）的國家結構中，形成一個秩序體；而這亦是西嶋定生認為漢帝國皇帝實行個別人身統治立論的基礎之一〔註79〕。只是賜爵的宴會儀式，是直接在祭社神之後的宴飲活動「釀」時進行，還是再另設儀典，由於史料無徵，還有待詳查。

　　在漢代以後，聚落中的里社、村社，抑或是私社，其領導人多有「社老」一職，尤如唐代的私社，建立在其成員的結義關係之上，也是一種虛擬的血緣關係，在敦煌的社邑文書中，有載斯時私社「老者請為社長，須制不律之徒」，以耆老擔任社長，並不是負責實際的庶務，而是組織內的仲裁者，維護

〔註77〕邢義田，〈奉天承運——皇帝制度〉，收入：鄭欽仁編，《中國文化新論・制度篇》（台北：聯經出版公司，1982年），頁70～71。

〔註78〕再如東漢・蔡邕，《蔡中郎集》五〈陳留東昏庫上里社銘〉、《太平御覽》卷五三二〈社稷〉引《陳留風俗傳》等，都有類似記載。關於「里中社，平為宰」，或陳平為「社宰」、「社下宰」等記載。

〔註79〕西嶋定生此說極有見地，但並未強調鄉里中親族的凝聚關係，蓋齒位所為乃整齊鄉里人倫，確定長幼秩序，而此必基於鄉黨中親屬宗族的關係，再藉由賜爵位將基層社會以里為單位的親屬宗族，納入國家的統治結構中。二十等爵制可說是在「聚族里居」的環境上，以父老為里領導人的基礎上，建構萬民一君的統治結構。參閱：西嶋定生著，武尚清譯，《二十等爵制》（北京：國際文化出版公司，1992年）（尤其是第四章與結束語）；以及西嶋定生，〈中國古代統一國家的特質——皇帝統治之出現〉，收入：杜正勝編，《中國上古史論文選集》，頁738～743。

最基本的倫理秩序，在此意義上，與父老在社中的角色頗爲類似，或許「社老」與漢代的父老有其淵源，亦不無可能。

上揭《春秋繁露・止雨》所列，除里正、父老之外，尚有「祝」一職，在其他文獻中還可見社宰〔註80〕、社祝〔註81〕、祭尊〔註82〕等名稱，都具有宗教的意味，相信是祭社時負責儀典進行的幹部。

里中所立之社，最主要的功能同先秦聚落中民眾的祭社活動，包括祭祀社神及其後的聚飲，也就是「祭酺合醵」。對於社神的祭祀，主要也是承襲先秦以來春祈秋報的傳統，不論官社或私社，都於是春二月與秋八月舉行祭社〔註83〕，如上文所徵引的《漢書・韓延壽傳》所言「春秋鄉社」，鄉社乃官社也；《四民月令》：「二月祠大社之日，荐韭卵于祖禰。」《三國志・董卓傳》載：「時適二月社，民各在其社下。」《居延漢簡釋文》40.9 號簡有「八月戊午社計」。

祭社之日稱爲「社日」，兩漢以後，二月與八月上旬的戊日，就固定爲民間盛大的歲時節日〔註84〕。唯其確切日期，目前學界仍有許多說法，並各有根據，或爲二月、八月的第一個戊日〔註85〕，或立春、立秋前後的第一個〔註86〕、或之後的第五個戊日〔註87〕；至於《漢書・五行志》張晏注云：「民

〔註80〕 如陳平之例，在上文所列諸文獻中，都有關於「里中社，平爲宰」，或陳平爲「社宰」、「社下宰」等記載。

〔註81〕 見《春秋繁露》，卷十六〈止雨〉、《漢書》，卷六十六〈劉屈氂傳〉。

〔註82〕 清・陳介祺輯，《十鐘山房印舉》，〈舉二〉，清同治十一至十二年間（1872～1873）朱鈐本，頁 51 錄有「安民里祭尊印」。

〔註83〕 《續漢書・祭祀志》載兩漢官方有春秋祭社之規定，此外《史記・封禪書》則載臘也祠社，但民間的里社或私社，在本書所徵引的史料中，僅見春秋祭社的記載。

〔註84〕 如《太平御覽》卷五三二〈社祭〉引晉・王廙，《春可樂》：「吉日分上戊，明靈分爲社。」宋・陳思撰，《寶刻叢編》卷十九引〈復齋碑錄〉錄有〈晉義熙靈石社日記〉其末題：「義熙三年二月八日戊申社日記。」《齊民要術》卷二〈大小麥第十〉：「稻麥，……八月中戊社前種者爲上時。」「小麥，……八月上戊社前爲上時。」《唐六典》：「仲春上戊祭太社，……仲秋之月及臘日亦如之。」《資治通鑑》卷二六五記天祐二年二月戊戌社（應當即是二月九日）；敦煌寫本 P.3247〈大唐同光四年具曆〉記該年二月二日戊子、八月五日戊子社；P.3403〈雍熙三年丙午歲具注日曆〉記該年二月十日戊申社等。

〔註85〕 寧可，〈漢代的社〉，收入：氏著，《寧可史學論集》，頁 461。

〔註86〕 《太平御覽》卷五三二：「禮記：『月令仲春擇元日命人社』、『仲秋擇元日命人社』。」注解分別云：「爲祀社稷也，春事興故祭之以祈農祥，元日謂近春分前後戊日。元，吉也。」「賽秋成也元日，謂近秋分前後戊日。」並引《唐

間三月九月又社。」民間於三月、九月祭社，僅見此例。里中之社，祭祀不獨祭酺且皆有醵，酺、醵不相離，祭飲活動亦由里正、父老所領導，里的全體居民都須參加，祭祀與宴飲等費用由里民分攤，如《史記》卷二十八〈封禪書〉云：「高祖十年春，有司請令縣常以春二月及臘祠社稷以羊豕，民里社各自財以祠。」以及《漢書・食貨志》中李悝估算每年農家對於春、秋二季祭飲活動的支出，「社閭嘗新春秋之祠，用錢三百」；而《史記》卷〈貨殖列傳〉亦載：「若至家貧親老，妻子軟弱，歲時無以祭祀進醵，飲食被服不足以自通。」都可知社「醵」，都是民眾生活中一項不小的開銷。

但合「醵」之時，乃是民眾把酒合歡的難得機會，《漢書・文帝紀》注引漢律規定「三人以上無故群飲酒，罰金四兩」。可知庶民平日不能聚集飲酒，因此祭社後的宴飲，民眾社交、娛樂皆出於此。即令是窮鄉僻壤，如《淮南子》卷七〈精神訓〉：「今夫窮鄙之社也，叩盆拊，相和而歌，自以為樂矣。」每逢社日，亦不免要以最簡單的方式作樂一番。

綜上所述，可知里不但是先秦聚落內民眾集居地的繼續存在，亦是國家最基層的行政單位，行政單位與自然聚落合一，以里為單位作為里中居民祭祀社神的組織，社事屬於里正行政作業下的一個項目，官府教化的宣達亦可能在社中進行。在此意義下，里中所立之社仍宜以官社看待。

但里中的社和縣以上的官社，在功能上有明顯的區別。縣以上的「社」主要功能表現在政治方面，由官府舉行祭社，成為國家的祀典之一，並做為統治國土權力的象徵。而在最基層里中所立之社，在作為官社的角色上，當然有其政治功能，除以祭祀之禮體現統治的階層倫理等級，並兼有教化里民、整齊人倫之效；但在政治功能之外，由於具有全體里民參與的社會性質，包括祭祀社神及其後的聚飲活動。因此由里所立之社，就擁有政治、宗教與社

六典》云：「仲春上戊祭太社，以后土氏配焉，祭太稷以后稷氏配焉。」按此記則社日是最近春分、秋分的戊日。亦可參閱：譚蟬雪，《敦煌歲時文化導論》（台北：新文豐出版公司，1998年），頁296。

〔註87〕清・王鳴盛，《蛾術編》：「世俗相傳每年立春立秋之後第五個戊日是社日。」《資治通鑑》卷二六五〈天佑二年二月戊戌日〉胡三省注云：「自古以來以戊社，戊土也，立春以後歷五戊則社日。」但寧可已有考證，指出因為有閏月，立春、立秋後的第五個戊日並不都在二月和八月，且上文所徵引之〈靈石社日記〉，義熙三年二月八日戊申，當為立秋後的第三個戊日，而P.3403〈雍熙三年丙午歲具注日曆〉載前一年十二月十八日立春，則二月十日戊申社，已是立春後第六個社日了。參閱：寧可，〈漢代的社〉，收入：氏著，《寧可史學論集》，頁461註5。

會三方面的功能，而其中的社會功能就不爲其上級的官社所具備，而在祭社的宗教功能上，單純官方的祭祀與民間的祭祀（里中的社）在儀式上也有異，里級以上的官社由於沒有群眾參與，亦無聚眾宴飲的活動。

就如文獻資料中，有關於漢代「鄉社」的記載，由於縣與鄉都是基層的行政區劃，而里是縣、鄉中民眾集居的社區，所以鄉社的性質理應同於縣社，且於里所立之社有別。《漢書》卷七十六〈韓延壽傳〉記載西漢時，韓延壽爲官崇尚禮義，每年春、秋鄉社，就「陳鍾鼓管弦，盛升降揖讓，及都試講式，設斧鉞旌旗，習射御之事，治城郭，收租賦，先明布告其日，以期會爲大事，吏民敬畏趨鄉之。又致正、伍長，相率以孝弟，不得捨奸人。」這是地方官員以鄉社與鄉村治理相結合，利用每年春、秋二季於鄉社祭祀社神時，成爲定期宣導政令、修習武事、處理地方事務的吏民聚會。「以期會爲大事，吏民敬畏趨鄉之」，因爲韓延壽特別重視這種定期吏民聚會，吏民因爲懼畏而都會趕到鄉社的地點集合，這是行政力量的驅策使然，隱約中透露出，鄉社應屬官社。一般里中每逢社日當是重大的民間習俗活動，民眾多會聚集進行宴飲活動，若鄉社具有民眾性質，當不用特別召集；里是鄉中人民聚居的社區，屬於民眾參與的當是里中的社，鄉社進行官府的祭社儀式，而韓延壽以以此特設期會，所爲也非社事或宴飲之娛樂，因此而能體現出縣、鄉、里之社雖均有官方性質，但里中之社爲民眾所參與，展現出與縣、鄉社等各級官社有別的面貌。〔註88〕

（三）「社」的私人化──「里社」（私社）的出現

但也從漢代開始，本屬里吏與父老職責，全里居民所參與的社，開始產生了一些變化。在「里、社合一」之時，名稱上社可以代表里，里與社可以互稱，所以在漢代以前的史料中並未見「里社」的稱謂，但漢代文獻出現了與里有別的「里社」一詞，《禮記‧祭法》云：「大夫成群立社曰置社。」鄭玄注：「大夫不得特立社，與民族居，百家以上則共立一社，今時里社是也。」「里社」一稱顯示社應已不等同於里，全里居民的社開始帶有自由參加的性質，出現私人化、自願化的發展，寧可先生將這種現象稱爲「里與社分離」

〔註88〕鄉社的記載除了《漢書‧韓延壽傳》外，《漢書‧五行志》亦記：「建昭五年，山陽橐茅鄉社有大槐樹，吏伐斷之，其夜樹復立其故處。」而《水經注疏》卷二十四〈睢水〉注引《列仙傳》記：「仙人文賓……，以正月朔日，會故嫗于鄉亭西社，教令服食不老。」

〔註89〕。然其並未解釋何以產生如此變遷，材料的限制如里社私人化的過成，以及變化的時間點都無法掌握的情況之下，也實不易詳細勾勒其所以然。

　　就歷史發展的脈絡而言，如晉代的〈當利里社碑〉即可見其時洛陽的「當利里社」應已是屬於私社的性質〔註90〕，里社由官社朝向私人化的發展似乎有其跡象。本書認為這與「里」性質的改變應有一定程度的關係，由於春秋戰國以至於漢代，里同時具有自然聚落與國家行政單位的性質，里民的「社」組織可以與行政完全重疊，但人群聚落的更替興衰，行政單位的區劃並無法一直都能與其相契合，如漢代以「聚」為名的地方，即是一種新興的自然聚落〔註91〕，但「聚」並沒有規劃為行政區的鄉、里，至東晉南北朝「村」的大量出現，更是這種現象的反映。這種情形的演變，箇中重要的原因在於基層行政單位的區劃，漸漸地無法完全吻合自然的人群聚落；亦即「里」朝向單純作為行政區劃發展，不見得都能代表人群聚居的聚落。至唐代的里，其主要功能在於掌理戶口以及賦稅的徵調，里正在遂行業務時，也得由自然聚落「村」的「村正」協助。魏晉以後村、里與村社、里社的情形，容後文再作討論。

　　除了里漸漸無法完全代表人群聚落之外，自先秦以來，士庶在家門外合法的公共祭祀僅止祭社一項，因此「社」即是民眾唯一的公共信仰，也提供了民眾聚會飲酒作樂的社會交際功能，如《春秋左傳・莊公二十三年》說魯莊公「如齊觀社」，觀看市井小民的社日活動。但在漢代時，富者已另有其更為重視的祭祀和娛樂，《鹽鐵論》卷六〈散不足〉云：「今富者祈名岳，望山川，椎牛擊鼓，戲倡儛像；中者南居當路，水上雲台，屠羊殺狗，鼓瑟吹笙；貧者鴨豕五芳，衛保散腊，傾蓋社場。」可知富者的祭祀娛樂，主要已不在社祭，只是貧者還守著社祭作為主要的宗教信仰和娛樂。因此，具有民眾參

〔註89〕寧可，〈述「社邑」〉，收入：氏著，《寧可史學論集》，頁442～444。

〔註90〕關於西晉「當利里社碑」，在本書下一章續有論述，相關研究可參閱：寧可，〈記晉〈當利里社碑〉〉，收入：氏著，《寧可史學論集》，頁484～492；土肥義和，〈唐、北宋間の「社」の組織形態に關する一考察〉，收入：「中國古代の國家と民眾」編輯委員會編，《堀敏一先生古稀記念：中國古代の國家と民眾》（東京：汲古書院，1995年），頁697。

〔註91〕宮川尚志，〈六朝時代的村〉，收入：劉俊文主編，《日本學者研究中國史論著選譯》第四冊（北京：中華書局，1993年），頁69列出《漢書・地理志》郡縣條下有「聚」七處。而在較早期那波利貞已統計出《後漢書・郡國志》中所載之「聚」已增加到五十五處。見氏著，〈塢主考〉，《東亞人文學報》二卷四期（京都：1942年），頁31。

與性質的社，就不易再以完整的里爲單位作爲祭社組織。

不但里社已未必由全里居民所組成，且民間所立之社開始出現其他的組成方式，在傳統的里社之外組織成「私社」。《漢書》卷二十七〈五刑志〉曰：

> 建昭五年，兗州刺史浩賞禁民私所自立社。（注：張晏曰：「民間三月九月又社，號曰私社」。臣瓚曰：「舊制二十五家爲一社，而民或十家五家共爲田社，是私社。」）

這是史料上首次出現「私社」一詞，也是漢代所僅見，證明了里社之外還有一種鄉間百姓十家或十五家所組成的田社，不同於百家所組成的里社，且因爲不在官府建置之列，而爲州郡牧守所禁。再如《居延漢簡甲編》1297 號簡中有載：「其二千四百受樓上。六百部吏社錢。入錢六千一百五十。二千八百五十受吏三月小畜計。」這可能是邊郡部吏斂錢集會的帳目，應是非屬縣社、郡社之類由政府所設置的社；且參加者爲部吏，乃按職業與階級所結合，並不是不論貧富、職業一體參加的里社；然其又載於官方文書，與上述爲官方所禁的私社有別。就此看來，是否有可能是因官方禁令鬆馳而出現的私社，目前尚難論斷。

私社在漢代的出現與發展，是值得另人注目的，寧可先生也指出漢代民間「社」的發展，重點不在里社內部的改變，而是在里社之外開始出現了私社〔註92〕。但此時文獻中所謂的「私社」，應仍是指私人所立之社與祭祀社神之組織，尚未具有後代廣爲使用的民間結社之意，亦即私社並不能用來泛指各種不同功能的民間團體。下文將會論及，在目前所知的史料上，漢代以協力共耕、地方事務爲功能的民間互助團體，是以單、僤、彈等爲名稱，而在兩晉南北朝時，社依然仍是單指祭祀社神的組織，那時所流行以造像爲主要功能的民間佛教團體，稱爲邑、邑義與法義，也絕不以「社」爲名。「社」廣泛運用到作爲各種民間團體的名稱，則是始於唐代。上文所徵引之《漢書·五刑志》所提到的「田社」，每爲學者望詞生義，認爲與「街彈」同是以協力共耕爲功能，但若參照漢代「社」的意涵，視爲鄉間十、五農家集居地，也或許就是行政區劃的里以外的一些民眾聚居處，自行組成祭祀社神的組織，可能較爲恰當。〔註93〕

〔註92〕寧可，〈述「社邑」〉、〈漢代的社〉，收入：氏著，《寧可史學論集》，頁443、455～466。

〔註93〕《漢書》卷二十四〈食貨志上〉載殷周之制：「在野曰廬，在邑曰里。」師古

不論是「里社合一」，以全里作為祭社組織，社事為里吏、父老的職司，為十足的官社性質之時；或者是行政單位的里，已漸漸無法完全代表自然聚落之時，以里為單位所立之社，已無法滿足人群集居地立社的傳統與生活習慣，開始出現具有自由參加性質。非全體里民都必須參與的「里社」，以及一些里以外民眾集居地，十家、五家所立的「私社」，它們與鄉、縣以上行政層級的官社最大的不同之處，就是在於里社與私社都具有民眾參與的性質，此一特色在其所反映的宗教與社會功能上，都能加以表現。

（四）「社」的宗教與社會功能

具有民眾性質的里社、私社，因「祭酺合醵」，而能提供社會交際與娛樂的社會功能，自不待言；然其所展現的宗教功能，卻不僅限於官社的政治性質，社神的崇拜，做為先秦以降民眾最主要的宗教信仰之一，其與閭里之民的日常生活關係密切，因而更具備面向一般庶民社會信仰的性質。東漢末年蔡邕所書〈索昏庫上里社碑〉，言該里地靈人傑，「秦一漢三」共出了四位宰相，在個人「積善慶修身之致」因素之外，亦歸功於「斯社之所相也」，因此「相與樹碑作頌，以示後昆」〔註94〕。在此可以瞭解到里社的社神具有代表鄉里，且為里的保護神之功能。

復次，凡影響到百姓的切身利益者，亦多有尋求社神之助。國家於社求雨、止雨、禳就日食〔註95〕，閭里細民亦可向社神祈福、立誓、禳病〔註96〕。

注：「廬各在其田中，而里聚居也。」《春秋公羊傳‧宣公十五年》何休注亦云：「在田曰廬，在邑曰里。」將邑和野、田併列，可見當時應有將田野散居，與邑里聚居加以區別的意思。因此，田社可能與里社有別，以及田中的廬和里相對，所以田社所指應是散居於里的聚落之外的人戶，所私下組織的社。曹植在徙封東阿王時所作〈社訟〉云：「……聖朝愍之，故封此縣。田則一州之膏腴，桑則天下之甲第。故封此桑，以為田社。」收入：《全上古三代秦漢三國六朝文‧全三國文》卷十七、《太平御覽》卷五三二〈社稷〉。東阿縣應自有縣社，且兩漢諸王受封者皆受茅土，歸以立社稷，稱國社。三國時雖未便如此，但曹植自行封桑所立的田社，應不同於縣社與國社，而是私人所立之社。

〔註94〕東漢‧蔡邕，《蔡中郎集》卷五〈陳留東昏庫上里社銘〉、《全上古三代秦漢三國六朝文‧全三國文》卷七十五、《太平御覽》卷五三二〈社稷〉。

〔註95〕如《後漢書‧禮儀志中》：「自立春至立夏盡立秋，郡國上雨澤者少，郡縣各掃除社稷。」又注引《漢舊儀》：「成帝二年六月，始命諸官止雨，諸繩反縈社，擊鼓攻之，是后水旱常不和。」《後漢書‧禮儀上》：「日有變，割羊以祠社，用救日變。」還可參見《春秋繁露》卷十六〈求雨〉、〈止雨〉諸篇。

〔註96〕如《太平御覽》卷五三二〈社稷〉引〈應璩與陰夏書〉：「從田來，見南野之中有徒步之士，怪而問之，乃知郎君頃有微病，告祠社神，將以祈福。聞之

另一方面，社神或依附於社祠的精靈鬼怪，當然也常有「靈應」顯示，以博取人們的信崇。在官社中就已多有神蹟的顯現，如《漢書》卷二十七〈五行志〉：「山陽橐茅鄉社有大槐樹，吏伐斷之，其夜樹復立其故處。」同出處亦有「漢昭帝時昌邑王國社有枯樹復生葉」，被認為是昌邑王嗣立為帝（宣帝）的兆應〔註97〕。至於民間的社，包括里社或私社，亦有不少靈應的記載，如《後漢書》卷七十四〈袁紹、劉表傳〉、《三國志·魏志》卷八〈公孫度傳〉記漢末襄平延里生大石，下有三小石為之足，說者謂是公孫度將有土地併有三公為輔之兆，《太平御覽》卷五三二〈社稷〉：「里社鳴，此里有聖人生，其昫，百姓歸之。」《後漢書》卷四十八〈應劭傳〉：「中興初有應嫗者，生四子而寡。見神光照社，試探之，乃得黃金。自是諸子宦學，并有才名，至瑒七世通顯。」

上揭事例有表社神本身法力之展現者，還亦有涉及人事者，甚至於干係到國家大事，與達官貴人的命運，還能反映社神的神通廣大，以及聚落保護神的威勢。但自先秦以來，也開始有不少關於靈應的記載，乃係閭里小事或個人遭際〔註98〕；似也反映了社神的神蹟，已漸多涉及閭里之民。漢代已有直接將社神稱為「社公」，或「社鬼」者，如《禮記·郊特牲》疏引許慎《五經異義》云：「今人謂社神為社公。」《後漢書》卷八十二〈方術·費長房傳〉記有：「狸化為人形，盜社公馬騎。」〔註99〕這種更為親暱的稱呼，意味著作為一般民眾所信仰的社神，其地位有下降的趨勢，更加貼近社會基層民眾的生活。〔註100〕

悵然，以增歎息。靈社高樹能有靈應哉！」《漢書》卷九十九〈王莽傳下〉：「莽遣使者，分赦城中諸獄囚徒，皆授兵，殺豨，飲其血，與誓曰：『有不為新室者，社鬼記之。』」

〔註97〕 另可見於《漢書》卷七十五〈睦弘傳〉。

〔註98〕 或如《論語比考讖》云：「子路與子貢過社，社樹有鳥，子路搏鳥，社神牽子路，子貢說之乃止。」參見：《太平御覽》卷五三二《禮儀部》（十一），〈社稷〉引〈博物志〉；隋·杜臺卿撰，《玉燭寶典》卷二。各書文字略異。

〔註99〕 「社鬼」可見《漢書》卷九十九〈王莽傳下〉；唐·徐堅輯，《初學記》，卷十三〈社稷〉引《靈異傳》所載。

〔註100〕 「社」的淵源應是上古氏族祭祀的遺留，城邦時代統治者祭天、祭祖，被統治者祭社。至漢代，寧可認為此一過程是戰國以至漢代社神已「下降」為「本里的田土之神」、「特別是里中的社神，已從尊貴的農村公社保護神下降為親暱的人格化的『社公』」、「社神和社祭的地位有所降低」。這與漢代里與社分離，里中居民對社活動已開始出現自由參加的色彩，有密切的關係。寧可，〈述「社邑」〉、〈五斗米道、張魯政權和「社」〉，分別收入：氏著，《寧可史學論

　　「社公」、「社鬼」的稱呼，也是漢代里社或私社所配祀的社神，開始出現人格化的表現，反映了地方的特色與差異。自先秦之時，句龍、后土、大禹等配祀就已開此現象之濫觴；漢代時有以當地名人作爲社神者，如《漢書》卷三十七〈季布欒布傳〉載欒布有功，於是燕齊一帶「皆爲立社」，號稱「欒公社」；《漢書》卷四十六〈萬石衛直周張傳〉記石慶出爲齊相，齊國慕其家行，不治而齊國大治，當地人爲立石相祠，又稱「石相社」；《太平御覽》卷五三二〈社稷〉引〈陳留風俗傳〉言陳留因陳平「少時爲社下宰，令民祀其社」；《後漢書》卷七十九〈儒林・宋登傳〉：「卒於家，汝陽人配社祠之。」而《太平廣記》卷二七六〈夢・許攸〉記：「（東漢）許攸夢烏衣吏，……覺後，適康至，曰：『今來當謁。』攸聞益懼，問康曰：『我作道師，死不過作社公。今日得北斗，主簿余爲忝矣。……』。」言許攸生爲道師，死後應爲「社公」。再者，甚至東漢時，還有以地方的名人配享於官方的縣社之例〔註101〕。以地方名人代爲社主，一者是地域特色的展現，這可能使其不盡然都能完全符合官方之制；再者，擬人化的趨向以及地方特色，則是濃厚民眾性質的表現。

　　貼近於閭里之民，與其生活息息相關的里社、私社，也往往成爲巫術活動的淵藪。除了春、秋兩季祭祀社神的重要節日之外，攸關農耕的祭酺以除牲畜螟蟲之害，祭禜以禱水旱癘疫之災，祭蜡以合聚神靈，保護農作等，不論在先秦時期或漢代的里社都有可能進行過，這些祭祀活動往往可視之爲一種巫術的活動〔註102〕。《春秋繁露・求雨篇》有載漢代里社祭儀中的「祝」，亦非常人可擔任，須「擇巫之潔清辨利者」方可。上文已述社祀的起源應是上古時期氏族祭祀的遺留，與「巫」有著密切的關係，因爲許多氏族長因本身即是巫覡（政治領袖兼宗教領袖），然在政治上成爲被統治者後，淪落爲下層階級，但其宗教功仍能不斷發揮，成爲東周以後典籍中所謂的「巫」。先秦時凡邑皆有「巫」，如西漢鼂錯之言：「爲置醫巫，以救疾病，以脩祭祀，……此所以使民樂其處而有長居之心也。」〔註103〕秦國在新置的聚落，仍置巫以治病、以祭祀，乃是居民能長治久安的基礎，由此可知，國家必須對於聚落

　　　　集》，頁442、495、498。

〔註101〕《後漢書》卷七十〈孔融傳〉：「郡人甄子然，臨孝存知名早卒，融恨不及知，乃命配食縣社」。

〔註102〕羅師彤華，〈漢代的民間結社〉，《大陸雜誌》八十二卷六期，頁15；寧可，〈五斗米道、張魯政權和「社」〉，收入：寧可，《寧可史學論集》，頁495～496。

〔註103〕《漢書》卷四十九〈鼂錯傳〉。

民眾的宗教信仰有所安排，這正可以反映當時「里、社合一」的情形，而宗教信仰的安排，乃是透過對於「巫」的設置。

本書上節討論「巫」的起源時，已徵引瞿兌之言，周代的巫者亦「旁及醫療」，醫療本為巫者的重要職事之一〔註104〕。漢代社下由於是村里居民集會的公共場所，因此往往是巫醫行醫之處，病人也有居於社中之例〔註105〕，而社樹的靈應也多有為人治病者〔註106〕。巫術的功用在於追求靈驗，以達有求必應，而使民眾能信之不疑，其中就多有藉由驅使社神以顯靈通之例，如《後漢書·費長房傳》云費長房學仙術，「遂能醫療眾病，鞭笞百鬼及驅使社公」。唐·徐堅輯《初學記》卷十三〈社稷〉引〈靈異傳〉載：

> 會稽賀瑀曾得疾，不知人。死三日，甦云：吏將上天見官府，使人將瑀入曲房中，有屋架，其上有印其中有劍，使瑀唯意取之。瑀短不及上層，取劍以出。門下問何德，云得劍。曰：「惟使社公耳」，疾癒，果有鬼來稱社公。

巫術的神通，也反映出了社神地位低下的情形，甚至驅使社公、社鬼，也還只是仙術中的下乘罷了。漢代巫術盛行，民眾信好巫鬼，巫者亦以邪術或吉兇恫嚇民眾，並求財利，甚至能使小民不敢嫁娶，畏忌飲食，常破貲產；又能假託神意以歌舞祠城景陽王，狂言當有天下；或驚懼百姓，設張博具，祠西王母，行籌經歷郡國等，可見巫者顯然有令人難以抗拒的悚動能力。〔註107〕

「巫」的發展由於浸漬於民間，其性質逐漸不同於先秦之時，亦與後其興起的道教有別，瞿兌之即有論曰：〔註108〕

> 自漢之初，胡巫越巫之術幡然競出，蓋尤誕譎不衷於理。又巫多愚詐，不為才知之士所容。雖在民間，亦漸失其本質。兼以道教興立，有所統攝，古先之風愈益微矣。昔以巫祠為凡民會聚之所，今則更

〔註104〕相關著作可參閱：林富士，《漢代的巫者》（台北：稻香出版社，1988年），頁63～67、163～167。

〔註105〕如《太平御覽》卷五三二〈社祭〉引《列異傳》：「大司馬河內湯蘧，字聖卿。少時病癒，逃神社中。有人呼杜郎杜郎，聖卿應聲曰：『諾！』起至戶口，人曰：『取此書去。』得素書一卷，乃譴劾百鬼法也。」（《列異傳》亦收入於《古小說鉤沈》）另如：《廣弘明集》卷八，釋道安〈二教論·服法非老第九〉云張陵「避瘧於丘社之中」後得道，亦可為例。

〔註106〕如《太平御覽》卷五三二〈社祭〉引〈應璩與陰夏書〉所載。

〔註107〕羅師彤華，〈漢代的民間結社〉，《大陸雜誌》八十二卷六期，頁15～16。

〔註108〕瞿兌之，〈釋巫〉，《燕京學報》第七期（北京：東方文化書局影印本，1930年），頁1328。

趨於社，巫社代興，皆研究古代人群者所不可忽也。

漢代作爲民眾信仰的社，是巫者行術之所，但因愈偏向於民間，而與先秦帶有政治性質，作爲聚落祭司的性質漸行漸遠，且益顯「誕譎」且又多「愚詐」，而更近於後代對巫者之一般印象。另一方面，形成於東漢的早期道教如五斗米道，其創立亦多有淵源於「社」以及「巫」者，此於本書下節再行討論。

（五）小　結

綜上所述，可以瞭解漢代里中所立之社，乃承繼先秦以來聚落皆立有社的傳統，行政單位與自然聚落合一之時，社事爲里吏、父老的職司之一，當可視爲官社，但其與鄉、縣以上行政級別的官社，仍有所區別，即在功能上，除了同有政治與宗教功能之外，由於里是民眾集居的聚落，里中之社爲庶民的公共信仰中心，其宗教功能也就帶有群眾性質，社中所配祀之神已有不少擬人化的情形，地位亦下降爲代表該里的田土之神，且爲巫術活動的場所；再者，在「祭酺合醵」之下，祭社後的宴飲活動，也使其具有鄉、縣級以上官社所無的社會功能。

但也從漢代產生了「里、社分離」的情形，開始有「私社」的出現，而原來里中所立之社，也已非全里之民都必須參與，爲有別於「私社」遂有「里社」之稱。這伴隨著「里」性質的改變，基層行政單位已無法完全與自然聚落有相配合的發展。再由民眾祭社聚飲的費用，有時也採取捐獻的辦法而不再是均攤〔註109〕、富人的宗教信仰與娛樂已不限於「社」等現象，這些都隱約可見，漢代民眾在社經地位上應已有階層分化。誠如上文所引許倬雲之言，先秦至漢代的社會結構，乃「原群」至「複群」社會的演變，即便如杜正勝所指，漢代的里仍沿襲上古聚落里閭共同體的本質〔註110〕，然其與先秦時的共同體性質，在結構上應當有著某些程度的改變；隨著「複群」的產生，社會階層有了相當的分化，原先全聚落之眾皆同爲社的情形，就恐怕不易維持。再者，先秦里閭共同體同祭合飲，共耕均賦，至漢代「同祭合飲」終演變成由里民依自由意願參與「里社」，甚或另組私社。相同的情形，漢代也開始有單、僤、彈等組織，提供協力共耕、處理地方事務等功能，這些多少也表示

〔註109〕寧可，〈述「社邑」〉，收入：氏著，《寧可史學論集》，頁442。

〔註110〕關於先秦「聚落共同體」的論述，可參見：杜正勝，《編戶齊民》，頁196～210。杜氏之說，漢代的里承繼前代聚落所表現出的特色有二，其一是里閭建構持續未改；其二是里閭間祭祀與合飲的風俗。

城邦時代的「共同體」狀態，由全體里民共同參與的性質已有所改變，必須透過自願性質的組織式才能完成功能。

不論里社或私社，此時「社」的意涵仍是指祭祀社神之地，與祭祀社神的組織，發揮著宗教與社會功能，「私社」一詞要到唐代以後，才能作爲泛指各種不同功能的民間組織。「里社」既接續官社發展而來，且又有別於私社，足見其官方色彩仍濃。即使如下一章將討論到的西晉洛陽「當利里社」已非官社，但這種由聚落，或行政單位之內的居民所組成的社，自漢代以降，便時常成爲官府運用的對象，各朝所頒發或獎勵的立社詔、令，都是針對這類的里社，以及南北朝以後的村社等；而每每爲官府所禁的多是指里社、村社以外的私社，唯恐私社的祭社落爲淫祀，或聚眾別有用途。可見里社、村社雖已非官府所直接組織，但仍亟欲扶持與運用者。總之，漢代的里社，我們可以認爲已有開始脫離原本純粹官社的情形，雖然其往後的發展，仍多爲官方所用，但終究已非官府組織系統內的行政單位。

第三節　漢代的民間組織

漢代民間除了祭祀社神的組織之外，尚有各種不同功能的民間組織，按其性質與功能，可概分爲互助性與宗教性兩大類〔註111〕。互助性組織的功能有協力共耕、地方事務與商業合作三項；而宗教組織主要有五斗米道、太平道等。

一、互助性組織

漢代的民間組織並不稱爲「社」，在互助性質的組織中亦有不少是以單〔註112〕、僤〔註113〕、彈〔註114〕、壇〔註115〕等爲名稱。在漢印中可見「千秋

〔註111〕 羅師彤華，〈漢代的民間結社〉，《大陸雜誌》，1993年第六期，頁12～17。

〔註112〕 在甲骨文中已有「單」字，意爲郊外某個地域的田土，至春秋戰國以後也作地名用。

〔註113〕 僤亦作地名，《春秋公羊傳·哀公八年》：「齊人取讙及僤」，而羅福頤編，《漢印文字徵》八卷三期（北京：文物出版社，1978年）有「東僤祭尊」，「僤」應是作爲一種組織的名稱，不過漢印中還是「某某單」之印爲多。

〔註114〕 「壇」是「單」的繁文，原義爲郊外的田土，《說文解字》：「壇，野土也，從土單聲。」因爲耕作需要除草，故除地亦曰壇，如《春秋公羊傳·宣公十八年》：「壇帷。」何休注：「掃地曰壇。」在郊野聚會或祭祀需除地；「壇」還可以指聚會或祭祀的場所，如《逸周書·王會解》：「成周之會，壇上張赤帝

樂平單」、「常樂單」、「千歲單」、「萬歲單」、「生長單」、「安民千歲單」、「長生安樂單」、「長壽單」、「順德單」等印，多作嘉名，由於漢代的里名亦常用嘉名，因此上述的單有可能是以里爲名，若果是如此，則也間接顯示了在里中，「社」和「單」應是屬於不同性質的組織；而如「東僤」、「工里彈」則是以地名或方位爲名；至於「酒單」、「宗單」、「同志單」、「孝子單」爲，應則是以其組織成員或功能爲名稱。〔註116〕

　　單、僤、彈、墠的組織方式，除了下文將探討的之外，多半不得其詳，僅於漢印中，有「三老」、「祭尊」、「祭酒」、「單尉」、「廚護」、「集」等職稱〔註117〕，觀其名約略可知或與宗教祭祀有關，或借地方官銜爲名，當然也不排除直接以地方上父老、尉等擔任的可能。目前學界對於這類民間組織已累積了相當成果，俞偉超首作專著，將其指爲先秦農村公社的的殘留，寧可先生對於先秦兩漢社邑的發展也以此論爲其發展脈絡〔註118〕。後經杜正勝的詳細考證，已可知是屬於後代民間結社，也就是「私社」的性質，此一成果目

陰羽。」注：「王城既成，大會諸侯及四夷也。除地曰墠。」《春秋左傳‧昭公元年》：「鄭人請墠聽命。楚人曰：『若野賜之，是委君，況于草莽也。』」《詩經‧鄭風‧東門之墠》：「東門之墠，茹藘在阪。」箋：「城東門之外有墠，墠邊有阪。」這個墠指的是東門外的一個地方，具寧可考證，應是用人犧牲祭祀的場所，參見：寧可，〈關於《漢侍廷里父老僤買田約束石券》〉，收入：氏著，《寧可史學論集》，頁475註1。

〔註115〕「彈」則通「僤」，《說文解字》：「僤，《周禮》曰：『句兵欲無僤。』。」段注：「《考工記‧廬人》文，今本作『欲無彈』。注曰：『故書，彈或作但。』……按經文彈字疑本作僤，彈乃先鄭所易字。」下文將論及的〈都鄉正街彈碑〉文內的「單」，與〈酸棗令劉雄碑〉所云的「正彈」，是同樣的組織。

〔註116〕本段所引用的漢印，徵引自：清‧陳介祺輯，《十鐘山房印舉》，〈舉二〉；以及羅福頤編，《漢印文字徵》。

〔註117〕清‧陳介祺輯，《十鐘山房印舉》，〈舉二〉收錄漢印如：「萬歲單三老」、「千秋樂平單祭尊印」、「安民千歲單祭尊之印」、「宗單祭尊」、「益壽單祭酒」、「萬歲單尉」、「長壽單右廚護」、「新成順德單右集之印」等。

〔註118〕俞偉超，《中國古代公社組織的考察——論先秦兩漢的「單、僤、彈」》。左派史學家歷史解釋的基礎，在本章第一節末已有論及，寧可所論先秦至漢代「社」的流變，清楚的展現了此一思想脈絡，其引恩格思所說：「古希臘氏族公社到國家建立以後，就下降爲私人性質的團體和宗教會社。」比附中國古代情形亦是如此，因此「村社原來的政治職能則由於形成中的專制主義中央集權國家的需要而突出出來，……村社的某些職能特別是社會職能，如祭祀、集體宴樂等，仍然保留在里的活動中。作爲基層政權的里與作爲農村公社殘留的社是結合在一起的。」參見：寧可，〈述「社邑」〉，收入：氏著，《寧可史學論集》，頁441～442。兩位學者對於漢代「社」的淵源解釋如出一轍。

前已多爲兩岸學者所接受。〔註119〕

　　本書以下按民間組織的協力共耕、地方事務與商業合作功能，依序進行討論。

（一）協力共耕

　　協力共耕是漢代民間組織的功能之一。春秋戰國時代雖然鐵製農具已漸普及，以手工具爲主、小型犁鏵爲輔的鐵工具開始普遍運用於農業〔註120〕，從而爲戰國秦漢時期，以個體經營爲主的自耕農小土地所有制經濟的產生，奠定了基礎；亦是秦漢時期自耕農經濟，能夠在一個較長時間內趨於興盛的重要契機〔註121〕。但漢代時自耕農民仍以手工農具的耕作，也就是鋤耕爲主，生產力仍顯低落，且農民對於一些生產、生活必需品的獲取，以及爲了完稅，必須與市場經濟維持密切的關係，因而產生了著種種不穩定的因素〔註122〕。因此以勞力互助形式來增產就有其必要。

　　在漢代以前，聚落百姓在里吏的監督下，已有合耦佐助的事實，協調里民互助的地方，漢以前稱爲鋤，或左塾、右塾，漢代則稱爲街彈室、教室活塾，其組織則稱爲「街彈」。《逸周書》卷四〈大聚弟〉：「興彈相庸，耦耕俱耘。」注曰：「功作則互相勸，是興；游惰則互相糾，是彈。」《周禮注疏》卷十五〈里宰〉：「以歲時合耦于鋤，以治稼穡，趨其耕耨，行其秩敘。」鄭玄注云：「鋤者，里宰治處也，若今街彈之室。於此合耦，使相佐助，因放（倣）而爲名。」鋤，是周代里宰合耦的地方，同注中「鄭司農讀爲藉，杜子春讀爲助，謂相佐助」，至漢代則爲街彈之室的「室」。漢代在里的四周築起圍牆，中間一條大街，前後開闢閭門以供出入，門的左右設置兩個房間，稱爲「塾」，一條街等於一個聚落（里），「街彈」即是聚落內的一種組織，其室可能就是在閭門兩旁的左塾或右塾。〔註123〕

　　西漢武帝以後出現了以一牛結合配套的大型犁鏵，這種較先進的生產工具，諸如「代田法」等高產記載，均與這種二牛三人之力所使用的耦犁有密

〔註119〕杜正勝，〈漢「單」結社說〉，收入：氏著，《古代社會與國家》，頁953～970。

〔註120〕雷從雲，〈戰國鐵工具的考古發現及其意義〉，《考古》，1980年第三期。

〔註121〕楊一民，〈漢代豪強經濟的歷史地位〉，收入：歷史研究編輯部編，《中國封建地主階級研究》（北京：中國社會科學出版社，1988年），頁168。

〔註122〕馬新，《兩漢鄉村社會史》（濟南：齊魯書社，1997年），頁93～96。

〔註123〕杜正勝，〈漢「單」結社說〉，收入：氏著，《古代社會與國家》，頁969。

切關係〔註124〕。且當時擁有較多勞動力的豪族，其經濟能力得以不斷茁壯的關鍵原因之一〔註125〕。一般的小自耕農家庭並無餘力投資大規模的勞動資料（如重犁、牛隻）等〔註126〕，但畢竟使用二牛三人耕作方式下的代田法，其深耕與精耕程度遠過於鋤耕，生產力高出很多。因此除了延續先秦以來，以人力共施鋤耕之外，應亦有以人力互助來拉動重犁者，如《周禮·里宰》鄭玄疏云：「……合人耦，則牛耦亦可知也」，《漢書·食貨志》所載平都令光的教民相與傭挽犁，或由趙過所言，亦可知當時有全以人力挽犁的方法。

（二）地方事務

1.正彈、正衛彈

漢代另有「正彈」、「正衛彈」的組織，是循吏令人民集資，以傭雇兵丁，或上赴朝廷服正衛之兵役，或在地方政府服更卒之傜役。如《隸釋》卷五〈酸棗令劉雄碑〉：「以門為正，以卒為吏，愍念蒸民，勞苦不均，為作正彈，造設門更，富者不獨逸樂，貧者□順四時。」《隸釋》卷十五〈昆陽都鄉正衛彈碑〉：「臨時慕（募）雇，不煩居民。」守令以臨時募顧的方式，使居民無役事勞擾。〈魯陽都鄉正衛彈碑〉：「上供正衛，下給更錢」、「記彈之利，……□彈，國服為息，本存子衍。」循吏置正衛彈，以政府貸款的方式籌集資本，

〔註124〕如趙過所行的代田法，《漢書·食貨志》載：「率十二夫為田一井一屋，故畝五頃，用耦犁，二牛三人。」「二千石遣令長、三老、力田及里父老善田者受田器，學耕種養畝狀。」

〔註125〕楊一民指出漢武帝以後地主豪強的經濟擴張，與代田法的出現有著密切的關係，肯定代田法生產的經濟後果，導致豪族兼併能力的擴大，參見楊一民，〈漢代豪強經濟的歷史地位〉，收入歷史研究編輯部編，《中國封建地主階級研究》乙文，尤其是頁176～177的討論。

〔註126〕漢代的牛、馬價格極為昂貴。賤時，牛價每頭近三千錢，馬價每匹五千餘錢；貴時，牛價可達一萬千錢一頭，馬價更達十五萬至二十萬錢一匹，參見：《居延漢簡甲編》181B.808、謝雁翔，〈四川郫縣犀浦出土的東漢殘碑〉，《文物》，1974年第四期，頁67～71、《漢書·武帝紀》、《漢書·景武昭宣元成功臣表》。而《鹽鐵論·水旱》賢良曰：「縣官鼓鑄鐵器，大抵都多為大器，務應員程，不給民用。」「大器」在民間不受歡迎，主要是自耕農缺乏使用「大器」的必要條件。所以《淮南子》所謂「蹠何而耕」，《鹽鐵論》說小農「木耕手耨」，均不提牛耕。財力的匱乏是自耕農經濟無法在生產中推廣「二牛抬杠」和大型犁鏵的主要原因之一；此外亦有缺乏勞動力的原因，根據記載，趙過推廣耦田器時，每套耦犁起碼需要三人的勞力，而《漢書·食貨志》引董錯語：「今農夫五口之家，其服役者不下兩人。」一般自耕農小庭的勞動力亦恐難以勝任。

如《周里·地官·泉府》所言：「凡民之貸者，與其有司辨而授之，以國服爲息。」將借貸所衍生的利息，傭僱勞役，或給災荒。漢人常爲歲役所苦，尤以東漢晚期社會狀況極不穩定，兵役徵發制度不能公平執行，即所謂「勞苦不均」（劉雄碑）、「歷世受灾」（魯陽碑）的流弊，以「正（衛）彈」爲權宜之計，讓人民以錢代役，再由地方官僱傭人應役，收到了一定的成效；上述所引之碑文，其作碑之意在於對結彈立約的地方官之感念，如〈昆陽都鄉正衛彈碑〉：「黎民用寧，吏無荷（苛）擾之煩，野無愁病之□，□固民所利」；或〈魯陽都鄉正衛彈碑〉：「舉國以安，咸用殖殷」；或〈酸棗令劉雄碑〉：「富者不獨逸樂，貧者不獨□□」，應能在一定程度上反映其功效。〔註127〕

2. 父老僤──家產足以充任父老的里民，組織的互助團體

另有「父老僤」的組織，則見於〈漢侍廷里父老僤買田約束石券〉，石券立於建初十二年（77 年）正月十五日，大意是侍廷里的居民二十五人，在東漢明帝永平十五年（72 年）六月組織了一個名爲「父老僤」的團體，斂錢六萬一千五百，買田「石券中稱『容田』」八十二畝。該石券可能可能是該父老僤在運作四年半以後，發現前約不夠周延，另做的補充性規定。僤的成員中有如按家產數量當輪次充任父老的，即借予此田，以其收穫供充任里父老的用度。擔任父老者須有一定的家產才能充任。如果擔任里父老者家產不夠充任，則必須將此田退還，轉給僤中繼充里父老的成員。如果僤中所有成員家產數量都不夠充任里父老的規定，此田即假賃給僤中成員經營。僤中成員的權利，死後可由其後代繼承〔註128〕。此外共有之「容田」則或許與社祭有關〔註129〕。各家的解釋大抵如是，唯單看石券文字仍有許多問題不得其解，如

〔註127〕杜正勝，〈漢「單」結社說〉，收入：杜正勝，《古代社會與國家》，頁 963～964。羅師彤華，〈漢代的民間結社〉，《大陸雜誌》八十二卷六期，頁 13。

〔註128〕對於〈漢侍廷里父老僤買田約束石券〉的研究已多，可參：見寧可，〈關於〈漢侍廷里父老僤買田約束石券〉〉，收入：寧可，《寧可史學論集》，頁 470～483；羅師彤華，〈漢代的民間結社〉，《大陸雜誌》八十二卷六期，頁 14；俞偉超，《中國古代公社組織的考察──論先秦兩漢的「單、僤、彈」》，頁117～125；邢義田，〈漢代的父老僤與聚族里居〉，收入：氏著，《秦漢史論稿》（台北：東大圖書出版公司，1987 年），頁 217；杜正勝，〈漢「單」結社說〉，收入：杜正勝，《古代社會與國家》，頁 961～963。對於石券之釋讀各家略異，在幾處關鑑點上謹遵羅形華師之選釋，如「共以容田與共」、「共爲約束石券里治中」、「它如約束」等。

〔註129〕俞偉超，《中國古代公社組織的考察──論先秦兩漢的「單、僤、彈」》，頁117～118。

有什麼原因使里民必須結僤買田在彼此擔任父老時有所資助？父老的選任與父老僤有何關係等？

　　寧可先生的研究已說明侍廷里的父老僤肯定沒有包括全里的居民，且父老僤是專司某一特定事務的私人團體[註130]。因此在此不妨再做推論，或許侍廷里的父老僤可能是因為擔任父老，恐需自付許多服務桑梓的開銷，因此這些有可能輪做父老，也就是家產足以充任父老的里民，彼此組織團體，事先斂錢買田，做為僤中某成員做為父老時的一項共同資助。券中「即皆下不中，還田轉與當為父老者」，雖然沒有說明為何「皆下不中」，但仍明顯可知是在當父老時家產若不能勝任，只好換由其他能勝任的人接續，如果此人是僤中成員，當然得將僤中的「容田」轉交，而如果沒有僤中人員擔任父老的話，那麼「容田」就假賃給僤中成員經營。誠如是，則似乎隱約可見擔任父老一職時，可能得付出不少花費，甚乃於「皆下不中」，終再另換他人擔任。此一解釋或能將許多扞格之處予以疏通，但當時的里父老究竟如何產生？里父老必須有哪些具體的責任？都還須深究。

（三）商業合作

　　再言商業合作。雖然在文獻資料中並無民間商業組織的記載，但在湖北江陵鳳凰山十號漢墓所出土的「中販共侍約」木牘，應可視為一組七人與舟運商販有關之「合同」，是一種合伙從事轉運販賣的商業組織。其中有販長、販吏，他們「相與為販約」，入販者需納販錢，並按時交出所生產的器物，輪流負責將其集中販售；販中之人還要定期集會，結算計簿。而未能當值或毀損、私佔器物則另有懲罰或賠償的辦法。由於約中無官府署名，行文中也不見官方或半官方色彩，故這種合股商販應即是民間的私人團體[註131]。古代社會從戰國時代開始，已出現一種既非血緣，也非地緣的人群組織，《商君書・賞刑篇》稱做「合同」，是父子、昆弟、知識、婚姻等血親、姻親、朋友之外的另一種關係，除法律名詞的「凡人」關係外，當還有別的因素，故另立一目，可能是含有利益的關係[註132]。這又與上述許倬雲所謂戰國時候已件進入「複群」社會意義相同。民間為協力共耕而組織之團體，其「合耦」當為

〔註130〕寧可，〈關於《漢侍廷里父老僤買田約束石券》〉，收入：氏著，《寧可史學論集》，頁 480～481。

〔註131〕羅師彤華，〈漢代的民間結社〉，《大陸雜誌》八十二卷六期（台北：1993 年），頁 13。

〔註132〕杜正勝，〈漢「單」結社說〉，收入：杜正勝，《古代社會與國家》，頁 964。

同一聚落的親戚四鄰或朋友，他們在組織中的關係是離不開對等勞力原則的
〔註 133〕，合耦的「合」可能也就是「合同」之義，當然就是一種私人組織的
性質。〔註 134〕

　　且由於入販者每人只需交二百錢，器物之押金之需十錢，各類罰金亦不
超過百錢，該組織的規模並不大，成員仍應是小資本者。爲了方便隨時交
貨，定期會計，參與者很可能是住處相近之人，以同鄉、同業的關係，組織
販運，突破坐列販賣的局限；但是否開唐宋時代「行」的同業商人組織，或
明清之際的行館或會館之先聲，由於在漢代僅此一例，仍需更多的史料來加
以印證。〔註 135〕

　　漢代民間互助性組織，如父老僤、販約等，其組織一般很簡單，通常只
列出一至二位負責人或職事者，如販約組織的販長是西鄉收稅官張偃（伯），
爵五大夫，另設販吏一人，處理販中雜務及清點、懲處等事；父老僤由祭
尊、主疏負則僤中庶務，主疏應就是主書，似掌文書之事〔註 136〕，石券裡關
於共有田地的管理甚或舉行祭社，可能都是他們的職事。而街彈、正彈、正
衛彈則是出於官府，或在其指導下成立，成員包括整個行政區的居民，如街
彈以里爲準，都鄉正衛彈以鄉爲單位，劉雄的正彈以縣爲範圍。這類組織雖
由官方爲置教條或協助立約，但並非政府機構，應還是民間組織的一環。只
是如昆陽、魯陽或都鄉的正衛彈或劉雄的正彈，都是地方官因事置宜的特殊
構想，並在其輔翼下成立，故恐有人存政舉，人去政息的弊病。〔註 137〕

　　民間的互助性組織，通常需要成文規約，協定有關經費來源、所司職
事、懲處方式等，才能有效運作，並非全能如街彈由父老朝夕檢彈，成員互
勉互糾，即能達到目的。如昆陽都鄉正衛彈的「結單言府，斑薑科例」，似是

〔註 133〕 《周禮・里宰》鄭玄注引〈月令〉：「冬季之月命農計耦耕事，修，具田器。」
　　　　　云：「是其歲時與人合耦，則牛耦亦可知也。」不但人力、獸力對等，甚至田
　　　　　器也對等。
〔註 134〕 杜正勝，〈漢「單」結社說〉，收入：杜正勝，《古代社會與國家》，頁 968。
〔註 135〕 羅師彤華，〈漢代的民間結社〉，《大陸雜誌》八十二卷六期，頁 13～14。關
　　　　　於唐代中葉以後同業商人組織的「行」，本書第五章將有詳細的討論；至於明
　　　　　清時代的行館或會館，並不限於如「中販共侍約」這種地緣性的商業組織，
　　　　　也可能是同鄉俱樂部或旅館，有些則是超地緣之同業機構，或移民所產生的
　　　　　會館，主要活躍於明、清時代，參閱：全漢昇，《中國行會制度史》（台北：
　　　　　食貨出版社，1978 年）。
〔註 136〕 邢義田，〈漢代的父老僤與聚族里居〉，收入：氏著，《秦漢史論稿》，頁 218。
〔註 137〕 羅師彤華，〈漢代的民間結社〉，《大陸雜誌》八十二卷六期，頁 17～18。

結成組織之後，由官府制科例來加以監管，由於人民需向官府借款，地方官也就對結社有較大的管理權；此外亦「記彈之利」，「歃血誓之」，以彈約盟誓的約束力，使其發揮預定的效能。而爲地方事務所設的父老彈，所留下的買田約束石券，則主要是漢人的產權觀念，不過似乎只有當值的里父老有使用權與受益權，並委託祭尊于季、主疏左巨管理。至於販約則是商業合夥契約，詳細規定入販錢數，並本公平原則，對於會錢不備、不能執行、不按時交貨，毀傷器物，或擅自使用等行爲，都議決出適當罰則，以保障其他成員的權益。〔註138〕

二、宗教性組織

漢代的五斗米道，是藉由早期道教而形成較爲著名的民間宗教團體之一。東漢中期，漢中張脩創五斗米道，世號「五斗米師」。蜀地亦有張陵作書傳道，其後，張陵之孫張魯既傳祖業，又在張脩亡後，襲取漢中信眾，並增飾其法，而成張魯控制下的五斗米道。〔註139〕

上文已述可視爲早期道教的五斗米道，其淵源與「社」和「巫」有關。劉宋時期三天弟子（即天師道教徒）陸修靜，其所著之《陸先生道門科略》曰張陵之道：

> 惟天子祭天，三公祭五岳，諸侯祭山川，民人五臘吉日祠先人，二
> 月八月祭社灶，自此以外，不得有所祭。若非五臘吉日而祠先人，
> 非春秋社而祭灶，皆犯淫祠。

可見天師道也包含了原先國家與民眾的祭祀，社祭亦在其內。至於與張陵、張魯的天師道相對立的另一道教流派——神仙道教的葛洪，雖痛斥像天師道這種民間道教爲「妖道」，張魯之術即爲巫術，但在其著作中，對於巫術和社神，仍給予相當的地位〔註140〕。至於僧人反對道教的言論中，如《廣弘明集》

〔註138〕 羅師彤華，〈漢代的民間結社〉，《大陸雜誌》八十二卷六期，頁18。

〔註139〕 不少學者認爲張魯僞編天師道歷史，可參見：熊德基，〈太平經的作者和其思想及其與黃巾和天師道的關係〉，《歷史研究》，1962年第四期，頁24～25；呂思勉，《讀史箚記》（台北：木鐸出版社，1983年），頁776～778。羅彤華師亦認同其觀點，但指出張陵之記載則未必全然不可採信。《三國志》、《神僊傳》等書關於張陵的事跡，固有可能經張魯增飾，但未可指其毫無事實根據，張魯增飾之部分即便不是張陵的見解，應仍屬東漢五斗米道的傳教之法，參見：羅師彤華，〈漢代的民間結社〉，《大陸雜誌》八十二卷六期，頁25之註34。

〔註140〕 《抱朴子》，卷九〈道意〉、卷四〈金丹〉、卷十七〈登涉〉、卷十九〈遐覽〉

卷八釋道安〈二教論・服法非老第九〉引三張（張陵、張衡、張魯）妄說數
條中之第八：

> 或解除墓門一左道餘氣，墓門解除，春秋二分，祭灶祠社，冬夏兩
> 至，祀祠同俗。先受治籙，兵符社契〔註141〕，皆言軍將吏兵，都無
> 教誡之義。

《廣弘明集》卷九甄鸞〈笑道論・事邪求道二十〉亦有類似說法。可見，不
論是道教自身或其反對者，都認爲五斗米道乃至道教，都是重社神和社祭
的。不但方術之士自然多以「社」作爲居停行術傳道之所〔註142〕，甚而五斗
米道的祖師張陵之得道，據說也是在社中得諸神授，《廣弘明集》卷八釋道安
〈二教論・服法非老第九〉記；「李膺《蜀記》曰：張陵避瘧於丘社之中，得
咒鬼之術書，爲是遂解使鬼法。后爲大蛇所嗡，弟子妄述升天。」同書卷九
甄鸞《笑道論・觀音侍老七》引《蜀記》亦略同。類似的記載如《太平廣
記》卷二九二〈神・陽起〉記：「陽起少時疾瘧，於社中得書一卷，譴劾百鬼
法。」〔註143〕

　　先秦士庶的公共信仰在於「社」，至漢代開始產生變化，如上文所述，漢
代富者已另有一套信仰與娛樂方式，聚落（里）中的社也漸不再是全體居民
都必須參與，代表著有不同於「社」的宗教信仰開始發展，但原先民眾的信
仰既然均在於社，各種宗教的發展在一定程度上，與「社」有所淵源當是不
難理解。漢代的五斗米道，如《太上正一盟威法籙》〈太上二十四治氣籙〉所
言：「係天師（張衡）陽平等治太上中氣，東西南北四部將行督察二十四治領
二十四氣監天都功。統九州里社。」可見是直接將「社」納入其信仰與統制
體系之中。

　　早期道教其造建與傳布者多爲方士和巫覡。但方士尚神仙，巫覡交鬼

　　可見。

〔註141〕關於「社契」寧可先生已有考證，因天師道認爲天下里社鬼神均在其統治之
　　　　下，「社契」當爲拘制社廟鬼神之契，如唐代王懸河所撰《三洞珠囊》卷七
　　　　〈二十四職〉引〈兵都職治律〉第九諸到職中有：「領功職主天下五方，四海
　　　　八極，十二州，百二十四郡國，一千二百縣，萬二千鄉亭市邑，屯沙聚石，五
　　　　岳四瀆，山川神祇之功賞直符，伐殺萬鬼，盡當了之。」參閱：寧可，〈五斗
　　　　米道、張魯政權和「社」〉，收入：氏著，《寧可史學論集》，頁503～504。

〔註142〕如《抱朴子內篇》卷十五載：「洛陽有道士董威輦（董京），常止白社中，了
　　　　不食，陳子敘共守事之，叢從學道，積久，乃得其方。」

〔註143〕源出於劉宋時代劉義慶所著之《幽明錄》，按書中所載陽起之事，其前後文之
　　　　人、事觀之，推測陽起應爲東晉時人。

魅；方士主要游結上層，巫覡更多面向平民〔註144〕。漢代民間的「社」，本是巫術施行的溫床，五斗米道既有承繼於「社」者，且又需吸收信眾，因此仍有一定的巫術性質，在漢末石刻中如《隸釋》卷十一〈巴郡太守樊敏碑〉（建安十年（198）立），《隸續》卷三〈米巫祭酒張魯題字〉（熹平三年（174）立），更將五斗米道稱爲「米巫」；而《後漢書・靈帝紀》中平元年秋七月及注引〈劉艾紀〉，稱張脩爲「妖巫」、「巫人」。然觀其發展，卻已有別於一般巫者。

（一）具醫療及生活互助的功能

五斗米道其傳教仍以治病爲要務，此仍頗似於先秦漢代「旁及醫療」的巫，然其法並不僅僅恃符咒、符水，而是導民以漸恥畏天地之心，或令其在靜室中思過從善，使之不敢再犯，具有濃厚的道德教化意味與神秘的冥思特色〔註145〕。此外，其以道書傳道，微經授徒，也至少已有揭示教義的企圖〔註146〕。劉宋時期，同樣是天師道徒徐氏，其所著《三天內解經》卷上言張陵之前，民間巫道的「群邪茲盛」，「酌祭巫鬼，眞僞不分」，而《陸先生道門科略》也有類似說法，都是至張陵之時，才徹底改善。〔註147〕

張魯時期，五斗米道教徒似乎還有生活互助的功能，主要表現在每人納米五斗，以充公費，以及立義舍兩個方面。三張之法最初是道首爲人治病，病癒出米五斗，如《後漢書》卷八〈孝靈帝紀〉：「（中平元年）秋七月，巴郡

〔註144〕寧可，〈五斗米道、張魯政權和「社」〉，收入：氏著，《寧可史學論集》，頁493～494。

〔註145〕東晉・葛洪《神仙傳》卷四〈張道陵〉：「陵又欲以廉恥治人，不喜施刑罰，乃立條制，使有疾病者皆疏記生身以來所犯之罪，乃手書投水中，與神明共盟約，不得復犯法，當以身死爲約。於是百姓計愈，邂逅疾病，輒當首過，一則得愈，二使羞慚，不敢重犯且畏天地而改，從此以後，所違犯者，皆改爲善矣。」其孫張魯奪張脩信眾，增飾其法。張脩之法據典略云：「加施靜室，使病者處其中思過。」

〔註146〕如東晉・葛洪《神仙傳》卷四〈張道陵〉：「著作道書二十四篇」，《三國志・魏志》，卷八〈張魯傳〉：「祖父陵，……造作道書以惑百姓」，《隸續》卷三〈米巫祭酒張魯題字〉：「論授微經十二卷，祭酒約施天師道，法旡無極才」。另可參見：羅師彤華，〈漢代的民間結社〉，《大陸雜誌》八十二卷六期，頁16。

〔註147〕劉宋・徐氏，《三天內解經》卷上：「（張陵）共約永用三天正法。不得禁固天民，民不得淫祀他鬼神，使鬼不飲食，師不受錢，不得淫盜，治病療疾，不得飲酒食肉。民人惟聽五臘吉日祠家親宗祖父母，二月、八月祠祀社灶，自非三天正法諸天正道，皆爲故氣，氣指道法、鬼神之類。」

妖巫張脩反。」注引劉艾紀曰：「時八郡巫人張脩，療病，癒者雇以米五斗」
可知，但其法可能在張魯時候有所改變，可能如《要修科儀戒律鈔》卷十引
〈太眞科〉言天師道：

> 家家立靖，崇仰信米五斗，以立造化和五性之氣，家口命籍，系之
> 於米。年年依會，十月一日，同集天師治，付天倉，及五十里亭中，
> 以防兇年饑民往來之乏，行來之人不裝糧也。

道民每年十月即秋收之後，出米五斗以爲信，因此才有了道籍。並可能建立
義舍之類的公共設施。《三國志・魏書》卷八〈張魯傳〉記載張魯在漢中時，
諸祭酒皆作義舍，一如亭傳，又置義米義肉於其中，以止行人，行道者量腹
取足。這有可能是招徠流民之法。此外，天師道亦教化民眾，如《三國志・
張魯傳》云魯教道民「誠信不詐欺」，《陸先生道門科略》亦言每年三會日道
民須付師治，校正命籍，祭酒宣示科戒，會畢道民還家，務共奉行，當仍系
三張舊律。至於有小過者，罰治道百步則除罪。凡犯法者三原然後行刑。

　　總之，五斗米道已遠遠超出巫術的範疇，雖仍無法完全擺脫巫術成分，但
在漢代已是結合力相當強固的民間宗教組織，它接納信徒的方式在能否奉行道
法，並不特別考慮血緣、地緣、業緣等因素，故應是頗具包容性的。〔註148〕

（二）組織型態

　　就其組織型態而言，隨著徒眾日多，組織也漸形複雜化與層級化。張脩
始置姦令祭酒，教病者習老子五千文，又置鬼吏，主爲病者請禱，以師徒關
係爲基礎而加以發展。至張陵設二十四治，《廣弘明集》卷十二，釋明概〈決
對傅奕廢寺僧事〉第三條，載有張陵設治緣由：「昔漢高祖應二十四氣，祭二
十四山，遂王有天下。陵不度德，遂構此謀，殺牛祭祀二十四所，置以土壇，
戴以草屋，稱二十四治，治館之興，始乎此也。二十三所在於蜀地，尹喜一
所，在於咸陽。」各治均有具體地點，立祭酒分領之，有如官長，並出條制
〔註149〕。漢代「治」本是王都或地方官署所在地的通稱。如上文所論〈漢侍
延里父老僤買田約束石券〉中有云：「侍延里父老僤祭尊于季……等二十五
人，共爲約束券里治中。」里治即里正、里宰辦公之處，也是里內公眾集會

〔註148〕羅師彤華，〈漢代的民間結社〉，《大陸雜誌》八十二卷六期（台北：1991 年），
　　　　頁 15～16。

〔註149〕劉宋・徐氏，《三天內解經》卷上：「（張陵）立二十四治，置男女官祭酒，統
　　　　領三天正法，化民受戶，以五斗米爲信，化戶百戶萬戶，人來如雲。」

的場所，因此侍延里中的于季等二十五人也可以在里治聚議結僤。復次，張陵設治是殺牛祭祀二十四所，置以土壇，戴以草屋，明其爲祭壇，其形制與社壇也類似〔註150〕。所以五斗米道的組織單位，集宗教祭壇、集會場所和組織名稱爲一而稱「治」，體現出其政教合一的性質。

關於五斗米道的署職，據《後漢書・劉焉傳》、《三國志・張魯傳》及注引《典略》、《華陽國志・漢中志》等記載，初爲道者爲「鬼卒」或「鬼兵」，後爲「祭酒」，祭酒各領部眾，多者爲「理頭」，或稱「治頭大祭酒」；「祭酒」或稱「鬼吏」，主爲病者請禱，並「主以《老子》五千文，使都習，號奸令」。「祭酒」（或祭尊、祭政）於漢代乃國家之官職〔註151〕，亦是地方的鄉官〔註152〕，西漢賈誼《新書・時變》亦有載：「驕偏而爲祭尊，黥鼻者攘臂而爲祭政。」在漢「單」中也可能有「祭酒」一職，蓋民間組織常借官名作爲署職，這在往後各代皆然。漢代以「祭酒」這類帶有祭祀性質的職稱爲多，至唐代則以「錄事」的使用最爲普遍。

五斗米道之外，太平道則是漢末發展性更強，規模更大的民間宗教組織。張角自稱「大賢良師」，在其領導下，弟子與信徒遍布於青、徐、幽、冀、荊、揚、兗、豫等州，遣弟子以善道教化天下，起兵後置爲三十六方。太平道亦以符水咒說療病，並教病人叩頭思過，此與五斗米教類似。太平道可謂是以療病入手，借取太平經爲依據，在農村社會中成長，在十餘年間，造成如《後漢書》卷七十一〈皇甫嵩傳〉所言，「眾徒數十萬，連結郡國」的鉅大聲勢。從西漢晚期甘忠可作包原太平經，至東漢順、桓之時宮崇、襄楷兩度獻太平清領書而言，太平經應已淵源許久，太平道在民間可能野早已普遍流傳，張角應只是順應此種情勢，以其領袖魅力，建立信仰中心，並重新組織民眾而已〔註153〕。在黃巾之亂以後，遂遭政府壓制，其地位遂被教義

〔註150〕寧可，〈五斗米道、張魯政權和「社」〉、〈關於〈漢侍延里父老僤買田約束石券〉〉，分別收入：寧可，《寧可史學論集》，頁470、505～506。

〔註151〕如《後漢書・朱浮傳》注引漢官儀曰：「武帝初置五經博士，後增至十四人。太常差選有聰明威重一人爲祭酒，總領綱紀。」《後漢書・百官志・太常》：「博士祭酒一人，六百石。本僕射，中興轉爲祭酒。」胡廣注曰：「官名祭酒，皆一位之元長者也。古禮，賓客得主人饌，則老者一人舉酒以祭於地，舊說以爲示有先。」

〔註152〕《漢印文字徵》一卷三期有「新成左祭酒」、「步昌祭酒」，「新成」、「步昌」有可能是里名，或民間組織「單」的名稱。

〔註153〕羅師彤華，〈漢代的民間結社〉，《大陸雜誌》八十二卷六期，頁15～16。並

與傳道方法皆相似的五斗米道之後身——天師道所取代，在往後歷代均難見其蹤。

《後漢書》卷七十一〈皇甫嵩傳〉載太平道在張角起兵後，置大、小方，更立渠帥，與五斗米道在組織上都是嚴整而有法度的。兩者都是漢代大規模宗教團體的代表，組織初起也是以師徒關係為基礎再加以發展，然最後都不容於官方。在漢代起兵叛亂者中，也有許多被稱為妖巫、妖賊的，如維汜及其弟子單臣、傅鎮、李廣等，或許亦是巫者以教團方式，招聚信徒。東漢中晚期這類叛亂事例更多，大概也都是屬於這些稱為妖、巫的教團。〔註154〕

除了宗教的教團組織之外，漢人常以立祠廟的方式述異政，有些甚還歲時祠祀不絕，吏民亦有至此請禱水旱、求問禍福、禳除疾病者〔註155〕；此外為了慎終追遠，不少宗族建立祠堂，大者如嘉祥縣武氏祠、孝堂山郭氏祠，小者如土地廟大小的小祠堂〔註156〕，但因記載有限，無法判明是否已形成組織，並定期、共同舉行祭典，故不便視為宗教團體，且宗教祭祀之目的恐多為聯結親屬團體的手段，並非主要功能；再者，由於宗族的血緣性明顯，排他性較強烈，故非本書所論述之對象。

漢代雖然里、閭之中，仍具有「祭祀同福，死喪同恤」、「同祭合飲」的「共同體」性質，但由於戰國以來，社會處於由「原群」向「複群」演變的趨勢，亦即社會民眾的階層分化不斷的進行著。私社與單、僤、彈、墠等民

指出張角應是韋伯所稱的 charisma 型領袖，以巫術力量或非凡的稟賦，使人信從，願意接受領導，是具領袖魅力的人。卡理斯瑪型支配及相關問題可參見：韋伯著；康樂編譯，《支配的類型：韋伯選集（三）》（台北：遠流出版社，1985 年），頁 69～88。

〔註154〕志田不動麿，〈後漢時代の妖巫と妖賊〉，《歷史教育》十一卷六期（東京：1936年），頁 42～47；羅師彤華，〈漢代的民間結社〉，《大陸雜誌》八十二卷六期，頁 16。

〔註155〕如召信臣、于公、石慶、王吉、王渙、許荊、葡淑、許楊、任延等，皆立功德祠；祠祀不絕者如文翁、朱邑、岑彭、祭肜、城陽景王等，至東漢末仍歷載彌久（以上可見兩漢書本傳）。而《後漢書‧鄧訓傳》：「遂家家為訓立祠，每有疾病，輒此請禱求福。」《風俗通義‧怪神篇》，〈城景陽王祠〉：「言有神明，其遣問禍福立應，歷載彌久，莫之匡糾。」《隸釋》卷二十〈張明府祠碑〉：「平輿縣有神廟，謂之張明府祠，水旱之不節，則禱之。」可見吏民多至請禱之情。

〔註156〕如《漢書‧龔勝傳》：「勝因敕以棺殮喪事：……勿隨俗動吾家，種柏，作祠堂。」東漢不僅仍風行建祠，尤以小祠堂更盛，又以山東最為普遍。可參見：蔣英炬，〈漢代的小祠堂〉，《考古》，1983 年第八期，頁 749～750。

間組織的出現，暗示了里、閭共同體中，共同性質的減弱；五斗米道、太平
道等早期道教教團的萌芽與發展，亦表示原來作為士庶唯一公共信仰的
「社」，其「唯一」情形，以及里、閭「同祭合飲」的「共同」狀態均被打破，
代表民間的宗教信仰開始有較寬廣的發展空間。

　　「原群」向「複群」社會演變，民間私人組織的出現，反映了相較於先
秦，漢代有較為蓬勃的社會力量。許倬雲對此有精闢的見解：春秋戰國時原
本凝聚在封建體制下層的社會能量，逐次釋放而能成為獨立於政治之外的社
會力量，這些力量產生於掌握了包括知識資源、經濟資源與游離人口資源
等，戰國晚期的社會，可謂已是多元的複群社會，迥異於過去宗族鄉黨的原
群社會，社會力量已能相當程度的抗衡國家。以至於秦漢時代，國家須一步
步地，以收奪社會資源為要務〔註157〕。漢代前期主要的社會力量表現在商賈
與任俠〔註158〕，武帝之後則是豪族，乃國家收奪社會資源的過程中始料未及
的結果。〔註159〕

　　自春秋戰國而至秦漢，在國家權力與社會力量均有各自的發展空間下，
在兩造的拉扯中，民間的私人組織佔有什麼樣的地位，抑或能發揮多少力量
呢？許倬雲續言道：〔註160〕

　　　　漢代的基層組織雖是志願結合的團體，也許過於分散，未能整合為
　　　　有形的社會力量，也可能因為村里細民不能與士大夫交往，長期潛
　　　　伏在社會底層。王莽時銅馬、赤眉、新市、綠林，無將卒名號，其

〔註157〕許倬雲，〈中國古代社會與國家之關係的變動〉，《國家科學委員會研究彙刊：
　　　　人文及社會科學》三卷一期，1993年，頁1～7。
〔註158〕錢穆，《秦漢史》（台北：三民書局，1966年），頁57；錢穆，《國史大綱》上
　　　　冊（台北：台灣商務印書館發行，1991年），頁99～100，指出任俠與商賈，
　　　　分攫了往者貴族階級之二勢，一得其財富，一得其權力，皆以下收編戶之民，
　　　　上抗政府之尊嚴，即是變相的貴族。
〔註159〕王德權指出代田法促進豪族經濟能力的發展，這個變化再結合察舉制、抑商
　　　　政策的實施，使漢代先進地帶的豪族有更多機會轉型成為符合國家所期待的
　　　　士人。就國家來說，原本是要建立一個宰制各種社會力的控制系統，卻在無
　　　　意間培育出豪族這個未來的對手，參見氏著，〈古代中國體系的摶成——關於
　　　　許倬雲先生「中國體系網路分析」的討論〉，《新史學》十四卷一期（台北：
　　　　2003年），頁173～174註62。而楊聯陞更以「豪族內鬥」解析東漢末帝國的
　　　　政治，參見氏著，〈東漢的豪族〉，《清華學報》十一卷四期（北京：1936
　　　　年）。
〔註160〕許倬雲，〈中國古代社會與國家之關係的變動〉，《國家科學委員會研究彙刊：
　　　　人文及社會科學》三卷一期（台北：1993年），頁1～7。

　　領袖不外乎三老、從事、卒史之稱，大約是基層百姓只能運用這一
　　層次的組織動員方式。宗教力量亦可能是民間組織的觸媒劑，但這
　　種根植於下層的社會力，只能在朝代末世，拉垮原有秩序，卻不能
　　在國家與社會兩概制衡的過程中，發揮持續的平衡作用。而漢末知
　　識分子開拓的輿論空間裡，亦沒有民間基層的成分。由此可見「僤」、
　　「社」的「原群」局限性。

許氏之言指出了秦漢民間的私人組織，尚未能發揮有形的社會力量，其原因
在於其「原群」的局限性。換句話說，雖已進展到「複群」社會，也突破了
先秦的共同體狀態，但私人團體的組織，仍是以閭、里的地緣與血緣的親族
關係之結合為主。羅彤華師亦曾指出，漢代私人組織，以地緣因素的連結為
主，尤其限定在小範圍的區域內，為最主要的特色。而包含一鄉一縣的較大
組織，則需官府的協助才得維持〔註161〕。這種現象，便能呼應上文所提到的，
漢代民眾的生活，還是本於「里共同體」的社會形態，即便如私人組織的發
展，其結合仍不脫於此一窠臼。

〔註161〕羅師彤華，〈漢代的民間結社〉，《大陸雜誌》八十二卷六期，頁18。

第三章　魏晉南北朝民間結社的發展

第一節　傳統里社的變遷與村社的興起

　　先秦各國、都、邑等各聚落中，以從事春、秋二季祭社與集體宴飲組織的社，漢代稱爲「里社」，至魏晉南北朝時，隨著自然聚落的「村」的興起，而有「村社」的出現而與「里社」併存。由於在隨後的隋唐時代，包括諸史書和出土文書中，已極爲罕見「里社」之名，而幾存「村社」，表示在魏晉南北朝時代做爲「里社」和「村社」依存基礎的「里」與「村」，在鄉村社會中的性質與重要性，有一定程度的消長與變化。由於「里社」與「村社」的記載不多，無法直接比較兩者之差異與變化，但藉由討論魏晉南北朝時期「里」與「村」的興衰更替，並比較兩者性質的差異，亦可由此推知「里社」與「村社」的發展情形。

（一）西晉「當利里社」——里社組織運作的實例

　　漢代的「里社」在魏晉南北朝時代仍可見其發展，如《三國志·魏志》卷八〈公孫度傳〉中有襄平延里社生大石，下有三小石，爲瑞兆之記載；同書卷十一〈王脩傳〉載其母以去年社日亡，脩甚哀，鄰里同情之，爲之罷社。大致可知當時里社一如漢代或仍以石、樹爲社主，並有固定的春、秋祭社活動。但漢代「里、社分離」之後，里社的性質與功能在魏晉南北朝時候是有重大改變的，對於此時「里社」的實況，可由晉代的「當利里社殘碑」一探其詳。〔註1〕

〔註1〕晉代〈當利里社殘碑〉，拓本石印見：周進，《居貞草堂漢晉石影》（1925 年天

「當利里社殘碑」碑文第一行與第二行分別是「□昔勾龍能平后土祀以爲社列仙氏（？）……」、「爲春祈秋荐葉隆於萬葉聲垂兮雅篇且……」，略可知具有春秋祭社的功能。而在碑陰的題名中，共存二列，第一列爲冠幘坐像八人，上下各四人。這八人有三位是「社老」，二位是「社掾」，二位是「社史」，一位是「社正」，顯爲該社的首領與職事人員。領導社事之人與漢代的里社不同，漢代里、社合一之時，社事屬於里的行政職責，領導人就是里正、里父老，而具體職事者爲社宰、社祝，屬於宗教職事者的稱呼；而當利里社主持社事者爲社老、社掾、社史、社正，多是模仿當時鄉官的稱呼，這些稱呼有些是縣或鄉吏的職稱，並非因是里社而完全對應於里吏的職稱〔註2〕；此外亦無宗教人員的稱謂。這一方面有可能是保留了漢代里、社合一時，社是屬於里正、父老等鄉官職司的一部分痕跡，當然亦有可能是借當時的鄉官名稱與其職別做爲該社幹部的名稱；另一方面，也似乎暗示了除了春秋祭社外，可能還有其他的事俗性活動。

碑陰的第二列爲「社民」題名，共可見二十四人。就社民題名中的官職身分來看，屬於武職的有十六人，分別是千人督都鄉侯、殿中校尉、騎部曲將、武猛校尉，偏將軍、騎都尉與散將；屬於文職的有五人，可見太中大夫、太醫校尉；另歸義侯一人，無官爵的平民二人。而上述的八位主事者除各註明籍貫外，均未載其官爵。這些人的官爵最高當應是歸義侯，但應不超過四品，屬七、八品的最多〔註3〕，因此當利里社應是由中下級文武官吏和平

<hr>

津刊本），據載出于洛陽；碑額及下部殘缺；因碑文中有「祚與晉隆」、「當利里社」，故寧可定名如上，相關研究參見：寧可，〈記晉《當利里社碑》〉，收入：氏著，《寧可史學論集》（北京：中國社會科學出版社，1999年），頁484～492，本書即以此研究爲基礎，加以發展。

〔註2〕《晉書》卷二十四〈職官志〉：「縣率百戶置里吏一人，……限不得減五十戶；戶千以上置校官掾一人。」可知晉制里置里吏（不過也可能習慣上沿稱里正），至於置掾是特別的情況。而里中並無史一職。而「鄉戶不滿千以下，置治書史一人；千以上置史、佐各一人，正一人；五千五百以上，置史一人，佐二人」，因此可知史乃鄉吏而非里吏。晉當利里社有正、有掾、有史，可見混用了鄉、里乃至縣（掾一般爲縣屬佐）的官吏稱呼，並非因是里社而完全對應於里吏的職稱。至於社老，〈職官志〉中所載縣、鄉、里並無漢制的三老或父老，因此可能延襲漢代里父老的稱謂。這種習慣性的沿稱，下文中仍會再見到作爲自然聚落的「村」中，也有村老、村耆、三老的稱呼。

〔註3〕《通典》卷三十六〈魏官品〉、卷三十七〈晉官品〉、卷三十七〈梁官品〉中可知千人督六品、殿中校尉於魏七品，晉應相同；部曲將八品；武猛校尉、散部曲將（散將應爲散部曲將之簡稱）九品；太中大夫於魏七品，晉應亦同；

民混合結成的。而即使是文武官員，除了官品不同之外，官署也不相同，職事有清濁，身分亦有差等。如三國以來的世兵制度，武人身分低下，人們一旦當兵，即成為軍府和州郡管制的部曲，他們通常都是父子相承，世代為兵，稱為「士家」、「兵家」或「軍戶」，本人及家屬另入軍籍，與民籍相別，有專門機構管理。他們及其子弟不能任文官，娶妻常由官府配嫁，士兵如果逃亡，其妻子家屬便沒為官奴隸。他們也不能隨意脫籍，只有封侯或戰死酬功，其家屬才能放免改入民籍。就身分而言，不僅遠較文官為低，甚至還比不上吏或平民〔註4〕。題名中的武職如騎部曲將、散將等，即屬於士家或身分近似〔註5〕，但在當利里中依然與文官和平民混合立社。

　　再就社民的籍貫而言。題名記中所見的社民均載有籍貫，北到代郡，南到涪陵，東到勃海，西到關中，屬於本地（河南郡）的只有一人。復次，題名記中可見社民之姓者有二十六人，卻分屬於二十四姓，可見其份子彼此有親族關係的可能性也相當低。這些不同階級、不同身分、不同籍貫、無親屬關係，甚至還有不同民族之人（歸義侯，兩漢魏晉時授予所謂「歸義蠻夷」即少數民族首領的稱號）〔註6〕，他們之所以能混合立社，唯一的共同點，也就是彼此聯繫的關係，就是同住於洛陽當利里，顯然是以地域關係相互結合的組織。

　　那麼「當利里社」是不是所有洛陽當利里居民的結合呢？雖然「當利里社殘碑」不清楚到底有多少人參加，但主持社事者達八人之多，此社應當不只三十八人才是；再就石碑的形制和碑文殘缺的情況而言，推測題名應殘缺了二列左右，按此推算，入社者當在五十至一百人左右，且不可能達一百五

太醫令漢時六百石，太醫校尉應為其屬官，就應為八品或以下；都鄉侯四品，那麼歸義侯當在四品以下；雜號宣威將軍以下八品，則偏將軍當在其中或以下，〈梁官品〉云梁制將軍一百二十五位，偏將軍為一般，地位最低。

〔註4〕如《三國志‧魏志》卷三〈明帝紀〉註引〈魏略〉中云「吏屬君子，士為小人」，所指即是此義。

〔註5〕曹魏常以士家家屬留鄴或洛陽作為質任（人質）。《晉書》卷三〈武帝紀〉：「罷部曲將吏長以下質任。」「除部曲督以下質任。」《文館詞林》卷六六二〈晉武帝伐吳詔〉：「今調諸士家，有二丁三丁取一人，四丁取二人，六丁以上三人。限年十七以上，至五十以還。先取有妻息者，其武勇散將家，亦取如此。比隨才署武勇掾史，樂市馬為騎者，署都尉司馬。」則部曲將與散將當亦屬士家，或身分近似。

〔註6〕參見：《漢書》卷九十六下〈西域傳‧烏孫國〉、《後漢書》卷九十六下〈百官志‧四夷國〉、《晉書》卷三〈武帝紀〉、《晉書》卷一二五〈乞伏乾歸〉。

十人以上。晉制百戶爲一里，少者不少五十戶，多者可達千戶（《晉書‧職官志》）。按北魏遷都洛陽後的情形而言，每里平均爲五百戶或三百戶〔註7〕，甚至有記載多至七、八百家者〔註8〕。西晉時的情況與其相較，應不致相去太遠。就此而言，當利里社應沒有包括全里里民，而是該里一部分居民的結合。而且該社的成員都稱爲「社民」，這與漢代里、社合一之時，里社的成員就是所有里人，沒有其他專門的稱呼有所不同。因此「社名」稱呼的出現，當表示里社已非所有里人都必須參與。

由上所述，可知晉代「當利里社」的組成其分子，是洛陽當利里一部分居民，依其居處的地緣關係，帶有一定程度的自願性質而相結合的，有自己的領導者與執事者，且單就碑文而言，亦看不出官府介入的跡象，因此應當是屬於私人結社的性質，主要功能仍是進行春、秋祭社。晉代「當利里社」與漢代里社之間也存在著明顯的變化；「當利里社」的成員都是里中居民，其可見是兩漢傳統里社的延續，但漢代里、社合一的情形已不復見，里社已不再是地方行政組織中的一環，社是獨立於里之外的組織，且不再是全體里民所必須參與，這些演變乃里社「私社化」的結果，里社已不再是官社。而此與行政機構和自然聚落漸趨分離應有密切的關係，也就是「里」的性質，已逐漸脫離自然聚落而成爲單純的行政單位；在里以外，民眾聚居的自然聚落「村」也漸漸開始發展。

（二）「里社」與「村社」並存，都是自然聚落民眾所立之社

魏晉南北朝時期隨著「村」的普遍存在，里社之外亦可見「村社」的發展。「里社」和「村社」都是延續先秦以來民間聚落均立有社的傳統，民眾依自然聚落住居地的地域關係而立社；村民按其地緣關係所立之社，也習稱「村社」。

聚落中的社，主要從事春、秋祭社與集體宴飲活動，提供居民社會交際、娛樂、公共信仰的功能。宗懍所著之《荊楚歲時記》中，對於當時祭社風俗有一些描述，如「社日，四鄰並結，綜會社牲醪，爲屋於樹下，先祭神，后

〔註7〕 北魏遷都洛陽，內城因魏晉之舊，《洛陽伽藍記》卷五記當時全城（包括內城與新擴展的外城）有戶十萬九千，有里二二〇；而《魏書》卷八〈宣武帝紀〉記景明二年有里三二〇餘。則每里平均爲五百戶或三百戶。

〔註8〕 參見：《魏書》卷八〈大武五王傳〉載臨淮王譚曾孫孝友語。《魏書》卷六十八〈甄琛傳〉則言：「京邑諸坊，大者或千戶、五百戶。」其中魏晉舊城人口當應更稠密些。

饗其胙。」在此已不見「里」的行政色彩，只是「四鄰並結」，就地域相近之便相聚為社，可能如上文所述漢代「或十家五家共為田社」的「田社」(《漢書・五刑志》)，進行始於先秦並長久流傳的祭社及集會宴飲活動。《南史》卷四十五〈張敬兒傳〉云：「每見將帥，不遑有餘計，為敘夢云：『未貴時，夢居村中，社樹欻高數十丈。及在雍州，又夢社樹直上。』」可見村中有社，亦如前代以樹作為社主。《太平廣記》卷一三一〈報應・伍寺之〉亦有載：「南野人伍寺之，見社樹上有猴懷孕，便登樹擺殺之。」可知當時民間社的社壇以樹為主。而社神自漢代以來，即從原來聚落保護神的身分，下降而為更貼近閭里細民的日常生活，而作為民間信仰之一環，如《太平御覽》卷五三二〈禮儀部・社稷〉：「庾邈與女子郭凝，通詣社約，不二心，俱不婚娉。經二年，凝忽暴亡，邈出見，凝云：『前北村還遇強梁抽刀見逼，懼死從之，不能守節，為社神所責，心痛而絕。人鬼異路，因下泣矜之也。』」〔註9〕

　　每逢社日，社組織可能還是以古時「合醵」的傳統為主，由社的成員共同出資置辦，如《宋書》卷一〈武帝本紀〉載：「初高祖家貧，嘗負刁逵社錢三萬，經時無以還。逵執錄甚嚴，王謐造逵見之，密以錢代還，由是得釋。」〔註10〕劉裕尚為庶民之時，曾虧欠刁逵「社錢三萬」，社錢應就是社中成員，為社日宴飲活動所出聚之資金。《樂府詩集》卷八十六東晉・伍緝之〈勞歌兩首〉：「勞為社下宰，時無魏無知。」作為社宰，操辦祭社及宴飲事宜，在當時被視為極其辛勞的差事。

　　「里社」與「村社」，同時在魏晉南北朝這個大時段中的廣大地域裏並存，由於史料中關於兩者的直接記載並不多見，無法藉此瞭解為何在此時期有「村社」的出現？又為何至唐代時多有「村社」而罕見「里社」？以及在此時期兩者間是不是有互為消長的關係？或許在所見史料的時間分佈中可略見端倪：「里社」絕大多數僅見於較早期，也就是魏、晉時期的史料。但仍無法就此認為在較後期的南北朝時期「里社」就較為罕見，至唐代已漸為「村社」所取代。因此欲探究上述問題，有必要針對「里社」與「村社」成立基礎的「里」與「村」進行探討，包括「村」的性質、興起與發展。鄉里制是否仍

〔註9〕上文所徵引《太平廣記》卷一三一〈報應・伍寺之〉與《太平御覽》卷五三二〈禮儀部・社稷〉兩件史料，皆源出於梁・任昉所著之《述異記》。
〔註10〕此事之記載，還可參見：《魏書》卷三十八〈刁雍傳〉、《魏書》卷三十八〈島夷劉裕傳〉、《南史》卷一〈宋本紀・武帝〉、《北史》卷二十六〈刁遵傳〉，唯各書所載文字略異。

普遍存在於當時？如果答案是肯定的話，那麼村與與鄉里（尤其是里）的關係又是為何？國家又是如何看待，甚至控制在鄉里以外已確實存在的「村」？這些議題的討論，當有助於側面了解「里社」與「村社」兩者的性質及其發展情形。

（三）里──漸成人為的行政區劃；村──新的自然聚落

　　上文就晉代洛陽「當利里社」討論「里社」性質的改變，反映了漢代以來「里」性質的變遷，而這與做為自然聚落「村」的大量出現是一體兩面的事。秦漢時期縣鄉亭里的基層地方組織，延續至魏晉南北朝時，一般即咸稱為「鄉里制」，即使在北魏太和十年（486）至隋開皇九年（589），另立鄰、里、黨三長的管轄，但在史籍中仍可明顯地窺見當時仍有鄉里的編制〔註11〕。但不論在鄉里制或三長制之下，華北及江南的「村」都是普遍存在的聚落稱呼。上文已談過漢代的縣、鄉、亭雖是基層行政組織，但在地理景觀上與三代的聚落並無二致，而是直接在舊有的聚落上加以區別，在名稱上取代了先秦的國、都、邑等；至於里則與先秦「里是國或都內的社區」本質亦同，而為縣、鄉、亭內的社區。但民眾自然聚居的村落，長時間下來本就有其興迭更替的可能，若依原始聚落而設的地方行政組織，未能在聚落的新興或沒落時予以調整，那麼原來的鄉、里等機構，就可能與自然的聚落脫節〔註12〕。漢代時已有許多以「聚」為名的地方散見於史書中，這些「聚」就不是縣、鄉、亭、里的編制〔註13〕；「聚」有許多是血緣團體的居住地而發展出來的，

〔註11〕侯旭東，〈北朝鄉里制與村民的生活世界──以石刻為中心的考察〉，《魏晉南北朝隋唐史》，2002年第二期，頁36。

〔註12〕就漢代以後的實際情形而言，齊濤認為漢代的聚及六朝的村之大量出現，代表著鄉村社會原來合而為一的自然聚落與行政單位（漢代的里）開始分離，由東晉南朝的歷史情況而言，促成這一轉移的直接因素有三：其一，自東漢末到東晉時代的動蕩，造成了大範圍的人口流徙，不可能再保有原有的里伍編制，一方面是如《晉書‧范寧傳》所言「荒郡之人，星居東西」，而另一方面則是世家大族蔭戶、占戶；其二，隨著江南經濟的開發，各王朝及世家大族對勞動力需求殷切，南方原有的土著居民與少數民族紛紛走出山林岩洞，如豫州蠻和荊、雍蠻，先出至南郡，又遷至漢水下游，形成了一個又一個的自然村落；其三，在東漢末年以來的戰亂中，鄉村社會往往以聚或村等自然聚落自保，而形成塢壁、村塢、村堡，這些自然聚落不可避免地，具備了行政與法律職能。參見：氏著，《魏晉隋唐鄉村社會研究》（濟南：山東人民出版社，1995年），頁54～56。

〔註13〕早期那波利貞已統計出《後漢書‧郡國志》中所載之「聚」已有五十五處，

也有不少是爲了戰亂自衛，平時防禦盜寇，由此構築塢壁而形成的。〔註14〕

　　目前學者在論述魏晉南北朝時，華北的塢、村塢、堡、村堡、壁、壘、壘壁等武裝自衛集團，以及江南作爲自然聚落的「村」，都溯源於漢代的「聚」，甚至由《顏氏家訓》更可知漢代的「聚」是六朝「村」的前身〔註15〕。「村」的淵源並非本書之旨，且由於論者已眾，因此便不再贅述，但各家所論，均可見「村」是在魏晉南北朝時期，於華北或江南均大量出現的自然聚落的名稱，不論是否承漢代的「聚」一脈發展而來，其關鍵的意義在於國家的基層行政組織，自漢代以來，就無法完全配合人民自然聚居的興起，進行聚落行政區域的劃分；即使漢代的縣、鄉、亭是直接按先秦的大小聚落而建立，但終究還是有「聚」的出現；縣、鄉、亭的配置無法將所有聚落「一網打盡」，這種情形在北魏開始設置的「三長制」及其後不斷的調整下，似乎都未能達到預定的效果。其因素之一當然也在鄰、里、黨強制的行政區劃下，難以配合社會上實際的聚落發展情況，一直未能找到適應鄉村社會現狀的一套有效編制方法〔註16〕。而史料上亦可見東晉南朝政府對於零亂里制的整理〔註17〕，一次又一次的土斷，以及整頓閭伍，在某些程度上也代表著國家行

參見：氏著，〈塢主考〉，《東亞人文學報》二卷四期（京都：1942 年），頁31。另，宮川尚志，〈六朝時代的村〉，收入：劉俊文主編，《日本學者研究中國史論著選譯》第四冊（北京：中華書局，1993 年），頁 69，列出《漢書‧地理志》郡縣條下有「聚」七處。「聚」並沒有列入國家鄉亭里地方組織的序列中，只有在《論衡‧書虛篇》論及教育機構時，有「鄉亭聚里」的連稱。但正史中已有不少對於「聚」的記載，應至少表示官方已承認它的存在。

〔註14〕宮川尚志，〈六朝時代的村〉，收入：劉俊文主編，《日本學者研究中國史論著選譯》第四冊，頁 69～70。

〔註15〕《顏氏家訓‧勉學篇》：「吾嘗從齊主幸并州，自井陘關上艾縣，東數十里有獵閭村。後百官受馬糧，在晉陽東百餘里亢仇城側，並不識二所本是何地，博求古今，皆未能曉。及檢字林、韻集，乃知獵閭是舊籋餘聚，亢仇舊是眊柳亭，悉屬上艾。時太原王劭欲撰鄉邑記注，因此二名，聞之大喜。」相關研究參見：齊濤，《魏晉隋唐鄉村社會研究》第二章，頁 36～56；宮川尚志，〈六朝時代的村〉，收入：劉俊文主編，《日本學者研究中國史論著選譯》第四冊，頁 68～74。

〔註16〕齊濤，《魏晉隋唐鄉村社會研究》，頁 25；侯旭東，〈北朝「三長制」四題〉，《魏晉南北朝隋唐史》，2003 年第二期，頁 12～25。

〔註17〕《晉書》卷二十四〈范寧傳〉載東晉後期，范寧曾上言堅決整頓鄉村；在《世說新語》上卷下〈政事第三〉注引《續晉陽秋》曰：「自中原喪亂，民離本域，江左造創，豪族并兼，或客寓流離，名籍不立。太元中，外禦強氏，蒐簡民，實三吳，頗加澄檢，正其里伍。其中時有山湖遁逸，往來都邑者。」

政體系，爲配合實際的聚落情形所做的調整，不過其收效似仍甚微。〔註18〕

那麼在漢魏晉南北朝時期，始於漢代的鄉里之制和新興的「村」如何併存呢？由於此時期史料中缺乏對於鄉里制中「鄉」的記載，且重點在於探究都有聚落性質的「里」與「村」彼此的關係，所以對於「鄉」就暫且闕而不論。

魏晉南北朝村與里彼此間的關係，簡言之，村是存在於國家鄉、里規劃之中的，在地域上彼此交錯。在華北方面的情況，西晉以後政治社會相當不穩定，十六國時候鄉村的塢壁極爲興盛，至北魏初期實行以招撫塢壁爲主要目的的「宗主督護制」，即使表面上似也實行整齊的州、郡、縣、鄉、里的編制，但其中卻橫亙著塢壁與宗主督護，對於鄉里社會而言，他們廣佔戶口，自成一體〔註19〕；因此鄉里的實際情形仍是隱諱不明。北魏孝文帝太和十年，因給事中李沖的上言建立三長制，以五家爲鄰，五鄰爲里，五里爲黨，傳統里吏掌握的戶口、交納賦役等工作轉由三長負責，它是依照《周禮》古制規劃的行政村落，顯然是仿照六鄉六遂制中二十五家爲一閭里而制定的。雖然此時的里掌二十五家戶口，與漢代以來接近於實際聚落形態的百戶之里不同，但三長制一百二十五家的黨才是一個鄉村單位，且其後北齊則是比鄰（十家）、閭里（五十家）、族黨（百家）之制〔註20〕，至北周又似乎是行二長制，在不斷變動中且其制度未必能嚴格執行下〔註21〕，即使三長制下有里的設置，但漢晉的鄉里之制似仍普遍存在〔註22〕。北魏城市中的鄉里前人論述已

〔註18〕南朝基層的地方行政制度，《宋書》卷四十〈百官志〉下、《南齊書》卷十六〈百官志〉等均無記載，連記述漢制的《宋書》也對宋代織口不言，江南諸朝恐仍是無法整頓自漢沿襲下來逐漸零亂的里制，也沒有建立如北朝「三長制」新的地方行政組織，或直接以村做爲基層行政單位。相關研究參見：齊濤，《魏晉隋唐鄉村社會研究》，頁 54～56；宮川尚志，〈六朝時代的村〉，收入：劉俊文主編，《日本學者研究中國史論著選譯》第四冊，頁 98～100。

〔註19〕齊濤，《魏晉隋唐鄉村社會研究》，頁 1～20。不過值得留意的是北魏初雖立宗主督護，但政府仍透過州、郡、縣、鄉、里體系控制著相當一部分人戶。如《魏書·官氏志》載鮮卑族各部落，在拓跋珪登國初年，即「散諸部落，始同編民」，而《北史·賀訥傳》所言亦明：「離散諸部，分土定居，不聽遷徙。其君長大人，皆同編戶。」使原來由具血緣關係的部族成員，成爲以地域關係爲基礎的國家編戶齊民。

〔註20〕《北齊書·元孝友傳》、《隋書·食貨志》。

〔註21〕侯旭東，〈北朝「三長制」四題〉，《魏晉南北朝隋唐史》，2003 年第二期，頁 12～25。

〔註22〕由於學者多將焦點擺在三長制之上，對於當時的鄉里之制僅個別學者曾經涉

多，不再贅述〔註 23〕。至於城市外鄉間的鄉、里具體情況，在墓誌中多可究其一二，墓誌中出現的鄉里編制，一是用以表示墓主的籍貫；二是記載墓主的卒地；三是標記墓主的葬地；除了墓主的籍貫可能出現記魏晉舊貫的情形，但鄉里之記當爲時制〔註 24〕；而由墓誌中葬地的標記又可推定出「里」有其具體的地域範圍〔註 25〕。這些都顯示出鄉里之制在當時確實存在。

北朝時代，特別是三長制實施後，即使地方的鄉里之制仍然存在，但自然聚落的村的記載越來越多，從北魏末年到北周、北齊年間爲例，關中、河

及。宮川尚志，〈六朝時代的村〉，收入：劉俊文主編，《日本學者研究中國史論著選譯》第四冊，頁 97～100；福島繁次郎，〈北齊の村落制〉，收入，氏著，《中國南北朝史研究》（東京：名著出版社，1979 年），頁 416～417；張金龍，〈北魏洛陽里坊制度探微〉，《歷史研究》，1999 年第六期；侯旭東，〈北朝鄉里制與村民的生活世界——以石刻爲中心的考察〉，《魏晉南北朝隋唐史》，2002 年第二期，頁 36～49。

〔註 23〕較早期有：楊之盧，〈後魏里名考〉，《中國學報》二卷一期（1944）。最近有：劉淑芬，〈中古都城坊制試探〉，《中央研究院歷史語言所集刊》六十一本二分（台北：1990 年），頁 293～315；張劍，〈關於北魏洛陽城里坊的幾個問題〉，收入：葉萬松主編，《洛陽考古四十年：1992 年洛陽考古學術研討會論文集》（北京：科學出版社，1996 年）；張金龍，〈北魏洛陽里坊制度探微〉，《歷史研究》，1999 年第六期。

〔註 24〕侯旭東，〈北朝鄉里制與村民的生活世界——以石刻爲中心的考察〉，《魏晉南北朝隋唐史》，2002 年第二期，頁 36～49。有若干墓誌對墓主籍貫與卒地、葬地的記載是一致的，如〈北魏李橥蘭墓誌〉稱墓主爲「勃海郡脩縣廣樂鄉新安里人」，後「薨於新安里第」；〈東魏封延之墓誌〉謂延之死後「歸窆於廣樂鄉新安里」；〈封柔墓誌〉稱封柔卒於「廣樂鄉新安里」。可知北魏及東魏時「廣樂鄉新安里」也的確存在。上述墓誌收錄於：越超，《漢魏南北朝墓制彙編》（天津：天津古籍出版社，1992 年），頁 103。這些例子證明「籍貫」中出現的鄉里應即是當朝行用的制度。只有第一種表示墓主籍貫中的「鄉里」，有可能產生記魏晉舊貫的現象，如果墓主是是當時的高門子弟或假托爲高門之後，用來標明身份地位的郡望多產生於魏晉時代，但即是如此，望族名門所鍾情的僅是門閥形成時的州，尤其是郡名，但縣以下的設置仍是時制，因此所記縣以下的鄉里都是當時正在行用的制度。

〔註 25〕侯旭東，〈北朝鄉里制與村民的生活世界——以石刻爲中心的考察〉，《魏晉南北朝隋唐史》，2002 年第二期，頁 41～44。侯氏據北魏洛陽城外的普賢、王紹、王翊三方墓誌，推論出東魏勃海郡脩縣崇仁鄉孝義里面積達十一平方公里，至少有二十幾個村莊。西鄉里和孝義里面積有極大的差距，但再配合人口的分析，孝義里雖有十二平方公里，但其戶口數亦約九十六戶，與漢晉百戶的里相當。所以里的區域大小之劃分，應還是以戶口爲主。三件墓誌分別收錄於：越超，《漢魏南北朝墓志彙編》，頁 70、83、254 與郭玉堂訪記，《洛陽出土石刻時地記》（出版地不詳，大華書報供應社，1941 年），頁 27、29、57。

東、山東、河南隨處可見村的存在〔註 26〕。稍大的村落可有幾百戶人家，如《北史・循吏・公孫景茂傳》記：「轉道州刺史……大村或數百戶，皆如一家之務。」稍小一些的村落一般是數十戶人家，如《宋書・劉粹傳》載：「少帝景平二年，譙郡流離六十餘家，叛沒虜。趙靈、秦剛等六家悔悟，還投陳留襄邑縣，頓謀等村。」當然也還有一些三戶、五戶自然聚集的村。但「村」在官方制度中尚無正式的位置，屬於「俗稱」。官方縣以下的行政建制一是「三長」，一是鄉里；戶籍文書中用「三長」，表示籍貫用「鄉里」，而百姓聚居的村均被包含在有具體地域範圍的鄉里中。但一般村落名眾，在生活習慣中似仍以「村」來表世的自己住居地，這在北朝的造像題記中，造像者注明他們自己的住居屬地，通常使用的是縣和村落的名稱〔註 27〕；不僅村民以邑義形式組織造像常書村名，甚至連個人造像也以「某某村人」相標示〔註 28〕；至於造像題記上標注鄉里的情形就極為少見〔註 29〕。北朝民眾對於「村」的認同甚於「鄉里」，或許多少能反映村的興起與鄉里之制相形沒落的變遷。

在東晉南朝方面的情形，大致上仍是延續漢晉的鄉里之制，百戶為一里〔註 30〕。鄉里之外，關於村的記載就頗為豐富〔註 31〕。小村可能只有二、三

〔註 26〕 齊濤，《魏晉隋唐鄉村社會研究》，頁 30。

〔註 27〕 如〈北魏正始元年（504）高洛周等七十人造像〉稱：「涿縣當陌村維那高洛周七十人等為皇帝陛下造釋加石像一區」；〈北魏永熙三年（534）比丘惠輔一百五十人造像〉稱：「青州齊郡臨淄縣高柳村……法義兄弟姐妹一百五十人等敬造彌勒尊像二軀。」諸記分見：《北京圖書館藏中國歷代石刻拓本匯編》第四冊、第五冊（鄭州：中州古籍出版社，1989 年），頁 76、194。

〔註 28〕 如〈北魏正始元年（504）韓愿造像〉云：「高平村韓愿為亡女敬□造觀世音像一軀」；河北靈壽縣出土的一尊銅造像上的記文云：「北魏永熙三年（534）東比村張僧珍為姊夫韓郎造像一軀。」諸記分見：金申，《中國歷代紀年佛像圖典》（北京：文物出版社，1994 年），頁 460；《文物》，1993 年第十二期，頁 36。

〔註 29〕 目前僅見三例：〈北魏武泰元年（528）陳天寶造像〉中陳天寶本為南人，後在魏為官，書故土鄉里以示自己的出自，此例是比較特殊的；〈北魏永安三年（530）李黑城等十人造像〉、〈東魏興和二年（540）敬史君碑〉的題名，這二例都有官吏的背景。三件題記分別收入：《北京圖書館藏中國歷代石刻拓本匯編》第五冊，頁 81；《考古與文物》，1984 年第五期，頁 32；王昶，《金石萃編》卷三十（北京：中國書店，1985 年）。

〔註 30〕 如《晉書》卷二十四〈職官志〉：「縣率百戶置里吏一人，其土廣人稀，聽隨宜置里吏，限不得減五十戶；戶千以上置校官掾一人。」可知里仍是維持漢代以來百戶的規模。

〔註 31〕 齊濤，《魏晉隋唐鄉村社會研究》，頁 40～41。

戶或十數戶，大村就有數百戶或上千戶〔註 32〕，地理景觀上仍然是呈現村、里互相交錯的情形，與北朝的狀況是一致的。當時人們在表示地域時，越來越多地運用了村落這一單位，尤其是在較大的空間範圍內，如六朝詩作中陶淵明〈歸田園居詩〉：「曖曖遠人村，依依墟里煙」、庾信〈同州還詩〉：「赤岸繞新村，青城臨綺門」、梁元帝〈出江陵縣還詩〉：「遠村雲裏出，遙船天際歸」等等均是〔註 33〕；「村」的含義，似已無法用「里」或其他地域概念來取代。此外，在當時人的習慣中，鄰村、比村已越來越多取代了鄰里作為完整地域概念的內容，如《宋書·顧凱之傳》所記：「沛郡相縣唐賜，往彼村朱起母彭家飲酒。」以及《宋書·郭世道傳》：「鄰村大小，莫有呼其名者。」均是此義。南朝的「村」即使已是完整的地域單位概念，但並未完全取代「里」的功能，村與里在名稱上仍常併稱或通用，村里、村落、村邑的習稱〔註 34〕，指的都是一般的村落〔註 35〕。不過兩者併存下，在當時使用的習慣上仍有些

〔註 32〕如《法苑珠林》卷二十六〈周璫感應錄〉所記，剡縣坂怡村只有十餘戶人家；《宋書·劉粹傳》所記襄義謀等村，也不過三十家，這樣的小村落就常在里的範圍內，如《宋書·自序》中，沈約追溯先祖歷史，提到晉時武康縣「東鄉之博陸里余烏村」，余烏村是在里範圍內的小村。至於一村中有數百戶或上千戶的里，如《宋書·潘綜傳》有：「孫恩之亂，妖黨攻破村邑，綜與父驃共走避賊……元嘉四年，有司奏改其里為純孝里。」《宋書·郭世道傳》云郭世道：「仁厚之風，行於鄉黨，鄰村大小，莫有呼其名者……改所居獨楓里為孝行焉。」兩處史料中的純孝里與孝行里應當是小於村的里，一村之中含有若干這樣的里。而如《南史·羅研傳》云：「蜀中積弊，實非一朝。百家為村，不過數家食。窮迫之人，什有八九。」這種和里同樣規模的村，里與村落名稱可能會通用，如陶淵明〈移居詩〉和〈與殷晉安別詩〉，則可見其居地南村亦稱為南里。兩詩可見：逯欽立輯校，《先秦漢魏晉南北朝詩》，《晉詩》卷十七（北京：中華書局，1983 年），頁 993、981。可見大小不一的村與約略百戶的里彼此並存、交錯的情形。

〔註 33〕三首詩作分別收入：逯欽立輯校，《先秦漢魏晉南北朝詩》，《晉詩》卷十七、《北周詩》卷二、《梁詩》卷二十五，頁 991、2359、2055。

〔註 34〕「村里」可見於《宋書》卷九十三〈劉凝之傳〉、《南史》卷五十二〈始興忠武王憺傳〉等；「村落」可見於《梁書》卷十七〈馬仙傳〉、《南史》卷三十二〈張邵傳〉等；「村邑」可見於《南史》卷七十三〈潘綜傳〉。

〔註 35〕《梁書》卷二〈魚弘傳〉：「歷南譙盱眙竟陵太守，常與人曰：『我為郡，所謂四盡：水中魚鱉盡，山中麏鹿盡，田中米穀盡，村里民庶盡。』」《南史》卷七十三〈孝義〉上：「元徽末大雪，商旅斷行，村里比室饑餒。丁（會稽永興吳翼之母丁氏）自出鹽米，計口分賦。」再如陶淵明晚年住地尋陽南村（《陶淵明集》（二）〈移居〉）又稱作南里（《陶淵明集》（二）〈與殷晉安別〉）皆可為例。

差別。〔註36〕

（四）小　結

上文運用了一些篇幅詳細說明了魏晉南北朝時期，不論北朝或東晉、南朝，做爲自然聚落的「村」與漢晉以來鄉里之制下，有固定編戶，甚至有固定地域的「里」，彼此交錯存在的情形〔註37〕；且「村」的稱呼在人民的日常生活中的使用，在相當程度上已取代「里」，來代表對固定地域或個人的住居地。即使文獻罕見，但「村社」的發展，應是可以和「村」大量出現的背景相契合的。早在先秦時候，士庶的公共祭祀活動只限祭社，各聚落皆立有社，社下也是聚落民眾公共活動的場合；這些聚落之後即成爲漢代的里，里社仍是聚落之社的性質。在這層意義之下，魏晉南北朝的大量出現做爲自然聚落的「村」，其中立有社，應是可以推知的的；而其宗教功能、民眾聚飲的社會功能，在一般民眾的生活中佔有相當重要的地位。如上文曾言及，《漢書·鼂錯傳》載戰國時候商鞅變法「辟草萊」的過程：「爲置醫巫，以救疾病，以脩祭祀……此所以使民樂其處而有長居之心也。」在秦國開發新土地以置新聚落時，「社」作爲民間唯一的公共祭祀之處，當爲政府所必須爲民設置，亦爲人民能長居久安的要素之一。即便在南朝時，如《宋書》卷八十二〈周朗傳〉：

> 今自江以南，在所皆穰，有食之處，須官興役，宜募遠近能食五十口一年者，賞爵一級。不過千家，故近食十萬口矣。使其受食者，悉令就佃淮南，多其長帥，給其糧種。……仍量家立社，計地設閭，檢其出入，督其游惰。須待大熟，可移之復舊。淮以北悉使南過江，東旅客盡令西歸。

〔註36〕一般來說，在比較正式地記錄譜系籍貫時，多用「里」不用「村」，而在記錄當時居住地時，則多用村名。如《南史·齊本紀》記齊太祖高皇帝云：「其先本居東海蘭陵縣中都鄉中都里。」《陳書·高祖紀》記陳高祖武皇帝云：「吳興長城下若里人。」這都是以里表示籍貫者。至於《法苑珠林·冥祥記》云：「宋劉齡者，不知何許人也，居晉陵東路成村，頗奉法，於宅中立精舍一間，時設齋集。」《南齊書·張敬兒傳》：「敬兒弟恭兒，不肯出官，常住上保村中，與居民不異。」這是以「村」表示居住地之例。相關論述，可參見：齊濤，《魏晉隋唐鄉村社會研究》，頁 43～44。

〔註37〕關於此時期「村」和「里」的在地理景觀上交錯情形，除上文所述之外，還可見《北史》卷三十三〈李德饒傳〉，言李德饒至孝，「因改所居村民爲孝敬村，里爲和順里。」可見兩者實同時併存。

顯然在造就民眾聚落時，「量家立社，計地設閭」，「社」也是相當必要的。

　　里社、村社都是民眾聚落按聚居地的地緣關係，所組成的祭祀社神與宴飲的民間組織，不屬於官社之列，就如上引《荊楚歲時記》所言：「社日，四鄰並結……」的性質。即便由官方為民而立，但其組織與運作亦在民間。以地緣關係為結合基礎所組織的社，包括同一住居地的居民，或者如上文所提及「聚族里居」的情形，在同一地區以某個宗族為主要成員的結社組織，這種地域或血緣的關係，乃上文舉許倬雲所云，中國社會的「原群」性質是最原始、自然、單純的結合關係。上述所討論的上古秦漢的里閭共同體，最主要的目的就是要反映這種最自然、單純的聯繫關係，這種關係都是歷朝歷代結社組織最基本的結合基礎。始於先秦各聚落的社，漢代時的里社，以及兩晉南北朝的聚落中的里社或村社，以迄於唐代的村社、坊、巷社等，皆是依這種「原群」關係作為結社的基礎。如上述的晉代洛陽「當利里社」，其成員彼此可以聯繫起來唯一的關係，就是他們都是當利里的居民。這樣子的組合由於每個人身分地位不同、職業不同，所以他們結合的目的，就是完成一些平常生活中所共同必須遭遇的情事，對於社神的祭祀即是最明顯的一例，它有宗教的功能，也有社會交際的功能。

　　至於在單純的地緣或血緣的「原群」關係之上，尚有其他的結合因素，如共同的職業、共同的宗教信仰、共同的身分階級等，這樣子的組成關係，就如同許倬雲所謂的「複群」，「複群」社會原是指戰國時代以後由原群發展、分化而成的較複雜的社會性質。按這種「複群」性質所組成的結社，通常都有較明確的目的，如十六國北朝時候的造像邑，這類佛社都是在地域居民及宗族的結合關係上，再加上佛教信仰的共同因素，所以奉佛就成為這類結社最主要的目的。而下文將會談及的〈北齊天保三年（525）四月八日邑社曹思等石像之碑〉則是懷州河內郡野王縣的某一里（村）內居民依住居地地緣關係的結合，但在此關係之上又有當地廣福寺的影響而使許多居民有了佛教信仰的共同性質，並改變了原來祭社的「血祠之祈」。

　　綜上所言，單純由地緣或血緣關係的「原群」性質所結合的社，若無特別的名稱，也就是除了春、秋二季的祭社功能外，沒有其他特殊目的，一般都會按其住居地，或某里，或某村的名稱，而稱為「某某里社」或「某某村社」。這類的結社是最自然、簡易的結合方式，有其長久發展的普遍性，從先秦一直到唐代，應仍是民間社會頗為普遍的組織的型態。而在其他結合關係

與目的下，所結成的私社，也仍在村、里中發展，最顯著的例子當然就屬北
朝的邑、邑義等佛教結社；換句話說，村、里中除了「里社」或「村社」之
外，當然也還存在著其他功能的私社，居民可以按其條件自由選擇，而且同
時是許多社的成員亦無不可。不過由於此時期史料尚不足以建構完整的詳
情；且在豪族勢力強大，提供、補充了許多民眾互助組織的功能，可能使得
兩晉南北朝時，這類民間組織的發展未得彰顯，這在本章的第六節再予專論。
唐代以後，各種不同的名類與功能的民間私社，開始大量活躍在民間社會，
本書的第四章，對此再作更深入的探討。

第二節　北朝時期華北的民間佛教團體

隨著佛教的流佈，佛教結社成為兩晉南北朝民間結社中最具有代表性者
〔註38〕。本節即針對北朝華北地區稱為「邑」、「邑義」、「法義」等民間佛教
組織的組織型態及其功能加以探討。此外，另有稱為「義」的組織，以實踐
佛教福田思想，從事社會救濟事業為主。

一、以造像為主要功能的「邑」

（一）北朝造像活動的空間分佈

北朝時期約莫公元五至六世紀因佛教的流布，華北造像之風盛行〔註39〕，
目前可見遺留迄今為數眾多的造像碑誌，其碑文一般可一概稱為「造像記」。
由於造像記本身的內容、結構，以及其著錄與評介論者已多，在此不再贅述
〔註40〕。這些造像記的分佈地域包括現今的河南、陝西、山東、山西、河北、

〔註38〕寧可，〈述「社邑」〉，《北京師院學報》第四十八期（北京：1985年），頁17；
又收入：氏著，《寧可史學論集》，頁444。
〔註39〕五至六世紀間華北因造像之風盛行的原因，可參見：侯旭東，《五、六世紀北
方的民眾信仰》（北京：中國社會科學出版社，1998年）。
〔註40〕塚本善隆，〈龍門石窟所見的北魏佛教〉，收入：氏著，《支那佛教史研究・北
魏篇》（東京：弘文堂，1942年），頁357～609；湯用彤，《漢魏兩晉南北朝
佛教史》（下），〈北朝造像〉節，頁509～512；佐藤智水，〈北朝造像銘考〉，
收入：劉俊文主編，《日本中青年學者論中國史》六朝隋唐卷（上海：上海古
籍出版社，1995年），頁56～115；林保堯，〈造像記文的造像像主與造像仰
為試析〉，《東方宗教研究》（一），1990年；林保堯，〈造像題名與像主尊像的
構成體式及其圖式試析〉，《藝術評論》（二）；吳杏全等，〈館藏佛教造像銘文
研究〉，《文物春秋》，1994年第一期，頁17～24；劉淑芬，〈五至六世紀華北

安徽等地，大略都在淮河、秦嶺以北；在時間上，最早的是〈北魏天賜三年（406）王銀堂造像〉，最晚的是〈北周大定元年（581）邑主高樹等二十二人造像記〉〔註41〕，按最近學者所整理收錄者，其數量共計約有一千八百件左右〔註42〕。但就整體的造像時間分布而言，按侯旭東的統計，要到公元500年，即是北魏宣武帝景明元年以後（一般咸認這是北魏進入晚期的分界），造像記的數量才驟然多了起來，在此之前，即公元406～500年的近百年間，只有一百二十七件，而單單公元500～510年就激增到八十九件，之後一直到580年，以每十年爲單位，其數量分別爲一百一十四件（510～519）、一百九十六件（520～529）、一百七十七件（530～539）、一百九十二件（540～549）、二百五十一件（550～559）、二百七十七件（560～569）、一百七十七件（570～579），而580年驟減到只有兩件。就此觀之，造像記的數量在公元520年開始有倍數的躍進，在550～570年間達到了高峰，也就是大約正好進入了是北齊、北周時代。東魏有二百五十二件，西魏有六十四件；至北齊達六百二十件，北周有一百三十四件。因此可見在時間上，按比例而言，北齊應還較東魏要盛行；在地域分布上，顯然河北、山東、河南、山西相較於陝西、甘肅、四川，具有壓倒性的多數。

　　按上述造像記數量的年代分布情形而言，似乎不易指出其起伏的原因。在太平眞君五年到正平三年（441～453）之間未有造像記的出現，可能是北魏太武帝在太平眞君年間初期的鎮壓佛教政策，以及太平眞君七年（446）的滅佛有關。但太武帝在位時期之前的造像記只有十四件，且在往後到公元470

　　　　鄉村的佛教信仰〉，《中央研究院歷史語言研究所集刊》第六十三本三分（台北：1993年），頁497～544；郝春文，〈東晉南北朝時期的佛教結社〉，《歷史研究》，1992年第一期，頁90～105；周紹良，〈隋唐以前之彌勒信仰〉，收入：湯一介主編，《中國宗教：過去與現在》（台北：淑馨出版社，1994年）、Jan Fontein, "Inscriptions on Taoist Statues."《中央研究院國際漢學會議論文集》（九）（台北：中央研究院，1981年）。對於北朝造像記的考訂、編錄與研究成果之評介，可參照：侯旭東，《五、六世紀北方的民眾信仰》，〈造像記著錄與研究的歷史回顧〉一節，頁6～16。

〔註41〕《北京圖書館藏中國歷代石刻拓本匯編》第八冊，頁212。

〔註42〕按最近之研究，如侯旭東之搜整，已有一千六零二件，但北京大學圖書館、中國科學院圖書館、魯迅博物館尚有未整理之造像拓片，其他還有河北、陝西省博物館、西安碑林等地亦有資料未發表，因此保守估計，現存五、六世紀華北之造像記應有一千八百種左右。侯旭東，《五、六世紀北方的民眾信仰》，頁5。

年間，也只有十三件，由於數量相對稀少，欲藉此比較太武帝的影響，並沒有多大意義。但造像記數量在公元 580 年左右時突然銳減，一般多會指向與北周武帝的滅佛有所關連。但北周武帝滅佛是在公元 574 年，隔年宣帝即位又下詔興佛。公元 581 年楊堅代北周，亦以興佛自任，以正法治國自許，也被尊稱爲「法輪王」〔註 43〕。唐代的僧人法琳對其時造像數目，曾提出驚人的數據：在隋文帝統治時代，曾建造金、銅、檀香、夾紵、牙、石像等大小 106,580 軀，修治故像 1,588,940 餘軀〔註 44〕。也就是說，在隋文帝以前，至少已經建造了一百五十餘萬尊佛像，這的確是一個龐大的數字〔註 45〕。因此，580 年以後造像記數量的迅速衰減，其原因令人費解，但可以肯定的是，佛教信徒造像絕非就此停頓。

再就造像流行的地域情況而言，還可先將已知紀年的造像記中所記之造像，區分成單立石像、金銅像以及石窟、摩崖來配合分析。佐藤智水的研究中所掌握的可知紀年造像記有一千三百六十件，單立石像的數量有七百二十三件佔了壓倒性的多數，在北魏時代的數量有一百八十六件，東魏、西魏以後至北朝結束，達五百三十七件，這與上述造像記總數約在公元 520 年開始大幅增多，在 550～570 年間最爲興旺的情形大致上是一致的。在地域的分布上，包括今日華北的河北、河南、山東、山西和陝西各省的數量差距不大，都有六十餘件，只有山西稍少有四十六件。〔註 46〕

而金銅佛像發展的時間相對較早，現在所發現最早的金銅佛造像是在十六國時代，北朝金銅佛造像記共有二七二件，其所顯現的時間也較石像流行較早，北魏太和年間（477～499）已有五十四件，較此時期單立石像的二十二件多出一倍以上，而雲岡石窟的造像記數量本就不多，龍門石窟則在北魏末年才開始發展。金銅佛造像記在此之後一直到北朝結束也沒間斷，其中在北齊天保年間（550～559）似另有一波高峰（二十一件）出現。在其地域的分布上，就所知的部分而言，其主要集中在今山東北部和河北省，將近七十

〔註 43〕《全上古三代秦漢三國六朝文・全隋文》卷三十五〈釋法經・上文帝書進呈眾經目錄〉。

〔註 44〕《大正新修大藏經》第五十二冊，《辯正論》卷三〈十代奉佛篇〉，頁 509 中。

〔註 45〕佐藤智水，〈北朝造像銘考〉，收入：劉俊文主編，《日本中青年學者論中國史》六朝隋唐卷，頁 57。

〔註 46〕佐藤智水，〈北朝造像銘考〉，收入：劉俊文主編，《日本中青年學者論中國史》六朝隋唐卷，頁 66、103 表 1。

件，華北其餘地方則僅有十餘件。〔註47〕

　　在石窟方面，雲岡石窟是在北魏和平年間（460～465）開鑿的，但造像記出現的時間要晚到太和七年（483），造像記共有四十餘件，但知其紀年的只有十五件，數量很少，在公元480～524年間，大致上每五年就約有一、二件，頗爲平均。龍門石窟的建造是在北魏洛陽遷都之後，在正光、孝昌年間（520～527）達到高峰，計公元495～530年間共有一百九十一件，之後一直到公元580年減爲六十九件。而從北魏末年至東西魏分立時期則數量減半，之後就一蹶不振，待唐代之後數量才稍有回昇。而鞏縣石窟寺是作爲北魏皇室專用寺廟，於六世紀初所開鑿的，但首件造像記的出現已在北魏普泰元年（531），即北魏末年內亂，皇室不再造石窟之後。此後，北魏時尚有三件，東魏有十件，西魏有三件，這十三件同時存在於公元535～540年間，可能和鞏縣處在兩種勢力的一進一退間有關。至北齊有三十九件，其中以公元550～555年間稍多，有十六件〔註48〕。大致上除了龍門石窟與鞏縣石窟寺之外，其他的石窟或摩崖迄今都還留有大量的石像，但造像記數量卻甚少。

　　這三個石窟，只有洛陽龍門石窟大量出現造像記的時間，還能配合得上整體造像記所出現的高峰時間，鞏縣石窟寺和雲岡石窟仍因可知紀年的造像記數量過少，較不具比較的意義。不過鞏縣石窟寺在東、西魏以後有明顯較多的造像記出現，還稍能與整體造像流行的時間相契合。但不論如何，這些石窟對於當時的造像風氣也有一定的帶動。在北魏的平城時期，華北大概只限於山西省北部雲岡石窟的造像，以及河北的金銅佛以及陝西渭水流域的單立石像。但隨著北魏的遷都洛陽，在雲岡石窟之後隨著洛陽龍門石窟的開鑿，使華北造像展開了新的契機，如上述龍門石窟的高峰期是在正光、孝昌年間（520～527），較整體華北造像的高峰期要早些。隨著北魏的南遷，石像供奉的形式在北魏後期波及到河南、河北、山東中部，又隨著魏的分裂散播到山東南部以及陝西。〔註49〕

〔註47〕佐藤智水，〈北朝造像銘考〉，收入：劉俊文主編，《日本中青年學者論中國史》六朝隋唐卷，頁64、66、103表1。

〔註48〕佐藤智水，〈北朝造像銘考〉，收入：劉俊文主編，《日本中青年學者論中國史》六朝隋唐卷，頁64、66、103表1。

〔註49〕山東的中南部在公元410年由五胡統治，但之後成爲南朝領地，到北魏獻文帝皇興三年（469）才納入北魏所轄領地。這個地區最早發現的石佛造像記是北魏太和七年（477）〈魏光州靈山寺塔下銘〉的團體造像記，但金銅佛造像卻更早，如〈劉宋元嘉二十八年（451）劉國之造像記〉。這表明在北魏

造像記中所見的造像活動，參與者以庶民爲主，其中個人造像佔絕大多數〔註 50〕，但也有不少是屬於團體造像。金銅佛的造像幾乎都是屬與庶民個人的造像，可能是因爲目前所見僅限於小型的金銅佛像，多是在家庭內貢奉禮拜，團體造像很少，且這類的造像記的願文都是以家族爲中心。而單立石像的造像記是數量最多者，除了個人造像之外，也多有團體造像，這類的造像多見於古寺院中，與金銅佛的情形不同，石窟或摩崖的造像在這一方面與單立石像是類似的，只是供奉佛像的地方並不是在寺院中罷了。不過鞏縣石窟寺的情形倒有幾分特殊，上述這個石窟是作爲北魏皇室專用寺廟而建造的，但據研究，在造像記中並沒有皇親、官吏的造像，僧侶的造像佔了 60%，平民造像佔 35%，這可能是北魏末年因內亂而使帝室的造像事業受挫，而漸由當地僧人和百姓以小型的小龕像來貢奉，故而今日所見主要的窟像可能爲帝室發願而建，造像記中所見便只是僧人及平民的小像了。〔註 51〕

這些情況再配合地域狀況來觀察，金銅佛造像主要以河北和山東北部爲主，這是屬於個人的造像，而單立石像造像記在河北、河南、山東、山西、陝西都有不少數量，且河南和山西更有數量突出的石窟造像記，其中都有不少團體造像情形。山東中南部在北魏孝昌年間（525～527）以後的團體造像，包括單立石像與黃石崖、千佛山摩崖像等，更成爲這個地區的特徵〔註 52〕。

統治前這一地區已見造了金銅像，其樣式並與河北的金銅像有著相同的傳統。至於陝西最早發現的造像記是〈北魏皇興五年（471）清信士京□□造像記〉，但其整體的造像記數量相當少，只有金銅佛造像記兩件，單立石像六十三件，且在北魏時期後才漸有發展。然而這一地帶與甘肅一樣是西域佛教很早就傳入的地區，絕非與佛教無緣之地。佐藤智水整理松原三郎等日本學者的看法，指出在五世紀前半葉已有當地的造像樣式，但北魏太武帝的滅佛，使佛教信徒假扮道教信徒，而建造類似道教的佛像，這與國家所主導的「帝都型」佛教造像是不同的。一直要到西魏定都長安，這種陝西的類型才消失。但拙以爲，造像的風氣與當時西域傳入時的佛教內容不可混爲一談，下文將提到佛教對民間造像的提倡，有許多成分是爲配合民眾故有的行爲習慣與觀念。佐藤智水，〈北朝造像銘考〉，收入：劉俊文主編，《日本中青年學者論中國史》六朝隋唐卷，頁 67～68。

〔註 50〕侯旭東，《五、六世紀北方的民眾信仰》，頁 94 註 1。

〔註 51〕佐藤智水，〈北朝造像銘考〉，收入：劉俊文主編，《日本中青年學者論中國史》六朝隋唐卷，頁 69～70。

〔註 52〕如黃石崖的團體造像最早見〈北魏正光四年（523）法義兄弟姊妹造像記〉，收入：《八瓊室金石補正》卷十六，頁 287。可參見：佐藤智水，〈北朝造像銘考〉，收入：劉俊文主編，《日本中青年學者論中國史》六朝隋唐卷，頁 66。

而山西省除了以北魏平城時代的雲岡石窟為代表外，北魏神龜年間（518～520）以後，其中南部的汾水流域的團體造像記也頗為流行〔註53〕。但以上所談及的地域除陝西外，幾乎都屬於東魏、北齊的領地，無怪乎其造像數量數倍勝過西魏與北周。

（二）造像團體：「邑」、「邑義」、「法義」

從造像記中，可知造像團體的名稱有許多稱為「邑」、「邑義」與「法義」，或可簡稱為「造像邑」，是以在家佛教信徒為主與僧尼所組成。就人數而言，少者僅三、四人〔註54〕，多者可上千人〔註55〕，其成員關係有合家、合族造像〔註56〕，也有單純依村落地緣關係的結合〔註57〕。但由於一般而言，個人造像外，成員有兩人以上即視為團體造像。在此定義下有許多團體造像，如兄弟或姊妹或夫妻間的造像〔註58〕，抑或少數朋友村鄰間的造像〔註59〕，其造像記中並不見稱為「邑」、「邑義」等名稱，所以是不是能視為一種組織不無疑問。因此造像記中所見，並非全部的造像團體都有這類「邑」、「邑義」的名稱〔註60〕，其差異何在，就資料而言並不易定論。而團體造像當如何辨

〔註53〕太原是這個區域的主要城市，為北齊宗室的所在地，包括慈州石窟寺和天龍山石窟寺都有奉讚統治者高氏的特徵。參見：佐藤智水，〈北朝造像銘考〉，收入：劉俊文主編，《日本中青年學者論中國史》六朝隋唐卷，頁67。

〔註54〕如〈北魏（519）越阿歡造彌勒像記〉、〈東魏（542）程榮合邑造像記〉，分別收入：《北京圖書館藏中國歷代石刻拓本匯編》第四冊，頁60；《八瓊室金石補正》第十九卷，頁112。

〔註55〕如〈北魏（504）法雅與宗那邑一千人造像碑〉，收入：《北京圖書館藏中國歷代石刻拓本匯編》第三冊，頁73～74。

〔註56〕如〈北魏武泰元年（528）李保成合家造像碑〉，收入：《北京圖書館藏中國歷代石刻拓本匯編》第三冊，頁73～74。

〔註57〕如〈東魏（542）大吳村百人造像記〉、〈東魏（549）高嶺以東諸邑義道俗造像記〉，分別收入：《八瓊室金石補正》卷十九，頁339～340；《魯迅輯校石刻手稿》第九冊，頁465。

〔註58〕如〈北齊武平三年（572）傅丑姊妹二人造像〉、〈北魏正光六年（525）□景達夫妻造像記〉，分別收入：《北京圖書館藏中國歷代石刻拓本匯編》第八冊，頁33；大村西崖，《支那美術史・雕塑篇》，頁238。

〔註59〕如〈東魏興合三年（541）趙勝習仵二人造像〉：「清信士女趙勝習仵二人敬造彌勒石像三軀。」收入：《八瓊室金石補正》卷十九，頁330。

〔註60〕如佐藤智水所收集的團體造像記有三百二十八件，其中屬於「邑」、「邑義」等組織的有二百二十九件，佔團體造像中約七成的比例。參見：氏著，〈北朝造像銘考〉，收入：劉俊文主編，《日本中青年學者論中國史》六朝隋唐卷，頁112表11。

明是否爲「邑」、「邑義」等組織，於下文再陸續作討論。

　　屬於「邑」、「邑義」之類的團體造像，各家學者所掌握的造像記，數量最多者都在二百五十件上下〔註61〕，其成員絕大部分都是由官吏、僧尼與平民所混合組成；同寺僧人或官府機構上、下級的同僚間所組成者〔註62〕，仍屬極少數，至於依附民與奴隸，則並未出現在造像記的題名中。不過單由官吏、僧尼與平民三類作爲區分，似有不夠細緻之嫌，進一步考察，每類人中又應可再分爲上、下兩個層次。在平民中有豪強與細民之別，但依造像題記無法確定哪些人爲豪強，哪些人爲細民，故而這個部分不再做進一步的區分。至於官吏與僧尼均可再細分爲上、下兩層，但據侯旭東統計指出，在一千六百零二件造像記中，下層官吏與上層僧尼的造像數目各只有十三例與九例〔註63〕，不具與其他身分造像者比較的價值，故仍簡單地分爲官吏、僧尼與平民三類。

　　根據上述的原則，按侯旭東所收錄的造像記爲依據，以每十年爲一時段，依造像記中所見這三類不同身分所組合的造像團體進行統計分析，製表如下：

表 3-1：造像團體中各類身分組成比較表

時　　間　＼　身　份	AB	AC	BC	ABC	小計
480 ～ 489		2			2
490 ～ 499		3			3
500 ～ 509	1	5			6
510 ～ 519		6	2		8
520 ～ 529	2	18		2	22
530 ～ 539	5	22	3	3	33
540 ～ 549	3	23	2	2	30

〔註61〕郝春文，〈東晉南北朝時期的佛教結社〉，《歷史研究》，1992 年第一期，頁 92 註 15；佐藤智水，〈北朝造像銘考〉，收入：劉俊文主編，《日本中青年學者論中國史》六朝隋唐卷，頁 92、112 表 11。

〔註62〕如《西魏大統六年（540）始光等邑義造像記》：「臣始光，合縣文武邑義等，仰爲皇帝陛下……爲一切眾生敬造。」收入：大村西崖，《支那美術史・雕塑篇》，頁 289。

〔註63〕侯旭東，《五、六世紀北方的民眾信仰》，頁 93。

550 〜 559	8	32	2	2	44
560 〜 569	5	29	3	3	40
570 〜 579	7	14	1	1	23
小　　計	31	154	13	52	250

說明：A：表庶民；B：表官吏；C：表僧尼。

由上表可知，由團體組織的造像以庶民與僧人的組合佔了約五分之三，其次是庶民、僧人與官吏三者共同的組合，且庶民是明顯的主角，官吏與僧人的組合數量很少，只有十三例。在時間上最早的要到北魏太和七年（483）〈邑義信士等五十四人造像記〉〔註64〕才出現，至於時間與數量的配合情形，與上述整體造像記的數量在公元520年有倍數的成長，在550〜570年間即時序進入北齊、北周之後，達到了高峰，情形是完全一致的。

團體造像中以稱為「邑」、「邑義」（「邑宜」、「邑宜」）者最為普遍，「法義」（「法儀」）則次之。「邑」在先秦時代本為郊野聚落的通稱，是一種原始、自然的地域共同體，但在此時「邑」已作為佛教團體的名稱。雖然在上文所討論北朝時期，在地方的行政區劃，或者一般民眾所表達自身的籍貫或現居地所習慣使用的名稱中，並不見「邑」一辭的使用，但在史料中仍多有「邑」字的運用，通常作為對某個固定地域的泛稱，邑里、村邑，或者固定的城邑等〔註65〕；而在當時已譯出的佛教經典中亦多可見〔註66〕。至於把「邑」當作一種佛教團體名稱者，有北魏初年譯出的《雜寶藏經》云：「爾時舍衛國，有諸佛弟子、女人作邑會，數數往至佛邊。」〔註67〕鳩摩羅什所譯的《大智度論》：「長者於後夜起辦具飲食。須達多問言：『汝有何事為欲娶婦嫁女？為

〔註64〕《北京圖書館藏中國歷代石刻拓本匯編》第三冊，頁14。

〔註65〕《魏書》卷十三〈明元密皇后杜氏傳〉：「世祖即位，……以魏郡太后所生之邑，復其調役」；《魏書》卷十六〈道武七王·羅侯傳〉：「從劉騰死後，……時宿於外，每日出遊，留連他邑」；《北齊書》卷二十一〈高季式傳〉：「山東舊賊劉盤陀、史明曜等攻劫道路，剝掠村邑，齊、兗、青、徐四州患之，歷政不能討。季式至，皆破滅之」；《北史》卷八十四〈孝行·秦榮先傳〉：「榮先亦至孝，遭父喪，哀慕不已，遂以毀卒。邑里化其孝行。」

〔註66〕如《佛說維摩詰經》卷下：「眾人有常想，照令知無常。常正使或億千，出之一邑里」；《大方廣佛華嚴經》卷十八：「菩薩摩訶薩，為求法故，為法難得故，能捨大地四海國土，大小諸城村邑丘聚，國土豐樂人民熾盛。」分別收入：《大正新修大藏經》第十四冊，頁529中；第九冊，頁512下。

〔註67〕《大正新修大藏經》第四冊，頁473下。

欲請大國王？爲是邑會何其匆匆營事乃爾？』長者答言：『我欲請佛及僧。』須達多聞佛名驚喜毛豎。」〔註68〕

上述資料的陳述，儘管佛經中有「邑會」一稱，但仍無法證明造像的佛教團體爲爲何以「邑」爲其名稱；是否因多屬地域關係的結合而來，目前亦難以得知。但實際上，究造像記中所見的造像邑，可知「邑」在此時雖已作爲一種佛教組織的名稱，但仍帶有強烈的地域意義。一般情況，「邑」指的是某一地區內以一村或某一固定地域，在家佛教信徒或其與僧尼所自願結成的佛教團體。按現代的用語，即同鄉信仰佛教者的合伙造像團體〔註69〕。這類組織通常都是在最自然、原始的「原群」（地域或血緣）的關係上，再加上佛教信仰來連繫彼此而成團體。由此可見這時的村落已是「複群」的社會，村民彼此除了同宗族的血緣或同一居住地的地緣關係之外，尚有不同的關係可以再進一步連結彼此，佛教的信仰在這個時候也很明顯地扮演了這個角色。

（三）「合邑」是造像團體成員的稱呼

對於造像團體的名稱，通常都是在造像記中視其如何稱呼自己這個團體，以及題名中團體成員的稱謂。前者最常見的是「合邑」，如「自眞儀隱影蒼生懷感然佛弟子合邑人等共相率化……敬造石像一區」〔註70〕、「佛弟子合邑四十人等……建四面天宮神像一區」〔註71〕、「合邑十五人等……敬造釋迦石像一區」〔註72〕。所謂「合邑」，有許多學者不察，仍只將「邑」視爲某個固定地域的概念，而把「合邑」籠統地認爲是某些不同地域信徒的結合，或者是由許多「邑」所共同組成的團體。「合」的意思是指團體上下成員的總稱，例如上述的「合邑人等」，或「願家口平安，敬造彌勒像一區，合家大小一心供養」〔註73〕，「合家」即是指全家大小；或「臣始光，合縣文武邑義

〔註68〕 《大正新修大藏經》第二十五冊，頁 732 中。

〔註69〕 李文生，〈龍門石窟佛社研究〉，《歷史文物雙月刊》六卷二期（台北：1996年），頁 7。

〔註70〕 〈西魏大統十三年（547）陳神姜等造像記〉，收入：《北京圖書館藏中國歷代石刻拓本匯編》第六冊，頁 11～14。

〔註71〕 〈西魏大統四年（538）合邑四十人造像記〉，收入：《北京圖書館藏中國歷代石刻拓本匯編》第六冊，頁 6。

〔註72〕 〈北齊天統四年（568）合邑十五人造像記〉，收入：《北京圖書館藏中國歷代石刻拓本匯編》第七冊，頁 195。

〔註73〕 〈北魏皇興二年（468）郭巨造像記〉，收入：大村西崖，《支那美術史・雕塑篇》，頁 184。

等……爲一切眾生敬造」〔註74〕，「合縣文武邑義」可見是指全縣文武官員所組成的邑義團體，再如「并州樂平郡石艾縣安鹿交村邑義王法現，合二十四人等，既發宏願，造石室一堀」〔註75〕其「合」乃「共」之義。因此大多數的「邑」團體都會史用「合邑」來稱呼其所有成員，其義當如〈北齊天統二年（566）劉僧儒造像記〉中所言之「同邑三十餘人敬造……」〔註76〕。復次，由以上的討論，亦可知「邑」或「邑義」等，除了作爲團體的名稱之外，亦是團體成員的稱謂以及團體成員的總稱。

　　除了記文中「合邑」或「同邑」等稱呼之外，還可以成員的稱謂來判明是否是屬於「邑」的組織。「邑主朱曇思、朱僧利一百人等……敬造寶塔一軀」、「都邑主董洪達……率邑徒四十人等……敬寫靈儀」〔註77〕、「道俗邑人爲國興福……敬造□□大像一區」〔註78〕，或「道俗二十七人共造像一區……邑子史興宗」〔註79〕，或「清信士合道俗九十人等……造石像一區……」，其記文中雖未見「邑」的稱謂，但其題名中有開光明主、邑母、比邱、邑子、都維那、邑師等〔註80〕，這一類的團體我們都可以視爲「邑」。如〈北齊天保元年（550）張龍伯兄弟造像記〉：「佛弟子張龍伯兄弟爲亡父母敬造石像六勘。」〔註81〕單看此記文，很容易就會認定是兄弟倆的造像，但最後的題名竟達二十人，有些題名看得出來是張氏兄弟的親屬，有些卻似乎毫無關係，或許是其姻親。因爲記文中除了造像之外，不見有進行其他如齋會之類的活

〔註74〕〈西魏大統六年（540）臣始光造像記〉，收入：大村西崖，《支那美術史・雕塑篇》，頁289。

〔註75〕〈北齊河清二年（563）阿鹿交村七十人等造石窟記〉，收入：《北京圖書館藏中國歷代石刻拓本匯編》第七冊，頁124。

〔註76〕《北京圖書館藏中國歷代石刻拓本匯編》第七冊，頁176；大村西崖，《支那美術史・雕塑篇》，頁336。

〔註77〕〈北齊武平元年（570）大都邑主董洪達等造像記〉略云：「是以大都邑主董達率邑徒四十人等，……敬寫靈儀。」《北京圖書館藏中國歷代石刻拓本匯編》第八冊，頁2；大村西崖，《支那美術史・雕塑篇》，頁343～344；《全上古三代秦漢三國六朝文・全北齊文》卷九〈闕名・銘〉。

〔註78〕〈北齊天統五年（569）道俗邑人造像記〉，收入：《北京圖書館藏中國歷代石刻拓本匯編》第七冊，頁拓199。

〔註79〕〈北魏正光五年（524）趙某道俗二十七人造像記〉，收入：《北京圖書館藏中國歷代石刻拓本匯編》第四冊，頁176；《八瓊室金石補正》卷十三，頁254。

〔註80〕〈東魏武定元年（543）道俗九十人等造像記〉，收入：《北京圖書館藏中國歷代石刻拓本匯編》第六冊，頁95；《八瓊室金石補正》卷十九，頁341～342。

〔註81〕《八瓊室金石補正》卷二十，頁351。

動，所以題名記中的那些人很有可能是張氏兄弟找來共同出資造像的。更重要的是，在題名中有二人加了「邑子」的稱謂，以及另有「光明主」一人，因此我們就可以把此造像團體視爲「邑」的組織。再參照其他類似的例子，或許在當時許多人的概念中，民間的造像團體幾乎就是所謂的「邑」。

相同的情形，如「邑義七十人等敬造盧舍那像一軀」〔註82〕、「帝王元氏法義三十五人等敬造彌勒像一軀」〔註83〕，即可視爲屬於「邑義」、「法義」的組織。

（四）「邑義」與「法義」成員具有結義的關係

至於「邑義」與「法義」，與「邑」同是民間的佛教結社。山崎宏指出，「法義」的「法」，即佛法之意，而「義」是指結義，而所謂「邑義」則是「邑的法義」。「邑」、「邑義」、「法義」等組織，通常進行營造佛像、窟院，或舉行齋會、寫經、誦經等行事，特別是爲造像、設齋等出資的組合〔註84〕。按其解釋，可知「邑義」與「法義」多了「義」字，乃是其成員具有結義的關係。

在東晉南北朝，民間的佛教結社從創立開始時就要許下隆重的願望和面對佛像所發的誓言。如〈北周王妙暉等造像記〉中云：「邑子五十人等，宿樹蘭柯，同蒞明世，爰托鄉親，義存香火」；〈北齊天保元年（550）邑義僧哲等造像記〉、〈北齊天保元年（550）僧通等八十人合邑造像記〉〔註85〕，稱「邑內大小」爲「香火因緣」。「香火」一詞在魏晉南北朝時常指結義、結盟，而有的邑義則更直接稱爲「香火邑義」，如〈北魏比丘尼惠澄造像記〉中有「香火邑義」一辭。即使在東晉南朝中國南方開始發展的淨土佛會，如其始祖慧遠與名士所組成的廬山教團，他們也是在「般若台精舍阿彌陀像前，率以香華，敬荐而誓焉。」〔註86〕而《高僧傳》卷七〈釋超進傳〉略云：「邑野僧尼及清信男女。並結菩薩因緣，伏膺戒範。」〔註87〕「菩薩因緣」應同於「香

〔註82〕〈北齊皇建二年（561）邑義七十人等造像記〉，收入：《北京圖書館藏中國歷代石刻拓本匯編》第七冊，頁107。

〔註83〕〈北魏正光七年（526）元氏法義造像記〉，收入：《八瓊室金石補正》卷十六，頁90。

〔註84〕山崎宏，《支那中世佛教の展開》第四章〈隋唐時代に於ける義邑及び法社〉（東京：清水書店，1942年），頁767～768。

〔註85〕《北京圖書館藏中國歷代石刻拓本匯編》第七冊，頁1、3。

〔註86〕《大正新修大藏經》第五十五冊，《出三藏記集》卷十五〈慧遠法師傳〉，頁109下。

〔註87〕《大正新修大藏經》第五十冊，頁374中。

火因緣」之意。可見於佛像前焚香共祈，使成員間比此成為結義的關係，是此時期佛教結社的一種主要組織方式。

謝和耐也以敦煌寫本 P.1289 中所記梁武帝在「無遮大會」的發願為例，梁武帝為其以故的父母、兄弟和所有親屬發願，願意以自身在地獄取代那些不能忍受地獄之苦的人，並希望有勇敢的人能追隨他，「無分別財共成一物」，或「一共、一會、一心、一意」。他最終的心意，是希望透過主人自我施身便可以確保其所轄全體民眾之福，其做法就是把所有人都結合成一體。而在隆重的的發願後，成員都以「結友」或甚至於是一種親屬關係而相結合，而每個人經過這種發願結合所欲得到的目的，就是其所必須繳納的資金。就如同華北的造像邑「邑義」、「法義」，其成員經在佛像前的焚香盟誓，並許願造像後，造像所分攤的費用就成了每個成員的義務，甚至在中唐以後敦煌的社邑文書中，還多可見結社的每一分子，必須保證共同分擔今後降臨到其成員頭上的禍福。這種結合關係，大大超過了近代社會中出於友誼關係的義務。〔註88〕

「義」字作為結義之意涵，在六世紀所流行的佛教經典所撰的《像法決疑經》中或可找到其依據。它勸佛教徒視一切眾生為自己的眷屬——父母、妻子、兄弟、姊妹，「以是義故」而加以濟助的觀念：〔註89〕

> 未來世諸惡起時，一切道俗應當修學大慈大悲，忍受他惱，應作是念：一切眾生無始以來是我父母，一切眾生無始以來皆是我之兄弟姊妹妻子眷屬，以是義故，於一切眾生慈悲憫念隨力救濟。

《像法決疑經》等佛教經典，將一切眾生視同自己的眷屬，而彼此先建立義兄弟義姊妹的結義關係，結義可能受到類似經典的啟發。有許多「邑義」、「法義」造像之外，進一步發揮了視眾生如兄弟姊妹的觀念，除了造像之外並進行公共建設的種福田事業，這也是「義」的行為，但其對像是廣大的眾生，在造像記中並不見團體內成員因結義而彼此濟助的記載，此點仍須特別留意。要到隋代李阿昌等二十家組織邑義，「合為仲契，每月設齋，吉凶相逮」〔註90〕，才可看到成員喪葬互助的例子。但其組織似以不是佛像前的「香火盟誓」，而是「合為仲契」，類似唐中期以後敦煌社邑中，類似成員於社條上

〔註88〕謝和耐，《中國五至十世紀的寺院經濟》（台北：商鼎文化出版社，1994 年），頁 334～335。

〔註89〕《佛說像法決疑經》，收入：《大正新修大藏經》第八十五冊，頁 1338 上。

〔註90〕《石刻史料新編》第二十一冊，《隴右金石錄》卷一〈隋李阿昌造像碑〉，頁 54。

簽字的契約關係。

在一些造像記中有些「邑義」稱爲「邑宜」、「邑儀」,「法義」稱爲「法儀」,如〈北永平三年(510)邑主魏僧通等二十三人造彌勒像記〉,文云:「邑子等二十三人上爲七世父母、所生父母、邑宜兄弟敬造彌勒像一軀」,稱爲「邑宜」;《北魏神龜三年(520)邑主趙阿歡等三十五人造彌勒像記》,文云:「邑儀兄弟道根扶疏,普外增萬善,置待龍花之期緣知識」,稱爲「邑儀」;至於「法儀」如〈北魏神龜二年(519)崔勤造像記〉云:「法儀兄弟二十五人」。「義」、「儀」、「宜」二者乃古今字,是可通用的〔註91〕。所以「邑宜」、「邑儀」也就是「邑義」;「法儀」同於「法義」。

(五)邑、邑義與法義的差別:結義的程度——法義>邑義>邑

那麼「邑」、「邑義」與「法義」有在性質與功能上有何差別呢?「邑」與「邑義」兩者除了在造像記中有「合邑人等」或「諸邑義人等」這一類的區別外,似乎不存在區別界線,兩者的成員都可以稱爲「邑子」、「邑人」等,其組織幹部也都是「邑師」、「邑主」、「維那」、「齋主」等,兩者造像之外也都由從事公共建設的例子,如〈東魏興和四年(542)李氏合邑造像記〉〔註92〕是「邑」組織進行造像兼栽義樹、掘義井;而〈東魏武定七年(549)高嶺以東諸邑義道俗造像記〉則是「邑義」組織造像外並「平治道路」。所以「邑義」應該也是屬於「邑」組織的一分子,其分野可能在於「邑義」較有強調成員間結義的關係。上述山崎宏指出「邑義」是「邑」的「法義」,此一解釋恐會令人對這三種名稱的概念產生混淆。「法義」的「法」是佛法,義是指「結義」,山崎宏如此解釋應無疑義,本書所收集的十七件法義造像記中(見下文表 3-2),可見法義團體成員幾乎彼此都以兄弟姊妹相稱,很明顯的就是屬於結義的團體,題名記中成員不稱「邑子」或「邑人」,而逕稱爲「法義」或直書姓名,其功能也是造像且有兼行公共建設之例。因此所謂「邑義」是

〔註91〕 「義」,古人亦寫作「宜」、「儀」,三者通用。「義」,同「宜」。《禮記·中庸》:「義者,宜也。」唐代韓愈著《原道》稱:「行而宜之,謂義也。」二者通用。「儀」,古人本作「義」,《周禮·春官·肆師》:「凡國之大事,治其禮儀。」鄭玄注:「鄭司農(眾)云:『古者儀但爲義』。」故《周虢禾(叔)旅鐘銘》:「皇考威義,克御於天子。」相關闡釋可參見:李文生,〈龍門石窟佛社研究〉,《歷史文物雙月刊》六卷二期(台北:1996 年),頁 7。

〔註92〕 《北京圖書館藏中國歷代石刻拓本匯編》第六冊,頁 90;大村西崖,《支那美術史·雕塑篇》,頁 274。

「邑」的「法義」，山崎宏所域指出者應是「邑義」是「邑」的組織中有像「法義」這種結義關係的組織。

由以上討論，大概可以對「邑」、「邑義」、「法義」描繪出一個大致的輪廓：究其功能而言，「邑義」、「法義」應都是屬於「邑」的一分子，我們可以將其三者概稱為「造像邑」；但就成員關係而言，「邑義」較「邑」成員間多具備了結義的色彩，但其界線就造像記中所載觀之，是相當模糊的；而「法義」就是相當明確的結義組織。所以若按結義強度的多寡排列，應即是「邑」、「邑義」與「法義」，越後者程度越高。而所謂結義應是成員間有經過香火盟誓的過程，是不是「邑義」的盟誓過程較「法義」為簡便，抑或未經盟誓而只是成員間有直接的認定，還須再進一步的探究。

以下表 3-2 針對十七件較完整的「法義」造像記進行考察，共有八個項目，「年代」所列者為造像記中所載的造像紀年；「造像情形」則是造像記中所列該團體所造之像；「幹部與成員」中，列出組織幹部的稱謂，標示為「成員」者，乃指該題名記中一般成員的題名是直書其姓名；有的造像記中有說明成員間出資的辦法，則列於「出資情形」一項。

表 3-2：法義造像一覽表

序號	年　　代	西元	團體稱謂	造像情形	幹部與成員	祈願對象	出資情形	出　　處
1	北魏神龜二年	519	法儀兄弟二十五人	石像一軀侍菩薩二軀	像主 1 人成員 25 人	皇帝陛下三公主司居家眷屬	像主崔勤削減身資用錢 9000其餘成員用錢 100裁佛金色	拓 4071瓊15277-15278
2	北魏正光四年	523	法義兄弟姊妹等	石窟像二十四軀	維那主 3 人成員 21 人	為成就摩石提記		拓 4147瓊 16287
3	北魏正光五年	524	道俗法義兄弟姊妹一百人	彌勒像一軀	比邱 15 人成員 75 人			拓 4171瓊 16289
4	北魏正光六年	525	法義等十七人	石像一軀	成員 17 人			石刻史料新編3.27.413
5	北魏孝昌二年	526	帝主元氏法義兄弟三十五人	彌勒像一軀	都維那 4 人維那 2 人比邱 2 人成員 34 人	四思三有法界眾生願值彌勒		瓊 16287

6	北魏孝昌三年	527	法義兄弟一百餘人	石窟雕龕靈像	都維那2人 比邱5人 成員8人	帝　王 法界群生 師僧父母 居家眷屬		拓5067-5068 瓊16287-16288
7	北魏孝昌三年	527	法義九十人等	塔一堰	塔主2人 施地主1人 成員62人	七世父母 現存眷屬		拓5065 山東金石志
8	北魏永熙三年	534	法義兄弟兩百人等	尊像一軀 侍菩薩二軀	比丘10人 維那7人 成員92人	皇帝陛下 七世父母	減割□財	石刻史料新編2.11.8052
9	北魏永熙三年	534	法義兄弟姊妹一百五十人等	彌勒像一區	比丘4 維那2 另僧侶5人 成員94 像主若干人	皇帝陛下 州郡令長 七世父母 居家眷屬		拓5194 雕240
10	東魏元象元年	538	法儀六十人等	釋迦像一區	大齋主1人 法儀2人	皇帝主 師僧父母 法界眾生		拓6048 雕256
11	東魏武定七年	549	高嶺以東諸村邑儀道俗等……共相契約，建立法儀	造像一區	沙門都僧觀曇高供養 比丘9人 成員33人	皇帝陛下 勃海大王 累級師僧 七世父母 現存眷屬		雕274 金石續編2
12	北齊天保二年	551	（村人）法義十七人等	造像一區	道人3人 成員16人	皇帝陛下 邊地眾生		雕315
13	北齊天保八年	557	法儀兄弟八十人等	妙塔一區	維那5人 塔主1人 施石人1人 成員52人	為皇永隆 邊方寧太 居眷三 有之徒	各減家珍	拓7057 雕321
14	北齊天保八年	557	法儀三十二人等	盧舍那石像一軀	維那主3人	皇帝陛下 州郡令長 師僧父母 居家眷屬 一切眾生		石刻史料新編3.27.579
15	北齊河清元年	562	法儀百餘人等	定光像一軀		天下禾豐 含生向□ 咸盡三毒		瓊21382
16	北齊天統元年	565	法義優婆姨等	婆羅像一軀	維那2人 法儀36人	皇　帝 師僧父母 居　眷	捨割資珍	拓7157-7158 雕335

| 17 | 北齊天統四年 | 568 | 信士法義二十餘人 | 彌勒像一軀 | | 皇祚永延七世父母現世□□ | | 拓 7194 |

說明：1.《北京圖書館藏中國歷代石刻拓本匯編》簡稱「拓」；《八瓊室金石補正》簡稱「瓊」；
　　　《支那美術史・雕塑篇》簡稱「雕」。
　　　2. 拓 4071 爲第四冊 71 頁；瓊 15277 爲十五卷 277 頁；雕 256 爲 256 頁；石刻史料新
　　　編 2.11.8052 爲第二輯第十一冊 8052 頁；餘類推。
　　　3. 第一件爲〈崔勤造像記〉；第三件爲〈道充造像記〉或〈新城成買等造像記〉；第九
　　　件爲〈比丘惠輔等造像記〉；第十一件爲〈高嶺以東諸邑義道俗造像記〉。

由上表可知「法義」出現的時間要較「邑」、「邑義」等爲晚，在西元 519 年才見到第一例「法義」的造像記。而共十七例的法義造像記中，分列於北魏、東魏與北齊，未見有西魏和北周的例子。至於「法義」所表現的信仰內涵，包括祈願對象與造像種類，則無明顯特定的趨向；祈願對象各例無特別出入，而造像種類則頗不一致。至於「法義」的成員與組織，「法義」造像記中多會以法義兄弟（姊妹）稱呼整個團體的成員，而在題名中對於其成員除了第十、十六二例在成員姓名上冠上法義、法儀外，其他大多數都是直書成員姓名，這個部分與「邑」、「邑義」等組織其成原多冠以邑子、邑人之稱呼，有明顯的不同。這可能是由於法義的成員都經過結義的盟誓，彼此都是兄弟姊妹的關係，所以一般成員不再另加稱謂，即使有也直接冠上法義、法儀之稱，而法義、法儀本也就是結義兄弟姊妹之義。而「法義」的組織中，除了按出資多寡的關係，而由出資較多的人做爲像主、塔主等，有一些成員必須擔任組織幹部，如都維那、維那、齋主等，這些都與邑、邑義如出一轍；不過「法義」的幹部數量相對較少，組織也較簡單，幹部的稱謂也較單純，甚至連邑、邑義常見的首領名稱，如「都邑主」、「邑主」等，在也未在法義中見到類似的稱謂，這也是「法義」較特殊的地方。不過包括「法義」未見於西魏、北周，以及組織、幹部稱謂也相對較簡單、單純等，較「邑」、「邑義」特殊之處，仍需留意是不是因爲「法義」材料相對鮮少使然。

　　上表十七個「法義」的例子中，每一例均有造像，可見如同「邑」、「邑義」一般，主要功能仍是團體成員共團出資造像的結合。上表第八、十三、十六這三例，都有提到由成員各出資財，可能還是如同一般團體造像的情形，由個人的慷慨程度決定其多寡。但所謂個人慷慨的程度，也可能不會有很大的彈性。如上表第一件本爲〈崔勤造像記〉，記錄崔勤出資九千造一佛二侍菩薩，爲皇帝陛下、三公主司、居家眷屬祈願，並可能因爲獻媚，或請託，或

交情，而在造像記之首先題上其族人崔鴻、崔鸞、崔鷗之官銜，單由此觀之，當可視爲一般的個人造像。但在該碑的碑側卻又記錄「法儀兄弟二十五人各錢一百裁佛金色」，隨後記上二十五人姓名，之後仍有「像主崔勤」字樣。很有可能是由崔勤造像，並由其組織法義爲佛像上金身。但若仔細思量，崔勤既已能出錢九千，再找二十五人各出錢一百湊錢二千五百，頗不合情理；且法義題名中均直書姓名，未見幹部之銜；因此很有可能是崔勤本爲此法義中之一員，其他的成員在崔勤造像時予以贊助，因此在此碑誌中，崔勤爲當然的像主，而其他法義成員也因贊助而獲題名。這些法義成員的出資也不是隨意捐獻，而是各出錢一百，這有可能是事先大夥兒一起說定的。

在上表第十三例的造像記正中央處有一佛龕將題名隔斷，內坐佛像三尊，佛龕上題「淳于猛造像一摳」，而在造像記中第十二行可見淳于猛之題名，他是一般成員，只是該拓片無法顯示該法義所造之佛塔是否還有其他類似的佛龕；淳于猛很有可能是多出資金，或是「認養」此一佛龕而獲類似「像主」的功德。在該造像記最後還有「施石人劉永固」的題名，其名未列於該法義的成員中，可能是因捐獻而獲題名。

「法義」除了造像之外，可能也有進行其他活動。如表 3-2 第十例有大齋主一職，應是另設有齋會。較特別的是第十一例，由「高嶺以東諸村邑儀道俗」再「共相契約，建立法儀」，除了造像之外，還修治道路，這是屬於當時民間佛教團體，從事地方公共建設的明例。進行類似事業的，也不限於「法義」，包括「義」、「邑義」等團體皆然，這一部分在下一節中將續有討論。而在隋代，僧人釋普安，看到「年常二社，血祀者多。周行救贖，勸修法義。不殺生邑，爲數不少。」〔註93〕他勸世人組織「法義」，可能是進行免於殺牲的齋會，來代替春、秋二社的血祠之祈，顯示「法義」的功能應不單只是造像，多半還設齋會。

在目前所蒐集到的「法義」造像記中，除了團體成員的稱呼與「邑」、「邑義」等不同外，其他如造像信仰、祈願對象、組織型態、功能等，則兩者幾乎無異；且相較之下，「法義」造像記的數量實在少得多，因此仍可將「法義」視爲北朝民間佛教組織「造像邑」的一分子，在造像記中所見也多是出資造像的結合。但「法義」在成員結義的關係上，較「邑」、「邑義」等更進一步，

〔註93〕《大正新修大藏經》第五十冊，《續高僧傳》卷二十七〈釋普安傳〉，頁 682
上。

這也反應了團體成員的稱呼與「邑」、「邑義」有明顯的不同。「法義」的特色是團體成員有明確的結義關係，以兄弟姊妹相稱，這可能較「邑義」有更嚴謹的結義儀式或過程。上表第十一例由「邑儀道俗」再「共相契約」結成法義便是明證。

至於北朝邑、邑義、法義等造像邑的運作，可以概分為兩類。第一種類型的造像邑最主要的功能僅在於造像或建塔（浮圖）、修建僧寺、造石室、造石經等〔註94〕，這些往往都是「一次性」的活動，而且其組合常常只是「金錢」的參與。這類團體修建任務達成後，可能就解散了。第二種類型的造像邑，組織存在的時間較長，如〈北魏邑主孫道務等合邑二百人造像記〉〔註95〕，顯示這個團體始於太和七年（483），至景明三年（502）年，至少維持了十八年；又〈北魏夫蒙氏合邑造像記〉〔註96〕的題名中，有亡邑主、亡維那、亡邑子等七人的題名，從組織到完成造像就已有七人亡故，說明其維持的時間應當不短。能維持較長時間的原因，除了因造像過程發生困難而拖延之外，便是還有一些造像以外延伸的功能，這可延長組織運作的時間，甚至成為一種常設性的組織。這些需要常期進行的活動，主要是設齋及供養佛像。在諸多造像記中，有二十多個造像邑設有「齋主」一職，表示可能有從事一次性的齋會，即隨著造像的完成，舉行慶祝齋會後就解散了；但在一些題名記中有「八關齋主」一職，「八關齋」是又稱「八關齋戒」，乃是要信徒奉持不殺、不盜等八戒和「過中不食」的一種修鍊方式。由於「八關齋」需要長期奉持，所以這些社當不會在造像後就結束〔註97〕，如〈北魏（520）錡雙胡二十人等造像記〉〔註98〕即表明供養所造石像，須「隨時不厭」，可見其成立的目的可能不只是為了造像，而且還得供養所造之像，而佛像安置之處，通常也就成了該團體舉行奉佛活動的場所。除了齋會與供養活動之外，下文將論及的，某些造像邑還有從事種福田事業中的公共建設者，這些團體的存在時間當然也會拉長。

（六）北朝造像邑的組織

魏晉南北朝時期，「社」與「邑」是專有所指、嚴格區分的，造像邑與自

〔註94〕郝春文，〈東晉南北朝時期的佛教結社〉，《歷史研究》，1992年第一期，頁94。

〔註95〕《北京圖書館藏中國歷代石刻拓本匯編》第三冊，頁54。

〔註96〕《北京圖書館藏中國歷代石刻拓本匯編》第五冊，頁179～182。

〔註97〕郝春文，〈東晉南北朝時期的佛教結社〉，《歷史研究》，1992年第一期，頁95。

〔註98〕《北京圖書館藏中國歷代石刻拓本匯編》第四冊，頁79。

漢代里社所持續發展下來的里、村社等，以祈農報功的春、秋二社爲主要功能的「社」，在組織上是分屬兩個不同系統的，如上文所揭晉代《當利里社碑》中，領導人有社老、社掾、社史、社正，而造像邑中除少數有邑老這類的名譽首領之外，造像記中出現最多的邑主、維那、像主等名稱，也顯然完全不同於「社」組織；再如「社」的份子稱爲「社民」，而造像邑中成員則無「邑民」之類的稱呼，可見兩者有著不同的組織系統。此外，即使在同一時期，於江南屬於淨土法門的民間佛教團體，在史料中尚未有統一具體的稱呼，本書第四節的討論中將之稱爲「佛會」，也不稱「邑」或「社」，也有著與社、邑不同的組織型態。所以在此時期，貿然地把北朝華北的佛教團體，以唐代以後，對民間團體所習稱的「社邑」作爲名稱，恐不符於實情。那波利貞對唐代社邑的研究中，就一直堅持區別兩種類型的社：其一是眞正中國式的；其二是佛教式的〔註99〕。應該即是以北朝社、邑有別的脈絡發展而來。

　　瞭解「社」與「邑」有其不同的意函，〈北齊天保三年（525）邑社曹思等石像之碑〉〔註100〕是相當珍貴的史料，因爲在此時期，「社」與「邑」原則上是不連稱的，而此團體稱爲「社邑」相當罕見。此碑乃曹思等人在懷州河內郡野王縣廣福寺建造石像時所立，其願文和題名均已不全。除了造像之外，碑文第十一行記「□□二、八血祠之祈，專崇法社減膳之□」，可見該社是集眾造像兼行傳統的春、秋二社，因爲造像等佛事爲主要功能。該碑碑陰與碑側的題名可見「邑師父」一人、「廣福寺主」一人、「座比丘尼」上二人、「比丘尼」十一人、「清信女」二人、「邑主」一人、「都維那」一人、「邑老」四人、「邑子」二十三人，另直書將軍號或官職者有十七人，官吏妻子二人，因碑文殘缺只稱邑子但身份不明者有七人。由於碑陽已有「邑社宋顯伯等四十餘人」，當是僧尼與清信女等十八人不在邑社成員之數，因爲光是邑子、邑老、邑主及直書官名者與其眷屬和可能殘缺的人數就已超過四十人了。

〔註99〕那波利貞，〈唐代の社邑に就きて〉，《史林》二十三卷二、三、四期（東京：1938年），頁15～57、71～110、93～157；那波利貞，〈佛教信仰に基きて組織せら中晚唐五代時代の社邑に就きて〉，《史林》二十四卷三、四期（東京：1939年），頁1～72、81～122。

〔註100〕碑文見：《北京圖書館藏中國歷代石刻拓本匯編》第七冊，頁16～18所收之拓片；王昶，《金石萃編》卷二所載錄文。《金石萃編》的錄文有誤錄之處，可由拓片加以訂正。郝春文，〈兩晉南北朝時期的法社〉，《北京師範學院學報》，1992年第一期，頁95～97將碑文予以過錄，經與原出處比對後應無誤錄，故本書採郝氏之錄文爲行文立論之依據。

由於題名記中在職者為官之地以懷州管內居多，也有在他州為官者，如洛陽令與高陽戍主即是；社邑成員的籍貫也分在河內、南陽、太原、趙郡、武威等郡。從這些官品有高下，為官地不同，身分相差懸殊，籍貫也不一樣之人結為一社，唯一的共同點只能是他們同住在野王縣的某一里（村）內。野王縣是河內郡郡治所在，一里當不只四十餘人，所以這個社邑很可能沒有包括全體居民，只是該里的一部分居民的結合。其原本的性質應該是屬於里、村社，但可能受到廣福寺等僧侶的影響，而使這個組織的性質改變了。題記中的組織成員並非如上文所揭的晉代〈當利里社碑〉稱為社民，而是邑子、邑老等，顯示已是以造像為主兼行祭社的民間佛教團體，按此即應當視為「邑」的組織。而此「邑」也能呼應上文所述，「邑」是同鄉信仰佛教者的合伙造像團體。這個組織成了佛教團體，但仍持續進行春、秋二社祈農報功的活動，但已受到佛法教化的影響，而改變原來殺牲祭社的「血祀之祈」，而改以佛教的「法社齋」來代替〔註101〕。這也顯示了自漢代里、社分離後，民眾的信仰有了較寬廣、較活潑的表現，傳統的祭社活動不再由政府組織與主持，由地域民眾自由結合，並在佛教教義影響下，有異於以往的祭社方式。當然最值得特別留意的還是這個組織名為「邑社」，當是其功能包括了奉佛活動（造像）與春、秋二社兩項，才能「邑」與「社」合稱。

北朝造像邑雖有別於傳統「社」的組織系統，但此系統相對上算是較為鬆散的，這可由成員與領導者的名稱繁多，且無定制可循來反映。針對於此，郝春文於〈東晉南北朝佛社首領考略〉一文中，已有相當縝密的論述〔註102〕。但為求行文的完整與周密，茲將郝氏之說加以整理，並旁採其他學者之相關論述，說明於后。

按郝氏文中「東晉南北朝佛社首領名稱一覽表」，將領導人之名稱，分類為邑主、維那、化主、邑師、香火、典座（典錄）、齋主、像主、光明主、塔龕主、邑中正、其他等十二類〔註103〕。這些領導人名稱，有出自於僧官者，

〔註101〕關於碑文中「□□二、八血祀之祈，專崇法社減膳之□」，所列之「法社」，本書認為是一種佛教的、不殺牲的齋會，而不是如日本學者山崎宏所指的，流行於江南的奉佛團體組織。在本章第四節會有詳細的說明。

〔註102〕郝春文，〈東晉南北朝佛社首領考略〉，《北京師範學院學報》，1991年第三期，頁49～58。

〔註103〕參見郝春文所整理之「東晉南北朝佛社首領名稱一覽表」，收入：氏著，〈東晉南北朝佛社首領考略〉，《北京師範學院學報》，1991年第三期，頁58。

如邑主乃源於寺院的寺主〔註104〕，維那直接來自僧官的維那，邑師則源於寺院中的法師；也有出於世俗官職者，如邑中正等。若按領導人的職司實務來區分，還可分爲兩類，如像主、光明主、塔龕主等功德主，嚴格來說，他們並不能算是佛社的實際領導者或幹部，只是在團體成員中，於造像、建塔等奉佛活動中，出資多少的標誌；另一類，則是如邑主、維那等，實際負責團體事務的領導人。

在諸造像記中出現次數較多的，有邑主、維那、化主、邑師、像（塔）主、齋主等。「邑主」源於寺院中的寺主，在組織中的地位頗高。在造像記中，除了邑師之外，邑主的題名都在一般的首領之前，題名發願文也常由邑主作爲佛社的代表，如〈北齊武平三年（572）曇禪師等五十人造像記〉〔註105〕，雖然在題名中依次有邑主、禪房主、比丘、維那、邑人等名類，但在發願文中，卻只提到了邑主曇禪師一人而已，反映出其在團體中的地位和作用。但需留意的是，在許多情況下，邑主雖是代表職，但在題名中卻未必一定排在最前頭，如邑師、化主、像主等仍多有名列邑主之前的情形，這與推崇寺院地位較高的僧人，或者出資較多的成員有關；有時甚至邑主還會名列於通常作爲副手的維那之後，如〈西魏大統十三年（547）杜照賢等造像記〉〔註106〕中，題名在最前的是是大邑主杜照賢，發願文中也只題到杜照賢和大都維那杜慧進，都邑主的題名還在大都維那之後，而邑主的題名則到了石碑的側面。一般的情形，大都邑主大於都邑主，都邑主又大於邑主，這樣的關係，在邑

〔註104〕 在西晉時，佛教寺院內已有寺主一職。在北朝的造像邑中，甚至將邑主稱爲寺邑主，如〈西魏（537或538）宋法進等合邑造像記〉的題名中有「寺邑主伏波將軍南陽新野二郡太守趙文榮、寺邑主伏波將軍國子博士南陽太守固城都鑒軍張□宇恩達」，可反映奉佛團體與寺院的所屬關係，也透露了邑主的淵源。甚至還有造像邑將邑主稱爲寺主者，如〈北齊天統五年（569）道俗邑人造像記〉，題名有「寺主平昌令宋安宗、寺主□州刺史宋單安舍、寺主安國令宋安集、寺主趙郡太首趙領宗、寺主畢丘僧法、寺主外兵參軍宋景和」，這些寺主多是俗人，寺主應是寺邑主的略稱。上引兩件文書，收入：大村西崖，《支那美術史‧雕塑篇》，頁286～288、341；北京圖書館藏中國歷代石刻拓本匯編》第七冊，頁199。關於佛教寺院僧官之研究，可參見：謝重光，〈晉唐僧官制度考略〉，收入：何茲全編，《五十年來漢唐佛教寺院經濟研究（1934～1984）》（北京：北京師範大學出版社，1986年）。

〔註105〕 《北京圖書館藏中國歷代石刻拓本匯編》第八冊，頁43～44；大村西崖，《支那美術史‧雕塑篇》，頁348～349。

〔註106〕 《北京圖書館藏中國歷代石刻拓本匯編》第六冊，頁15～18；大村西崖，《支那美術史‧雕塑篇》，頁291。

師、維那的系統中也是如此。

　　「邑師」可以說是奉佛團體的精神領袖，是名譽上的首領。如〈北魏神龜二年（519）趙阿歡造像記〉〔註107〕的題名依序是：「邑師惠感，邑主趙阿歡，光明主張普惠，都維那王呂宜，維那常達智，維那賈婆羅門，邑正許惠但，邑老張伏保，□老夢蘼暝（以下是其他成員姓名，從略）。」而該造像記的發願文云：「是以趙阿歡諸邑三十三人，……各竭家財，造彌勒象（像）一區（軀）。」可知代表這個團體的是邑主趙阿歡，而不是名列最前頭的邑師惠感。但也有一些團體是直接由邑師來發起或組織，如〈北齊武平二年（571）邑師道略等造像記〉〔註108〕，這個團體並沒有邑主之職，代表人是邑師道略，可能就是這個團體的組織者與主事者。而在團體的組織上，邑師與團體的成員也具有師徒的名分。在有邑師的造像記中，多有為「師僧」祈福的詞句〔註109〕，有時成員還自稱「邑徒」〔註110〕。然而也有為數不少的奉佛團體，是由僧人擔任實際的首領或主事者，但也不稱邑師，對於這些現象，郝春文推測是擔任邑師的僧人可能需要一定的資歷〔註111〕；也有可能因有造像記中邑師之職的數量也並非很多，或許在某些時期，或某些地區，民眾不知有邑師這個名稱。〔註112〕

〔註107〕《北京圖書館藏中國歷代石刻拓本匯編》第四冊，頁 60；大村西崖，《支那美術史・雕塑篇》，頁 216。

〔註108〕大村西崖，《支那美術史・雕塑篇》，頁 345～346；《全上古三代秦漢三國六朝文・全北齊文》卷九〈闕名・銘〉。

〔註109〕如〈北魏景明元年（500）邑師惠暢等二十三人造釋迦像記〉、〈北魏正光元年（520）錡雙胡二十人等造像碑〉、〈北魏正光四年（523）崔永高等三十六人造像記〉。三件造像記分別收入：《八瓊室金石補正》卷十二，頁 70；《北京圖書館藏中國歷代石刻拓本匯編》第四冊，頁 79、145。

〔註110〕如〈北齊武平元年（570）大都邑主董洪達等造像記〉略云：「是以大都邑主董達率邑徒四十人等，……敬寫靈儀。」《北京圖書館藏中國歷代石刻拓本匯編》第八冊，頁 2；大村西崖，《支那美術史・雕塑篇》，頁 343～344；《全上古三代秦漢三國六朝文・全北齊文》卷九〈闕名・銘〉。

〔註111〕如〈魏徐天達等造像題名〉、〈東魏武定三年（545）朱永隆等七十人等造像記〉、〈西魏大統六年（540）臣始光造像記〉中，擔任邑師的分別是寺主曇和、眾潤寺現任的上座僧惠和寺主法和、高涼三藏比丘辨賢，雖然材料不多，但上述這幾位邑師的身分全是僧官，沒有一個是普通僧人。三件文書收入：《北京圖書館藏中國歷代石刻拓本匯編》第六冊，頁 196、124；大村西崖，《支那美術史・雕塑篇》，頁 268～269、289。

〔註112〕如本書表3-1所示，約有 15% 的團體沒有僧尼參加；再據郝春文統計，有邑師的團體也只佔有僧人參加團體的 30% 左右。郝春文，〈東晉南北朝佛社首

「化主」，佛教把勸化信徒布施以供三寶者稱爲化主，而佛社內的化主則是負責教化、勸化，以保障有足夠的錢財進行奉佛活動。原則上，在較單純地僅以造像爲功能的團體中，化主的職責是勸人布施造像，凡布施者就成爲團體的成員，所以化主往往就成爲這類團體的發起人或組織者〔註113〕。而在造像之外，尚有從事如齋會、供養、禮拜等奉佛活動的團體，由於組織上，其成員較只有造像功能的團體來得穩定，化主的職責是每當有奉佛活動時，在團體外去勸人布施，以減輕團體成員的負擔。在某些造像記的題名中，除首領與邑子等基本成員之外，還常會有「清信士」的題名，可能即是由化主勸化而來。但化主一職也似乎不是很普遍，約只有16%的奉佛團體擁有。

「像主」、「塔主」等，應是從寺院爲出錢財立功德者，所立之名目移植而來，是奉佛團體中的功德主，團體設此職鼓勵團體成員多出錢財。上文已述像主、塔主等功德主，嚴格來說並不能算是實際的領導人，但也有一些奉佛團體的組織者就是像主、塔主等的例子，如〈北魏正光六年（525）蘇胡仁十九人造像記〉〔註114〕云：「像主蘇胡仁合邑十九人等造釋加（迦）一區（軀）。」後面的題名也是蘇胡仁爲首，然後是邑子，說明蘇胡仁就是這個團體的主事者。這種情形當然是有時組織造像團體者，其本身當然也出資最多，因此理所當然地就成爲像主等功德主，只是在題名中並不另外再加上邑主、維那等領導人的頭銜。在造像記中所見的各類像主名目繁多，達百餘種，有大像主、都像主、石像主、浮圖主、天宮主、供養主等等。

「光明主」有開光明主、開佛光明主等名稱，和像主都是施主，也不能算是眞正的首領，然其作用與像主略有不同。蓋佛像落成之日，都有開光的儀式，其作用是爲了把佛、菩薩的神靈引進所建造的佛像裡，透過開光儀式方能使佛像有靈。〈北周天和元年（566）僧族造像記〉題名有「開思維像光明主陳□邕」、「開思維像主□北令陳高貴」、「開□□佛光明主□寇將軍」、「開加葉光明主□道桂」、「開阿難光明主□□□」、「開金剛光明主□□□」、「開金光像主陳元嚮」等名稱，可見每一尊像都須分別開光；而有的造像碑

領考略〉，《北京師範學院學報》，1991年第三期，頁52～54。

〔註113〕如〈東魏天平三年（536）王方略造須彌塔記〉的題名順序是：「教化主王方略、邑師法顯、邑師道寶。」收入：北京圖書館藏中國歷代石刻拓本匯編》第六冊，頁33；大村西崖，《支那美術史·雕塑篇》，頁254。

〔註114〕《北京圖書館藏中國歷代石刻拓本匯編》第四冊，頁185；大村西崖，《支那美術史·雕塑篇》，頁227；《八瓊室金石補正》卷十三，頁76。

是四面皆造像，如〈北齊天統三年（567）宋買造像記〉題名有「開東面光明主李妙勝」，「開西面像光明主馬王容」，可知開光儀式也要在各面各像舉行〔註115〕。劉淑芬指出，造像記題名中所見的光明主幾乎都是俗人，但主要擔任各項開光儀式的是寺院的僧人，而造像邑中冠上光明主稱呼者，乃是出資供給開光僧人嚫施的施主。〔註116〕

「維那」一稱直接源於僧官中的維那，在奉佛團體中流行最廣。在多數情況下，作爲邑主或像主的助手，是團體組織中的副首領，除了維那之外，還有大維那、都維那、大都維那、維那主、行維那等名目，在團體中的地位和作用也不盡相同，有時還可以成爲正首領，如〈北魏正始元年（504）高洛周造像記〉〔註117〕之例即是。而在〈北魏景明三年（502）孫秋生等造像記〉〔註118〕中，有邑主一人，維那十五人，題名分十五列，維那在每列之首，有可能是一列爲一小組，以維那爲組長；再如〈北齊天保十年（559）道潤等造像記〉〔註119〕題名中，有維那數十人，直接題姓名的也是數十人，在此維那的權責就似乎不大。

綜上所述，可以知道北朝時期奉佛團體的首領名稱與職責是複雜、多樣化的，不同時期、地區，或同一時期、地區，不同佛社首領的稱呼往往都不一樣，甚至同一稱呼在不同社邑中的地位和作用也不一致；此外，各社內首領的數量也相差懸殊〔註120〕。相同的情形，也反映在造像邑成員的名稱上。成員以稱爲「邑子」者最多，也有不少是直書姓名而不加任何名稱的。其他還有邑人、邑義人、邑義、法義、佛弟子、清信士、清信男、邑母、邑女、某母、某妻等名目；社內的出家人則稱爲比丘、比丘尼、沙彌、邑子比丘

〔註115〕兩件造像記分別收入：《北京圖書館藏中國歷代石刻拓本匯編》第八冊，頁124；《魯迅輯校石刻手稿》二函五冊，頁969。

〔註116〕劉淑芬，〈五至六世紀華北鄉村的佛教信仰〉，《中央研究院歷史研究所集刊》第六十三本三分（台北：1993年），頁527～529。

〔註117〕《北京圖書館藏中國歷代石刻拓本匯編》第三冊，頁76；大村西崖，《支那美術史‧雕塑篇》，頁208。

〔註118〕北京圖書館藏中國歷代石刻拓本匯編》第三冊，頁54。

〔註119〕北京圖書館藏中國歷代石刻拓本匯編》第七冊，頁81。

〔註120〕上述以有許多例子是團體中首領只有一人，多者如上文所揭〈魏大都邑師寺主曇和等合邑造像題名〉中，各種名稱的首領就超過了一百五十人。而在〈北周武成二年（560）王妙暉造像記〉的題名中，邑子僅十九人，不同名稱的首領卻有五十七人，造像記收入：大村西崖，《支那美術史‧雕塑篇》，頁364；《八瓊室金石補正》卷二十三，頁144。

等，還有上述由「化主」勸化而來，非屬正式成員的清信士、清信男、清信女〔註121〕，仍是顯得相當的多樣化。這種組織型態，可能與其較為鬆散的組織特色有關。而且造像邑相較於傳統的社，因社由曾具官方色彩之漢代的里社發展而來，造像邑可能有相對上較無拘束的發展空間，因此社眾及領導人的稱呼也較無定制。

北朝造像邑的組織情況，並不容易歸納出一定的準則，這種情形，要到其後的隋唐時代才慢慢改變，如約在盛唐、中唐時期幽州的房山雲居寺石經所顯現，當時當地流行的刻經團體，其首領名稱就已簡化為邑主、平正、社官、錄事；再如晚唐五代時期的敦煌，不論何種功能的私社，首領名稱幾乎固定為「三官」——社長、社官、錄事，成員稱為「社人」。由時間發展的脈絡來踏尋，民間團體的名稱有逐漸世俗化的趨向，北朝造像邑中源於僧官的的邑主、維那、邑師、化主等名稱，漸漸地消失在民間團體之中。郝春文作出解釋，「（這個變化）代表著佛教寺院對傳統私社改造的完成，在隋唐五代時期，佛教寺院向世俗社會的滲透進一步深化，並從側面反映了佛教中國化的完成」。〔註122〕

二、專行社會救濟事業的「義」組織與功能

（一）「邑義」、「法義」之兼行公共建設事業

如上文所述，「邑義」、「法義」的「義」字是根據《像法決疑經》等佛教經典，將一切眾生視同自己的眷屬，而彼此先建立義兄弟、義姊妹的結義關係，但這只是較初步、較狹隘的「義」，「義」的發揮還要更進一步地將「視眾生如眷屬」，由對社會的公益行為與濟助危難來付諸實現，這也就是佛教所倡導的福田事業。這類事業一般再分為修橋、造路、種樹、掘井等公共建設，

〔註121〕如〈北魏正光三年（522）袁□造像記〉題名中，大部分題名為邑子，當是正式成員，但還另有清信士八人，有可能是這八個人因為出資而獲題名於上；至於不稱為邑子，則不外乎：（一）這個社有其造像以外的活動，而只出資參與造像，無法成為正式的成員；（二）加入社可能需要一些手續，並非單就造像出資就能加入，至少應如前述〈東魏武定七年（549）高嶺以東諸邑義道俗造像記〉，所言之「共相契約」。這也可再次說明，造像邑的組織形式尚不固定，以較不拘泥於形式的簡便方式表現之。上引兩件文書錄文收入：大村西崖，《支那美術史·雕塑篇》，頁236、274。
〔註122〕郝春文，〈東晉南北朝佛社首領考略〉，《北京師範學院學報》，1991年第三期，頁55～56。

與設置義塚、供應義餐以救濟飢民等社會救濟事業〔註123〕。在當時有些「邑」、「邑義」與「法義」等團體除了進行造像、齋會等奉佛活動外，亦有進行種福田、建功德的社會慈善工作，而這又以公共建設事業爲主。因爲在佛教經典如《佛說諸德福田經》中所提倡的福田項目，皆屬公共建設事業。

　　西晉時僧人法立和法炬共同譯成的《佛說諸德福田經》中，表明人們如果能夠身體力行這七種福田，便可以得到福報，將來更得以上升梵天。這七種福田分別是：

> 一者興立佛圖僧房堂閣。二者園果浴池樹木清涼。三者常施醫藥療救衆病。四者作牢堅船濟度人民。五者安設橋梁過度羸弱。六者近道作井渴乏得飲。七者造作圊廁施便利處。是爲七事得梵天福。〔註124〕

由此可知，除了建造佛寺僧舍之外，舉凡種樹植林、建造浴池、施藥看病、造橋或造渡船以濟行人，鑿井以供行人飲用，建造廁所予人方便，皆是福田事業。而《像法決疑經》對於福田思想則有更進一步的闡釋。其主要內容是敘述常施菩薩請教釋迦牟尼佛：在佛之後的「相法時期」，應該做什麼福德最爲殊勝？釋迦牟尼一再強調布施貧窮孤老的重要性，認爲布施貧窮孤老的「悲田」，遠勝於供養佛、法、僧的「敬田」。最後甚至直接說《像法決疑經》也叫《濟孤獨》〔註125〕，點出了濟助貧窮孤老就是這部經典的中心意義之所在。此外《像法決疑經》中亦云：〔註126〕

> 善男子，若復有人，多饒財物獨行布施，從生至老；不如復有衆多人衆，不同貧富貴賤，若道若俗，共相勸他各出少財聚集一處，隨宜布施貧窮孤老惡疾重病困厄之人，其福甚大。……獨行布施，其福甚小。

鼓勵衆人打破貧富貴賤的差異，共同布施，並且說衆人共同布施的功德，遠勝於個人的獨立布施，這對於佛教社會救濟團體的成立，具有相當的鼓勵作用。

　　當時的許多以造像爲主要目的的「邑」、「邑義」等團體，藉由集合衆人之力，兼有從事種福田的公共建設活動。就鑿井、種樹而言，如〈東魏興和

〔註123〕劉淑芬，〈慈悲喜捨──中古時期佛教徒的社會福利事業〉，《北縣文化》第四十期（台北：1994年），頁17。

〔註124〕《大正新修大藏經》第十六冊，頁777中。

〔註125〕《大正新修大藏經》第八十五冊，頁1338下。

〔註126〕《大正新修大藏經》第八十五冊，頁1338上。

二年（540）廉富等造義井頌〉〔註127〕，載河南廉富及其家族「邑儀」一百餘人鑿井造像；〈東魏興和四年（542）李氏合邑造像〉中〔註128〕，記河北李氏家族一百多人共同鑿井種樹、造像建碑，碑文內則記載此是以李次、李顯族為首李氏家族一百餘人合力建造的，其銘文有云：「復於村南二里大河北岸，萬路交通，水陸俱要，滄口之濱，攸攸乎伊洛之客，亦屆春溫之苦，渴涉夏暑之炎噢，愍茲行流，故於路傍造石井一口，種樹兩十根，以息渴乏。」如六世紀時北魏洛陽城內御道東有個城坊就叫「義井里」，它得名的由來完全是因這個城坊外有個「義井」：〔註129〕

> 義井里北門外有桑樹數株，枝條繁茂，下有甘井一所，石槽鐵罐，
> 供給行人，飲水庇蔭，多有憩者。

而〈東魏武定七年（549）高嶺以東諸邑義道俗造像記〉：〔註130〕

> 肆州永安郡（定）襄縣高嶺以東諸村邑儀道俗等，……先有願共相
> 契約，建立法儀，造像一區，平治道路，刊石立碑。

是今山西定襄縣兩個以上村落民眾所組織的「法義」，共同出資出力修治村落之間的道鉻，並且造像立碑。至於修橋，如〈東魏武定七年（549）義橋石像碑〉由七位寺院僧人和佛教信徒在武德郡（今河南沁陽東南）修復一座舊橋，並建佛像立碑記其事。雖然碑額所題「武德于府君等義橋石像之石碑」，表面看起來似乎是地方官的功績德政，但細究碑文的內容：〔註131〕

> 楊臂寺、金城寺、雍城寺、恆安寺、苟塚寺、朱營寺、管令寺諸師
> 等見風燭以生悲，睹泡沫而興歎，遂乃落髮，以□□門，抽簪而□
> 梵徹，嗟往還巨難，愍揭厲多辛，咸施材木，構造橋樑。楊臂寺發
> 善之源，以為橋主。

可知完全是寺院僧人和信徒的功勞。修造橋樑的社會公益活動一直延續到隋

〔註127〕《北京圖書館藏中國歷代石刻拓本匯編》第六冊，頁166。

〔註128〕《北京圖書館藏中國歷代石刻拓本匯編》第六冊，頁90；《魯迅輯校石刻手稿》第二函第二冊，頁313～324；大村西崖，《支那美術史・雕塑篇》，頁260。

〔註129〕楊衒之著，范祥雍校注，《洛陽伽藍記校注》卷一〈城內〉（北京：中華書局，1958年），頁52。

〔註130〕大村西崖，《支那美術史・雕塑篇》，頁274。

〔註131〕《北京圖書館藏中國歷代石刻拓本匯編》第六冊，頁153；《石刻史料新編》第一輯第一冊，《金石萃編》卷三十一，〈義橋石像碑〉，頁549；《八瓊室金石補正》卷十九，頁346～347；大村西崖，《支那美術史・雕塑篇》，頁275～276。

代仍多有所見，如〈隋開皇九年（589）兩法村法義二十一人造橋碑〉〔註132〕，載山東兩個村落居民協力造橋並建造佛碑像，在其碑的頌文中說：「連拔幽滯，率起慈悲，造橋濟溺，豈借豪氂？」而〈隋開皇二十年（600）密長盛等造橋殘碑〉及〈隋密洪範等橋像碑〉〔註133〕、〈隋開皇五年（585）孫龍伯造天宮象記〉〔註134〕等都是由佛教信徒所組成的「邑」、「邑義」等佛教團體，進行造像並造橋的例子。

在這些例子中，可見造橋過程的記錄。〈東魏武定七年（549）義橋石像碑〉載：「乃於農隙之月，各率祿力□□及□朝文武□懷熹願，七月六日經始此橋，祝福者比肩，獻義者聯轂，人百其功，共陳心力」。由七個寺院發動信眾，利用農暇之時建造，時間大概是在秋收后。開工之後場面相當熱烈，前來關切祝福者眾，負責營造工作者更是同心協力。以這樣的方式造義橋，「未傷士民尺寸之木，雖無匪日之美，庶省浹辰之費」，「引北山之饒，則人無遺力；積南市之富，而家有餘資。」表示所造義橋雖非美侖美煥，卻是相當的經濟與實用；且文中多有強調共同的出力的好處，且不費民脂民膏，很有可能建橋的材料已有施主奉獻，而號召信眾付出勞力將之完成。

而在隋代的例子當中，〈隋開皇二十年（600）密長盛等造橋殘碑〉可見首創發起修橋者稱為「橋主」，計有二十四人，他們可能負則造橋工料的鳩集；署名「營橋人」者有四十三人，他們是出力修橋者；還有帶「建義都維那」三人，有兩位比丘尼和兩位「齋主」、一位「副齋主」的題名，可見這個團體應即是「邑義」的組織，進行造像、造橋，並立碑誌，且造像完成前後也有舉行齋會。至於「橋主」一稱，上揭的〈東魏武定七年（549）義橋石像碑〉中明白地指出此係對發起建橋者的稱呼：「楊厝寺發善之源，以為橋主。」

佛教信徒組織團體造像並建橋、掘井，不只是福田思想的實踐，同時也兼具傳教的作用。他們造橋、鑿井的地點都是交通要道，造橋鑿井固然是方便過往行人，又在其地立像建碑，一方面是記此功德福田，另一方面也以此感化旅人過客。如〈隋開皇五年（585）九月十五日孫龍伯造天宮象記〉云：「然孫龍伯誕生智惠，秀異不群，知世無常，命同泡沫，非憑法洲，寧達彼岸？在路交衝，建天宮一所，誘發菩提；義井一崳，以消內渴，雜樹芬華，

〔註132〕《魯迅輯校石刻手稿》一函七冊，頁1199～1201。

〔註133〕沈兆偉等修、王景祐等纂，《臨沂縣志》卷十二（台北：成文出版社，1968年），頁23～24。

〔註134〕《魯迅輯校石刻手稿》二函五冊，頁1406。

擬濟行匱。」〈東魏興和四年（542）李氏合邑造像〉其訟文亦云：「置立方處，方處臨河，據村東南，口口顯口，行路過逢，人瞻來仰，府設虔恭。」

北朝至隋代的這些「邑」、「邑義」、「法義」等民間佛教組織，所兼行的種樹、掘井、造橋、鋪路等公益活動與上述《佛說諸德福田經》所提的七種福田項目內，鋪路雖不在其中，但其義應與造橋相當。而這些種福田的項目幾乎都與便利行旅有關。在唐代的敦煌社邑文書中可見當時民間結社的互助功能中，亦有對社內成員的遠行資助與接風洗塵，可見在古代的遠行似乎是一件相當艱辛的事情，如上揭〈東魏武定七年（549）高嶺以東諸邑義道俗造像〉中提到這個組織亦修治彼此村落之間的道鉻，可見暫不用說跨州縣的旅行，恐怕連村際間的交通都不是很方便。北朝一般民眾的活動範圍應該也不大，他們也不能自由遠行，而須持「過所」〔註135〕，官府除了官道之外，鄉里之間交通的建設與維護可能未有重視，更何況下文將討論的「北齊標異鄉義」，這個專以進行社會救濟活動的民間佛教團體，他們的重要事業之一就是在鄴城到薊城的官道設置「義所」，以及提供「義食」，主要的接濟對象可能是過往修築長城的役人。在大城市之間的官道尚且需民間組織提供服務，更何況是鄉野之間呢？我們當然可以認為那是在不安定時代的情形，但即使在現代的台灣，在嘉義縣也有「嘉邑行善團」的民間慈善團體，即以在偏遠地區建設橋樑為主要工作，在三十三年間共建造了二百六十一座大小橋樑〔註136〕，在現代猶需如此，古代情形便不難想見。尤其是河川的阻隔，橋樑的建造最能提供實質的便利性，而且工程難度及所需經費亦是不低，故而上揭的〈隋開皇二十年（600）密洪範等橋像碑〉有云：「世間營造，橋功最尊。」

（二）專行社會救濟事業的「義」組織與功能

「邑義」、「法義」等以造像為主的民間奉佛團體，兼有進行佛教的種福

〔註135〕如《魏書》卷十四〈東陽王丕傳〉：「高祖、文明太后引見公卿於皇信堂，太后曰：『今京師旱儉，欲聽飢貧之人出關逐食。如欲給過所，恐稽延時日，不救災窘，若任其外出，復慮姦良難辨。卿等可議其所宜。』丕議：『諸曹下大夫以上，人各將二吏，別掌給過所，州郡亦然，不過三日，給之便訖，有何難也？』」再如《魏書》卷七十七〈辛雄傳〉云：「（辛）雄議曰：『……御史所糾，有注其逃走者。及其出訴，或為公使，本曹給過所有指，如不推檢，文按灼然者，雪之。』」

〔註136〕http://www.homingteh.idv.tw/r005.htm.

田工作，而以公共建設事業爲主。至於社會救濟事業，則以東魏北齊時范陽郡范陽縣（今河北定興縣）石柱村，有一個由民間佛教徒所組成的「北齊標異鄉義」組織爲代表。這個組織沒有造像等奉佛活動，而專門進行社會救濟事業，組織名稱就單爲一個「義」字〔註137〕。由〈北齊標異鄉義慈惠石柱頌〉〔註138〕可以瞭解這個組織成立的經過和變遷。東魏初年歷北魏末年葛榮餘黨之亂後，由王國興出自佛教悲憫的情懷，在七位鄉人的響應之下，展開掩埋屍骨的工作。他們逐一撿拾無主的屍骨，聚集後做一個大墳，稱爲「鄉葬」。頌文云：「王興國等七人，……乃磬心相率，蚌車歷境，緣涿東西，拾諸離骨，既不能辯其男女，誰復究其姓名，乃合作壹墳，稱爲鄉葬。」之後：「遂興誓願，賙給方有，各勸妻孥，抽割衣食，負斧提壺，就茲墓左，共設義食，以拯飢虛。於後荏苒，遂構義堂。」〔註139〕在鄉葬的墓所旁有該「義」的成員埋灶煮食，提供臨時性的餐飲供給饑民，稱爲「義食」。後來再建造「義堂」作爲長期供應義食的場所。有了「義堂」的建築物之後，這個組織也從臨時性的救濟災民，演變成一個長期性的社會救濟組織。東魏武定二年（544），范陽大族盧文義請高僧曇遵到此地弘法，頌文有云：〔註140〕

> 有摩訶檀越大都督盧文義，……動解十□之方，深達具足之海，既承芳實，朝夕敬慕，久而通請，方致神座。仍及居士馮叔平、居士路仁和等道俗弟子五十餘人，別立清館，四事供養，敷揚祕教，流通大乘。

「摩訶檀越」盧文義爲曇遵「別立清館」，曇遵應不是專爲這個組織來到范陽，所謂「清館」是爲供養法師的宅第，有別於「義堂」，和「義」這個組織是分開來的。但這個「義」得近水樓臺之便，不但得到曇遵信徒的大力支持與經濟上的贊助，也吸引了不少上層階級人士，且其俗家弟子馮昆和路仁和更是

〔註137〕劉淑芬，〈慈悲喜捨——中古時期佛教徒的社會福利事業〉，《北縣文化》第四十期（台北：1994年），頁17~20；劉淑芬，〈北齊標異鄉義慈惠石柱——中古佛教社會救濟的個案研究〉，《新史學》五卷四期（台北：1994年），頁25~26、45。

〔註138〕此一石柱建立於北朝時代，迄今猶存。《定興縣志》卷十六〈金石〉中錄有頌文，但缺少了題記和「義」成員兩百餘人的題名。頌文與題記皆收錄的有《魯迅輯校石刻手稿》一函六冊，頁1051~1060。相關研究以劉淑芬，〈北齊標異鄉義慈惠石柱——中古佛教社會救濟的個案研究〉，《新史學》五卷四期（台北：1994年），頁1~47爲代表。

〔註139〕《定興縣志》卷十六，頁3~4。

〔註140〕《定興縣志》卷十六，頁4。

在曇遵回到鄴城後，成爲這個組織的主持人。並開始提供醫療服務〔註141〕。頌文云曇遵在范陽：「五冬六夏，首尾相濟，麟羽感其德音，緇素服其惠了；貴賤往來，於是乎盛，便於此義，深助功德。」〔註142〕可見曇遵對這個組織的更爲興盛有相當的影響。〔註143〕

武定四年（546）因官道西移，因服務的對象因此減少，義所逐隋之西移。訟文云：「武定四年，神武北狩，勑道西移，舊堂寥廓，行人稍減乃復依隨官路，改卜今營。」〔註144〕而「義所」的新址和其田園，主要是由范陽以嚴僧安爲首的嚴氏宗族七人所施捨。該石柱別有題記將各人所施捨的田園數目，刻在南面上層下截及東南隅上層下截上，題記中云：〔註145〕

> 初施義園宅地主篤信弟子嚴僧安、故人嚴承、嚴法胤、嚴僧芝、嚴道業、嚴惠仙、嚴市仁等，併解苦空，仰慕祇陀之惠，設供招納，捨地置坊。僧安手自穿井，定基立宅，實是起義檀越。……今義坊園地西至舊官道中，東盡明武城壙，悉是嚴氏世業課田。

嚴氏七人和上述提到的盧文義都是這個組織的「檀越」，即是所謂「施主」。該「義」的新址，或即稱「義坊」或「義所」（見下引文），嚴僧安還親自參與了新「義」址的建築規劃，題記中特別稱爲「起義檀越」。這些施入「義」中的土地田園，除了建築物所佔地之外，大都是用以種植糧食蔬果，一則供應義食所需，二則也販售求利，作爲「義」的收入，「任衆造園，衆收濟義」、「與義作園，利供一切」〔註146〕，不但可以在「義坊」中提供過往僧侶

〔註141〕曇遵和其弟子的加入對於醫療事業的進行當有相當的關係。佛教僧侶在中古醫療中扮演著重要的角色，五世紀中在陝西活動的僧人道恆在其所著的〈釋駁論〉中，反駁時人對僧人的攻詰，其中有描述僧人的活動：「或矜侍醫道，輕作寒暑。」而在《像法決疑經》中有言：「何故未來世中一切俗人輕賤三寶，正以比丘、比丘尼不如法故，……或誦咒術以治他病，……或行針灸種種湯藥以求衣食，……」由此可見，中古時有許多僧人從事醫療行爲。此「義」最初僅十數個平民百姓發起，爲掩埋屍骨、救濟飢民小型的社會救濟組織，若無曇遵門人僧徒的參與，大概也就沒法進一步拓展醫療這項服務了。〈釋駁論〉與《像法決疑經》所引文，分別參見：《大正新修大藏經》第五十二冊，《弘明集》卷六，頁35中：第八十五冊，頁1337中、下。

〔註142〕《定興縣志》卷十六，頁4。

〔註143〕劉淑芬，〈北齊標異鄉義慈惠石柱——中古佛教社會救濟的個案研究〉，《新史學》五卷四期（台北：1994年），頁15～16。

〔註144〕《定興縣志》卷十六，頁5。

〔註145〕《魯迅輯校石刻手稿》一函六冊，頁1057～1058。

〔註146〕《魯迅輯校石刻手稿》一函六冊，頁1059～1060。

的食宿，也可以供給一般俗人憩息和餐飲的場所。如北齊文宣帝便曾在此義坊停留用餐：「天保三季，景烈皇帝駕指湯谷離宮，義所時薦壹湌，深受優嚐。」〔註147〕

「義」址遷移之後，因爲得到一批捐贈的土地，以及之後幽州刺史斛律羨和范陽太守劉仙以私人財力所作的捐獻〔註148〕，因此經濟來源似乎比以前充裕，除了平日的義食供應之外，還做做過兩次大規模的賑濟活動，分別是天保八年（557）以糧食、醫藥接濟修築長城後須自行返鄉的民夫，另外對於客死此地的民夫也給予埋葬〔註149〕；再者，即是北齊河清三年（564）賑濟山東大規模水災後產生的飢民〔註150〕。對於這二次賑濟頌文有云：「天保□蟲之歲，長圍作起之春，公私往還，南北滿路，……兼復病者給藥，死者塼埋，齋送追悼，皆如親戚」、「仍以河清遭澇，人多飢斃，父子分張，不相存救，於此義食，終不暫捨」〔註151〕。這個「義」組織從東魏孝昌之季（524～527）到北齊天統三年（567）「標異鄉義慈惠石柱」的建立〔註152〕，可知其存在時間當在四十年以上。

「義」組織中的成員絕大多數都是當地的平民百姓，究其石柱上的題名

〔註147〕《定興縣志》卷十六，頁5。清・楊晨，《定興金石志》十六卷五期（即《定興縣志》卷十六〈金石〉，收入：《石刻史料新編》第三輯二十三冊）。

〔註148〕《定興縣志》卷十六，頁7、8頌文載斛律羨：「貴殊僧俗脫驂解駕，敬造尊像；抽捨物，共造義湌。」記范陽太守劉仙：「獎勵妻子，減徹行資，中外忻悅，共拯饑饉。」

〔註149〕《隋書・五行志》云：「後齊天保八年，河北六州、河南十二州蝗。幾人皆祭之。帝問魏尹丞崔叔瓚曰：『何故蟲？』叔瓚對曰：『五行志云「土功不時，則蝗蟲爲災。」今外築長城，內修三臺，故致災也。』」可知天保八年河北有蟲災，役坊所救濟的正是此一「長圍作起」之時築長城的役民。

〔註150〕《北齊書・武成紀》記河清三年「山東大水，飢死者不可勝計，詔發賑給，事竟不行。」當時范陽郡也是災區之一，在此情形下，「義坊」也未中止其義食的供給。

〔註151〕《定興縣志》卷十六，頁6。

〔註152〕北齊河清二年（563）范陽太守命人建立木柱，之後於北齊天統三年（567）年幽州刺史斛律羨教以石代焉，「義士等咸敬竭愚誠，不憚財力，……得石柱一枚，……有建忠將軍、范陽縣令劉明府君劉徹，……以石柱高偉，起功難立，遂捨家資，共相扶佐。」立柱經過參見：《定興縣志》卷十六，頁8。至於該柱因何稱爲「標義」，與朝廷的「表其里閭」、「表其門閭」，此乃自漢代褒揚孝行義士傳統的延伸，且由其頌文中可知義坊之中有兩百餘人，蒙朝廷判定得以優免力役，此部分留待下文論及政府與民間佛教組織的關係時，再予以討論。

可知其組織型態，計有「元造義」王興國（發起人）、「義主」路仁和（建立石柱時主持義坊工作）、「元鄉葬」（最初從事鄉葬工作，也可視爲組織的發起人）十人、「元貢義」（最初對義食有較多貢獻）四人、「老上座」一人、「上座」二十人、「都寺田主」一人、「寺主」十五人（以上四者應爲執事人員）、「大居士」一人、「居士」八人、「經生」一人、「施主」二十七人，沒有頭銜者一百五十四人，以上兩百多人皆無官銜〔註 153〕。其中施主之銜，除頌文中有提到的「摩訶檀越」盧文義，和上文所揭題記中的「起義檀越」嚴僧安等嚴氏七人之外，在題記中尚有數名其他的嚴姓成員和他姓人士。如嚴僧安的四個兒子「長子懷秀、次子奉悅、第三息懷達、第四要欣，性併恭孝，敬從父母，立義十載有餘，重施義南課田八十畝，東至城門，西至舊官道中」〔註 154〕；再如另一位施主呂貴冠題記中云：「定州軍士李貴觀爲亡父母施地入義。」〔註 155〕可知大概名列施主者都是施地入義之人。從首領、幹部和成員的名稱，可知其組織與傳統的里社或村社不同，也似乎和「邑」、「邑義」一般較常見的邑主、邑師、都邑主、都維那和邑子的組織型態有異；但石柱訟文有云：〔註 156〕

> 新令普班，舊文改削，諸爲邑義，例聽縣置二百餘人，壹身免役，
>
> 以彰厥美。

北齊有每縣邑義兩百餘人免役新令的頒布，該「義」依令獲得免役，可知「義」這個組織在此是視同「邑義」的。

就「邑義」與「義」的功能而言，上文已提到在當時有許多「邑義」在從事造像等活動之外，仍有進行造橋、鋪路、掘井、植樹等符合佛教福田之說的公共建設事業，而該「義」則是專門進行社會救濟事業，且頌文中未見有造像、建寺塔、設齋等佛事。而「義」的社會救濟事業中，提供醫療服務當在上述《佛說諸德福田經》的七項福田項目之中，至於「義塚」與「義食」可能是在北魏末年因戰亂連年屍骸橫地、餓殍遍野的悽慘狀況，所衍生出的新項目，除了布施貧窮孤老的「悲田」，遠勝於施予佛、法、僧的觀念外，《像

〔註 153〕《魯迅輯校石刻手稿》一函六冊，頁 1051～1052；劉淑芬，〈北齊標異鄉義慈惠石柱——中古佛教社會救濟的個案研究〉，《新史學》五卷四期（台北：1994 年），頁 27。

〔註 154〕《魯迅輯校石刻手稿》一函六冊，頁 1057～1058。

〔註 155〕《魯迅輯校石刻手稿》一函六冊，頁 1057。

〔註 156〕《定興縣志》卷十六，頁 6、7。

法決疑經》中曾說到布施時不該算計是否爲福田的項目，只要是需要濟助時，
便當去做：「善男子，菩薩布施時，不觀福田及非福田。若見貧苦眾生，悉皆
施予。」〔註157〕所以「義」與「邑義」的慈善活動，包括公共建設與社會救
濟，當都屬於佛教種福田思想的實踐。

　　所以對於〈北齊標異鄉義慈惠石柱頌〉所記錄的這個「義」組織，由於
未見其他單以「義」爲組織名稱的資料，故暫且視爲屬於「邑義」系統的一
種較特殊的組織。其特殊之處，不但是在材料數量上的限制，以及其功能並
不造像，而專門從事社會救濟事業，以及其組織型式都與一般「邑義」不盡
相同之外，〈北齊標異鄉義慈惠石柱頌〉其石柱本身的式樣在當時亦是一種創
新。〔註158〕

　　綜上所述，可以瞭解在十六國北朝時代由於透過《像法決疑經》、《佛說
諸德福田經》等經典的傳播，佛教信徒發揮視一切眾生爲自己眷屬的觀念，
透過「邑義」、「法義」等組織將彼此義結金蘭，且有更進一步者，以組織的
力量本著對眾生「以是義故」加以濟助的觀念，並配合種福田的思想鼓勵，
用實際行動實踐與福田事業有關的公共建設和社會救助。這些彼此結義的關
係，以及興建福田的組織、乃至於參與者，和所其所從事的福田事業的項目，
多冠以「義」字。不但組織名稱如「邑義」、「法義」、「義」等皆有義字，其
成員一體稱爲「義夫」、「義士」、「義徒」，創首者稱爲「義首」，主其事者稱
「義主」。其福田事業稱「義井」、「義樹」、「義橋」，如埋葬無主枯骨的地方
稱「義塚」，救濟饑民的食物稱「義食」，提供義食的場所稱「義堂」，其間建
築物稱「義坊」。

（三）北朝社會「義」的行爲與概念之補充

　　北朝時期對於「義」的行爲與意涵，上文已有談到，在佛教教義中所宣
揚的「義」，其具體表現乃佛經中的福田事業；當時對於國家社會所標榜的義
行，也常以奉佛的方式來表現。除此之外，豪族的「義行」，則是透過向宗族中

〔註157〕《大正新修大藏經》第八十五冊，頁1338中。

〔註158〕劉淑芬指出「北齊標異鄉義慈惠石柱」的樣式，雖係柱狀但並非當陵標墓表，
　　　　此石柱在八角柱上安以佛龕石屋，不惟是一種創新，其更重要的意義在於下
　　　　開唐代「佛頂尊勝陀羅尼經幢」形制上的先河。唐代也有許多名爲「邑」的
　　　　民間佛教團體從事經幢的建造。參見：劉淑芬，〈北齊標異鄉義慈惠石柱——
　　　　中古佛教社會救濟的個案研究〉，《新史學》五卷四期（台北：1994年），頁
　　　　40～43。

的大功之親推財；而累世同居共財的家族，也會被視爲「義」精神的發揚。

1.「義」是奉佛及福田思想的實踐

在上一章已有論及漢代五斗米道的「義舍」、「義米肉」，而這與北朝佛教所宣揚的「義」是否有所關連呢？在《定興縣志》中，認爲「義」的來源可能即於在此：「其稱鄉義者，殆仿義民義舍之名耳」〔註159〕。《三國志・魏志》卷八〈張魯傳〉對於「義舍」、「義米肉」的記載：「其來學道者，初皆名『鬼卒』。受本道已信，號『祭酒』。……諸祭酒皆作義舍，如今之亭傳。又置義米肉，縣於義舍，行路者量腹取足；若過多，鬼道則病之。」做義舍、義米肉者是其教中的「祭酒」，其供路人取用，似不限於該教的教眾，但亦以鬼道懲罰取用過量者，可見應係一種傳教的方式；且漢末以後的道教徒似不見有以置義舍、義米肉的傳教活動，也沒有救濟形式的義食供應。劉淑芬即以此指出，此時期佛教徒的社會救濟是修行的方法之一，與漢末五斗米道的義舍、義米肉應無直接關連，而可能與先前存在於中國社會中的社會救濟有關。如《蒐神記》記載，漢代河南尹周暢「收葬洛陽城旁客死骸骨萬餘，爲立『義冢』。」又如楊伯雍在無終山上，「作『義漿』於口頭，行者皆飲之。」由於佛教自三世紀以後蓬勃的開展，開始賦與「義」字一個新的涵義。

除了民間佛教組織進行公共建設與社會救濟事業之外，個人若進行捨田建寺、敬僧營齋、救濟飢寒等社會工作，也會成爲鄉人間行義的榜樣。甚至如當時有些被朝庭表揚爲節義或孝義者，其行事雖然可視爲儒家的忠孝，不過卻是透過佛教的方式來表達忠孝之心〔註160〕，例如《魏書・節義傳》中記載，王玄威因他在獻文帝駕崩之後哀傷不已，又「及至百日，乃自竭家財，設四百人齋會，忌日，又設百僧供。」因此而得到朝廷的表彰。北魏孝文帝太和十八年（494）下令民間舉孝義，「十有一月辛未朔，詔冀、定二州民：……孝義廉貞、文武應求者，具以名聞。」〔註161〕舉孝義一直延續至北朝末年，北魏時汲郡山陽人門文慶，事其伯父母至孝，鄉人魏中賢等相與標其孝義〔註162〕。《周書・孝義傳》中所列舉的人物事蹟中，張元、皇甫遐之所受到

〔註159〕《定興縣志》卷十六，頁 11。
〔註160〕劉淑芬，〈五至六世紀華北鄉村的佛教信仰〉，《中央研究院歷史語言研究所集刊》第六十三卷三期（台北：1994 年），頁 540～543。
〔註161〕《魏書》卷七下〈高祖紀下〉。
〔註162〕《魏書》卷八十七〈節義・門文慶傳〉。

褒揚，也都以佛教的行事來申致其孝思：〔註163〕

（張元）其祖喪明三年，元恆憂泣，晝夜讀佛經，禮拜以祈福祐。
後讀藥師經，見盲者得視之言，遂請七僧，燃七燈，七日七夜，轉
藥師經行道。

（皇甫遐）又遭母喪乃廬於墓側，負土為墳。後於墓南做一禪窟，
陰雨則穿窟，晴則營墓，曉夕動力，未嘗暫停。積以歲年，墳高數
丈，周回五十餘步。禪窟重臺兩，總成十有二室……遠近聞其至孝，
競以米麵遺之。遐皆受而不食，悉以營佛齋焉。郡縣表彰其狀，有
詔旌異之。

在其時，致力於弘揚佛教，特別是捐財獻力以從事社會福利，已成為社
會所標榜的美德之一。而在〈大齊鄉老舉孝義雋修羅之碑〉中，更可見佛教
的價值標準和孝義之間的關連。該碑為一佛像碑，碑陰的銘文內容除了褒揚
雋敬（修羅）之外，也敘及他營造佛寺和從事社會救濟工做：〔註164〕

（雋敬）幼傾乾陰，唯母偏居，易色承顏，董生未必過其行，守信
志忠，投杼豈能著其心？捨田立事，願在菩提；醍味養僧，纓絡匪
慳；救濟飢寒，傾壺等意。少行忠孝，長在人倫，可欽可美，末復
是過。蓋聞詮賢舉德，古今通尚，愿秀蔽才，錐囊自現。余等鄉老
一百餘人，目睹其事，寧容嘿焉？敢刊石立摟，以彰孝義，非但樹
名今世，亦勸後生義夫節婦。……

此碑文一方面可視為佛教徒藉著表彰雋敬的行為，用以宣揚他們所認為如捨
田建寺、救濟飢寒等良好的德行；另一方面，亦反映了鄉村居民的價值標
準。雋敬的孝行即是「孝」，而有關他營造佛寺以及從事社會福利工做則是
「義」。而在隋代〈寶泰寺碑〉中，更可以得知當時的「義」字就和尊禮佛教
有直接的關係：〔註165〕

尚書省使儀同三司潞州司馬東原郡開國公薛逖、因檢郭建欽、王神
通等立義門，恭敬侍佛。頌曰：時雨濛濛，香煙氛馥，天長地久，
春蘭秋菊。

所以稱「立義門」，當係指以恭敬事佛而結合、有類一門親人的團體〔註166〕。

〔註163〕《周書》卷四十六〈孝義傳〉。
〔註164〕《魯迅輯校石刻手稿》一函六冊〈雋敬碑〉，頁995～996。
〔註165〕《石刻史料新編》第一輯第二十冊，《山右石刻叢編》卷三，頁6。
〔註166〕劉淑芬，〈北齊標異鄉義慈惠石柱——中古佛教社會救濟的個案研究〉，《新史

從碑文中看來，上述諸人「立義門，恭敬侍佛」的事蹟，係因先前有郭休等人先造一九級浮圖，後因其塔崩頹，他們乃修復舊塔。凡此皆是恭敬侍佛之事。

由此可知在十六國北朝時期，「義」的行爲表現從國家到民間，雖不能說是絕對，但相信在相當程度上指的是奉佛以及福田（包括敬田與悲田）思想的實踐。當時所流行的個人或民間組織所進行的社會救濟活動，與佛教的傳播是相得益彰的，上文已提到在漢代甚至更早時候，即有周暢的作立「義塚」、楊伯雍的作「義漿」，因爲《蒐神記》成書於晉代，亦有多爲後人所增改者，「義塚」與「義漿」是不是漢代時即已如此稱呼，並不得而知。但考之漢代「行義」的內涵，邢義田認爲係指忠孝仁篤之類的義行美德〔註167〕，顯然是儒家的個人道德標準，而《論語》、《孟子》中所闡釋的「義」，也不是指社會的救濟行爲。儒家理想中的個人修養與處世的進退原則「修行」不易，且沒有明確的檢視項目，而此時佛教福田思想的傳佈正好提供了一個具體的行爲標準與實踐條例，於是「孝」與「義」似是可以互相配合，成爲當時社會的一種值得標榜的美德觀念，甚至連「孝」也由佛教教導的具體方式來表現，可見在當時社會生活的行爲上，佛教教義的觀念似乎佔了相當的優勢，其傳播已深入一般人的思想觀念之中。另一方面，本著福田思想的社會救濟與公益活動，可以受到社會觀念的標榜，個人也能獲致功德，甚至透過組織行善還能獲得免役的優待（如上述的〈北齊標異鄉義慈惠石柱頌〉），而這些就頗具功利（可以得到報酬）性質，這一切再經過僧侶的傳播，或如上述造義橋並造像立碑引人入勝、使人動容，對於佛教的傳播又更有幫助。因此在北朝被視爲「義行」的社會救濟活動之流行，與佛教流佈是相輔相成的。

2. 對宗族親人的推財與同居共財也是「義」

除了佛教教義中所給予「義」的意義之外，此時期對於宗族親人的推財與累世同居共財，也是一種「義」的表現。由於漢代以來家族結構的轉變，而發展出親族之間除了要發揚近之「情」外，還要以「義」來對待關係較疏的族人的觀念，這種「義」就似乎不具備佛教色彩。宗族力量發揮的程度，可能會影響斯時斯地民間結社的功能。

學》五卷四期（台北：1994 年），頁 24～25。

〔註167〕邢義田，〈論漢代的以貌舉人——從「行義」舊注說起〉，收入：《考古與歷史文化——慶祝高去尋先生八十大壽論文集》（下）（台北：正中書局，1991 年），頁 253～266。

　　魏晉南北朝時期，未見具有團體成員間互助功能的民間結社，民間佛教團體所進行的救濟與公益活動，其對像是社會大眾，而不是自己團體內部成員的扶助。在北朝時代，社會上廣泛流行著社會救濟或公共建設的義行，其幕後的推手，即以佛教寺院（包括上層的僧團和民間佛教團體）與宗族爲主，但此兩者的對象還是有所不同。佛教諄諄勸導民眾，把社會上的芸芸眾生視爲己的親屬，加以濟助或透過公共建設造福，而自身也能獲致功德；而宗族，尤指豪族，其義行是針對自己的親族，或是鄉黨，這個範圍其實就是「豪族共同體」的概念〔註168〕，豪族對於共同體成員的施濟，乃是彼此關係中的一種互惠，有其不得不然的成分。但不論如何，對宗族鄉黨的施濟，應是更貼近民眾的一般生活與日常所需的。是不是宗族或豪族這種義助親族鄉黨之力量的發揮，在某些程度上取代了民間結社成員互助的功能？當時序進入唐代後，民間互助性結社頗爲盛行，這與宗族（尤指豪族）力量的衰弱，進行施濟義行的能力降低了，抑或是已不存在共同體關係而不再有施濟的必要？到北宋宗族在士大夫領導之下，開始有了新的定位與新的作爲，「義莊」、「義田」的組織，具有宗族成員彼此間互助的意義，應也多少吸納了民間結社互助性的功能。而此時的士大夫其身分與力量，已完全不同於魏晉南北朝的豪族了。這個議題將在本章的最後另闢一節加以論述，在此節僅討論宗族間對於親人的推財與累世同居共財，也是屬於當時「義」字意涵的一部分。

　　親族間「義行」的意涵在兩晉南北朝有其重要性，因爲這是宗族或豪族對其親族進行救濟的理論基礎。人類私「情」與「義」的區別，和當時的家族結構有密切的關係。在中國傳統社會，五服服紀〔註169〕不但結合族群成員，

〔註168〕谷川道雄，〈日本魏晉南北朝史研究回顧〉（續），《中國史研究動態》，1993年第六期，頁 22～24。川勝義雄、谷川道雄，〈中國中世史研究における立場と方法〉，收入：中國中世史研究會編，《中國中世史研究》（東京：東海大學出版會，1980 年），頁 3～16。

〔註169〕服紀是以喪服輕重和喪期久暫來顯示生人與死者之親屬關係的制度。《禮記・喪服小記》：「親親，以三爲五，以五爲九，上殺，下殺，旁殺，而親畢矣。」父己子三代謂之「三」；從自己上推至祖，下延至孫五代，謂之「五」，再上推之高祖，下延至玄孫九代，謂之「九」。三是第一圈，含親兄弟；五是第二圈，含堂兄弟；九是第三圈，含族兄弟。以自身做爲同心圓的圓心向外推，喪服依次遞減，稱作上、下、旁殺。有服之族的範圍到第三圈爲止，按傳統算法是四世，謂之「親畢」。這種同心圓按傳統術語說即是五服，有「本宗五服圖」可供參照，見：杜正勝，《古代社會與國家》，頁 782、857～858。

也規範人與人的倫理。親屬關係愈近者，人性之情愈濃烈，所以原始儒家是肯定近親私情的〔註170〕。但從商鞅強迫父子兄弟分居異財，一旦成為制度，自然也會影響人際的倫理，生分的家族結構似乎總和貪婪吝嗇、爭財興訟脫不了干係，而為儒家所詬病〔註171〕，各地的風俗也可見一般，如《漢書‧地理志下》謂河內「薄恩禮，好生分」；穎川「貪遴（吝）、爭訟、生分」。然而即使父子兄弟已經別籍異財，政府法律的認定仍然把近親看作一體，做為界定「三族罪」的範圍。〔註172〕

原始儒家既然肯定近親私情，但也只把家族同居共財的範圍設定在共祖的大功諸成員，不過五服內的族人都是高祖所出，與己同氣，焉有自身富貴而讓族人窮困無依之理？故在發揚近親之「情」外，還要以「義」來對待關係較疏的族人。

「義」之倫理的擴充和強化，是與家族結構的轉變相輔相成的。當盛行生分之時，能對大功之親推財，就倍受贊許了。《論衡‧定賢》曰：「袁將軍再與兄子分家財，多有以為恩義。」袁盎既與兄弟分家析產，但騰達富貴，人民於是稱贊他有恩有義。再如《晉書‧儒林列傳》載西晉徐苗，「兄弟早亡，撫養遺孤，田宅奴婢皆推與之」；《宋書‧隱逸列傳》載南朝劉凝之，「推家財與弟及兄子，立屋於野外，非其力不食」。只是推讓家財不一定是別有目

〔註170〕《儀禮‧喪服》：「父子一體也，夫妻一體也，昆弟一體也，故父子手足也，夫妻胖合也，昆弟四體也。故昆弟之義無分，然而有分者，則辟子之私也。子不私其父，則不成為子，故有東宮，有西宮，有南宮，有北宮，異居而同財。」伯叔父是祖父的兒子，父親的兄弟，互為一體，但對待己父特別親於伯叔父，才是人情。因此大功之親合為一家同居共財，共財的意義更甚於同居，儒家毋寧贊成諸父同居，好讓他們的子女盡其私情的孝心。兄弟之情雖略遜於父子，但不避私的性質，儒家也不諱言的，如《孟子‧萬章上》：「仁人之於弟也，親愛之而已矣。親之，欲其貴也；愛之，欲其富也。身為天子，弟為匹夫，可謂親愛之乎。」

〔註171〕如《漢書‧賈誼傳》賈誼所言：「秦人家父子壯則出分，家貧子壯則出贅。借父耰鉏，慮有德色；母取箕箒，立而誶語。抱哺其子，與公併倨；父姑不相說，則反唇而相稽。其慈子者（嗜）利，不同禽獸者亡幾耳。」

〔註172〕所謂「三族罪」是指犯反叛、大逆不道之類的重罪，《漢書‧景帝紀》如淳注引漢律曰：「大逆不道，父母、妻子、同產皆棄市。」《墨子‧號令》：「投降敵人者，父母、妻子、同產皆車裂；裏通外敵者，父母、妻子、同產皆斬。」李陵投降匈奴，鼂錯腰斬東市，所連累的家屬都不超過此範圍。同產是指同父同母的兄弟姊妹。而死罪連座的最大範圍大致即是五服圖的第一圈，其家族關係最密切，情誼最濃厚，故法律連帶責任也最重。

的，唯如此刻厲，總非人情，因此難保不遭批評，如《風俗通義‧過譽》應劭即言：「凡同居，上也；通有無，次也；讓，其下耳。」

除了向大功之親推財外，累世同居共財的家族亦爲「義」之表現。按原始儒家的理念，共財極限只有三世，超過此一範圍，並不鼓勵，因爲一則難以實行，二則也不合人情。當秦漢之生分世，能如樊重、蔡邕三世共財者（《後漢書》〈樊重傳〉、〈蔡邕傳〉），已屬難得，至魏晉南北朝三世已逐漸普遍，但四世以上同居共財者仍不多見〔註173〕；歷史上被讚揚的「同居」必含「共財」，方可謂「家族」〔註174〕。然而唐宋以下，不乏十幾二十代累世共財的家族，卻成爲家族倫理的典範，政府褒揚，社會仰慕，稱曰「義門」。王圻《續文獻通考》卷八十二〈節義傳〉羅列的義居都是這類累世同居共財的家族。

然累世同居共財與原始儒家的家族倫理是背道而馳的，《儀禮‧喪服傳》共財範圍極限僅止於同祖兄弟而已，此外宗族間可以通財，但不硬性規定。「義門」不合乎儒家倫理，主要在於特別強調共同遠祖的所有成員，宜享平等待遇的「公義」，而忽視或排斥近親之間發乎人性的「私情」。累世同居張揚宗族之義，事實上會遭遇許多困難。至北宋宗族觀念終獲致改變，本乎一體之義，仿照中古世家大族的連綴，避免累世同居的敝端，又能發揮宗族通財的精神，兼顧共祖族人之公義與自己近親的私情，范仲淹的「義莊」、「義田」可謂是此一制度的創舉者。實際同居共財的家族範圍並不大，但取家族共產「義田」的收入贍濟群族，所幫助者多以貧苦族人爲主，於是家族「公義」的理念就在一升米、一縑衣之中實踐了。這種新式宗族由許多核心家庭、主幹家庭或共祖家庭所組成，由族譜、義田、祠堂和族長爲基礎，至明清時代

〔註173〕如北魏受盧氏家族人羨慕的家族同居，範圍僅限於祖孫三代，《魏書‧盧玄傳》附子〈度世傳〉：「父母亡，然同居共財，自祖至孫，家內百口。在洛時有飢年，無以自贍，然尊卑怡穆，豐儉同之。親從昆弟常旦省謁諸父，出坐別室，至暮乃入。」當時與盧氏齊名的還有楊播家族，《魏書‧楊播傳》言揚播之弟椿有曾孫，其他兄弟皆有孫，「一家之內，男女百口，緦服同，庭無間言」，同居共財的範圍擴大到五服的第三圈，但史臣評論其「當世莫逮焉」，可知類似此例之情形甚少。

〔註174〕像《通典》卷三〈關東風俗傳〉所說「瀛冀諸劉，清河張宋，并州王氏，濮陽侯族，一宗將近萬世，煙火連接，比屋而居」；或《宋書‧薛安都傳》述河東汾陰的薛氏「同姓有三千家」；《隋書‧孝義傳》汲郡徐氏「宗族數千家」，都只能算是同姓宗族的聚落，絕非共財的家族。

更爲興盛〔註175〕。魏晉以至唐代漸形發展並爲人所稱羨的累世同居，應有其造成的政治社會背景，但尚須留意的是社會上並非大多數人口皆累世同居。而至北宋新的宗族觀念與型態形成，當與士人在政治社會處境的變遷有關；再者，自漢代發跡至唐代更爲興盛的私社，至宋代後固然仍續有發展，但有部分職能已由宗族類似「義田」、「義莊」等贍濟系統所收納，這類變遷應即是唐宋變革期諸議題中的一環。

　　綜觀本節對於此時期民間結社名稱的討論，可以歸結出兩個系統。第一個系統是「社」，其功能主要乃是進行祈農報功的春、秋二社與集體宴飲活動，如「里社」、「村社」等，其主事者爲社老、社掾、社史、社正，成員則稱爲社民；第二個系統是「邑」，包括「邑義」與「法義」等，屬於民間的佛教團體，以造像、造塔、寫經、修寺、設齋等佛事爲主要功能，並兼有公共建設事業的進行。在名稱上帶有「義」字者，表示其成員有結義的關係，尤以「法義」最爲明確，直接稱呼爲法義兄弟姊妹。這些組織的首領稱呼頗多，以邑主、邑長、邑唯那、邑師等爲主，其成員則多稱爲邑子、邑人。至於如「北齊標異鄉義」的「義」組織，專以社會救濟活動爲其主要功能，其主事者及成員的稱呼不同於上述兩個系統，但由於材料未能多見，無法再提出另外一個系統，只能因其受佛法教義爲其思想之指導，進行佛教的慈善事業，故而將其歸類爲民間佛教結社的一員。總之，在魏晉南北朝「社」與「邑」是有明顯區分的，如上文論及法社時所揭的〈北齊天保三年（552）四月八日邑社曹思等石像之碑〉，「邑」「社」連稱，該民間組織即具備了造像興福與春、秋二社的功能，算是相當特殊的例子。

第三節　造像與民間佛教信仰

　　兩晉南北朝的民間佛教結社的史料多出自於碑志銘文之中，又集中於十六國北朝時代，除了「義」組織進行社會救濟事業外，以民間結社造像所遺留的題記爲最多，即使並非全然都是進行造像，但均是以興福、祈願等爲目的的佛教事業，這些事業爲方便討論，在無關其間差別時，本書概以造像稱之。本節的目的乃是藉由造像記中所反映的民間佛教信仰，探究民眾結社造像的動機。

〔註175〕杜正勝，《古代社會與國家》，頁 867～869。

（一）村落中佛教信仰的共同性
──以〈東魏與和四年李氏合邑造像碑〉為中心之探討

佛教的傳播僧侶與經典佔有舉足輕重的角色。造像記中多有僧人的題名，其與一般民眾的立場不同，他們負有佛法的推行、指導、勸化之責，而指導民眾立社造像的佛法教義，當亦有其經典供其依據，例如〈東魏興和四年（542）李氏合邑造像碑〉〔註176〕即可顯見《法華經》教義思想的指導〔註177〕，顏尚文更指出李氏合邑是以《法華經》思想為核心的「佛教社區共同體」〔註178〕，本書即以顏氏的研究，作為探討民眾結社造像思想信仰動機的楔子。

東魏〈興和四年（542）李氏合邑造像碑〉記錄了東魏邊疆的李氏豪族所發起依《妙法蓮華經》的思想指導而從事建寺、造像、種義樹、造義井等活動。此碑文在學界是頗受重視的〔註179〕，除了由豪族主導的跡像明顯，教義

〔註176〕《北京圖書館藏中國歷代石刻拓本匯編》第六冊，頁90，有碑額、碑陽拓文照相版，題為〈李顯族造像碑〉，出於河北正定；《魯迅輯校石刻手稿》第二函第二冊，頁313～324，手寫本碑的碑額、碑陽、陰、左、右側等詳細文字資料，題為〈李氏合邑造像碑〉，並記於河南滑縣出土。大村西崖，《支那美術史・雕塑篇》（東京：佛書刊行會圖像部，1920年），頁260，詳錄本碑碑陽全部文字，依據〈校碑隨筆〉所記碑在直隸正定縣。因此，本碑出土於河北省正定縣的可能性較大，但仍尚待進一步查證。

〔註177〕《妙法蓮華經》是大乘佛經中廣泛為人們信奉的經典之一，主張眾生皆具平等大智慧，且經由菩薩行漸次深廣的實踐過程，人人皆可莊嚴國土與畢竟成佛。自鳩摩羅什在長安譯出本經（406）後，法華思想廣為高僧們所研究，例如：劉宋・竺道生（355～434）的《妙法蓮華經疏》二卷；釋慧觀（424～453）的〈法華宗要序〉；梁・釋法雲（467～529）的《法華經義記》八卷；隋・釋智顗（538～597）以《法華玄義》二十卷、《法華文句》二十卷、《摩訶止觀》二十卷，開創了以法華思想為核心的「天台宗」。鹽入良道，〈天台智顗的法華經觀〉，收入：《講座大乘佛教》第四期，《法華思想》；林久稚譯（台北文殊出版社，1987年）。《妙法蓮華經》的介紹參見：顏尚文，〈北朝佛教社區共同體的法華邑義組織與活動──以東魏〈李氏合邑造像碑〉為例〉，《佛學研究中心學報》第一期（台北：1996年），頁167～169。

〔註178〕顏尚文，〈北朝佛教社區共同體的法華邑義組織與活動──以東魏〈李氏合邑造像碑〉為例〉，《佛研究中心學報》第一期（台北：1996年），頁167～169。

〔註179〕盧建榮，〈從造像銘記論五至六世紀北朝鄉民社會意識〉，《師大歷史學報》第二十三期（1995）依〈李氏合邑造像碑〉作為討論當時鄉民社會意識的依據，論證頗為精湛，但未涉及法華思想、邑義結構等部分。顏尚文，〈北朝佛教社區共同體的法華邑義組織與活動──以東魏〈李氏合邑造像碑〉為例〉，《佛學研究中心學報》第一期（台北：1996年），頁167～184，對於〈李氏合邑造像碑〉中的法華思想、李氏合邑的組織結構、李氏豪族的作用都有精闢的

上的指導思想明確外，最重要的還是在於諸多造像邑材料中，少數可見有種
義樹、造義井的公共建設活動的材料，此一部分留待下節論及豪族共同體中
豪族的救濟事業時，再予以討論。

因該碑正面銘文第一行題為「大魏興和四季歲次降婁十月甲午朔八日辛
丑李氏合邑造金像碑頌文」，故將此碑稱為〈東魏興和四年（542）李氏合邑
造像碑〉，碑正面的記文及銘文近六百字，全篇充滿法華思想，尤其第四行有
「開三為級小之心，演一為接大之則」文句，突顯《法華經》主要義理結構
中「開三演一」的「開會思想」〔註180〕。「開三為級小之心」係指大開方便，
開展聲聞等三乘級近於小乘之心境；「演一為接大之則」乃演說一佛乘以接引
三乘等一切眾生為進入大乘終極境界的法則〔註181〕。碑額正面佛堪兩緣題名
為「都唯那大像碑主李顯族、開二佛光明主洛州從事李雌」，顯示李雌為「二
佛並坐」的佛像開光者。「二佛並坐」是《法華經》流傳中所形成的獨特造像
型式〔註182〕。而碑額反面像堪兩緣題名為「北面像主李珎資、開經主比丘僧
曇蓋」，顯示有比丘僧為專門開講《法華經》的「開經主」。碑左側第四列第
五行題名為「法華經主連景嵩」。

由〈李氏合邑造像碑〉反面的「開經主」與碑左側的「法華經主」以及
碑正面銘文的法華思想，當可證明〈李氏合邑造象碑〉係以《法華經》為最

討論，唯一較可惜的是對於此碑文中提到的種義樹、造義井，並沒有與其文
曾提及的「豪族共同體」中，豪族的救濟議題一起再深入探討。其他相關研
究可參見：林保堯，《法華造像研究》（台北：藝術家出版社，1993年）一書，
乃是針對法華思想主導邑義造像的大作，從法華義理與圖像等方面切入，提
供這方面的研究典範。

〔註180〕「開會」係指對小乘的「開」除方便，使「會」入大乘真實的意思，對於實
踐的聲聞、緣覺、菩薩等無有三乘的差別，直演說「一切人都能成佛」而會
入大乘。參見：張曼濤編，《現代佛教學術叢刊》第五十八冊《天臺典籍研究》
（台北：大乘文化出版社，1979年），頁231。

〔註181〕「開三演一」、「開三會一」等思想，源於《妙法蓮華經》卷二〈譬喻品〉的
「三車火宅譬」以及〈信解品〉的「長者窮子譬」。收入：《大正新修大藏經》
第九冊，頁17下、18下、19上。相關研究參見：顏尚文，〈北朝佛教社區共
同體的法華邑義組織與活動——以東魏〈李氏合邑造像碑〉為例〉，《佛學研
究中心學報》第一期（台北：1996年），頁174～175。

〔註182〕林保堯，《法華造像研究》，頁237～269。《妙法蓮華經》，〈見寶塔品〉第十
一：「（多寶佛）行菩薩道時，作大誓願：若我成佛，滅度之後，於十方國土，
有說法華經處，我之塔廟為聽是經故，踊現其前為作證明。……多寶佛於寶
塔中分半座與釋迦牟尼佛。……大眾見二如來在七寶塔中師子座上結加趺
坐。」《大正新修大藏經》第九冊，《妙法蓮華經》卷四，頁17下。

高的指導經典。在此思想薰陶下，從石刻銘文第六行至第十四行可認識到以「都邑金像義井主長樂太守李次」為首，「都唯那大像碑主李顯族」為輔，領導村邑中的宗族、居民同發宏願，先在村中造寺、建僧坊、講堂、寶塔，接著「妙悟日益」再「重興勝福，復於村南二里」造「石井一口，種樹兩十根，以息渴乏」便利商旅所需。其後又「由前生後，信心彌著」再「造天宮浮圖四，交龍石碑像一軀。訪匠妙盡於寰中，召能募出於宇內。」村邑中的李氏宗族與其他居民，在《法華經》「開三演一」的思想薰陶下，不斷的從事佛教建寺、安僧、講經、造井、種樹等活動，並立碑傳諸於後世。

顏尚文認為這個「李次所領導的村邑佛教集團係以『法華思想』為凝聚樞紐的『佛教社區共同體』」、「鄉里豪族共同體成員以佛教信仰為精神紐帶，他們有共同的價值觀念、共同的歸屬感與集體行為，或許我們可以將這些施行佛教活動的社區性豪族共同體稱為『佛教社區共同體』」。在這個佛教社區共同體中，佛教文化內化至社區成員的的集體思想與共同體意識，這種集體意識，已經由個人到宗族、社區、國家而廣延到無遠弗屆的法界一切眾生，他們的人生觀、世界觀踰越儒家的家族、國家情懷。〔註183〕

但我們不禁要再細問，「施行佛教活動的社區性豪族共同體稱為『佛教社區共同體』」，那麼在以豪族為主導的共同體中，為何豪族會選擇使之成為「佛教社區共同體呢」？除了因豪族本身或其宗族、鄉黨因信仰佛教而共同從事其志業之發揚外，還有其他目的嗎？「佛教社區共同體」中因佛教信仰而產生的「共同性」在社會生活中發揮了多少程度？如果單就造像記而言，僅是因其成員皆有「法華思想」，而建寺、安僧、講經、造義井、種義樹，恐怕也不足以構成「共同體」的條件；就其時空背景而言，佛教也不太可能在原有的豪族共同體中取代豪族的角色。所以或許認識為：「李次、李顯這個豪族共同體中，另有某種程度的佛教《法華經》思想的共同性。」可能較能貼近其義。關於共同體內這種佛教思想的共同性，對於共同體的主人（豪族）具有什麼意義或影響，使其不但能支持並加以組織，就留待下節再議。

此時期佛教信仰的共同性最具意義的地方，在於做為一種新信仰的輸入，使中土原本多樣化的傳統信仰之外增加了共同性的成分，使廣大地區範

〔註183〕顏尚文，〈北朝佛教社區共同體的法華邑義組織與活動──以東魏〈李氏合邑造像碑〉為例〉，《佛學研究中心學報》第一期（台北：1996年），頁169、174、176。

圍的人們在一定程度上具備了共同的信奉對象、共同的信念與追求。基於這種共同的信仰，村落內的信眾或相鄰村落的信眾還結成團體，共同從事佛教活動，強化了他們之間的聯繫。不同區域、不同背景的人們具有了相互聯繫的潛在可能，利於整個社會共同精神生活的養成〔註184〕。劉淑芬研究指出佛教促進了鄉村社會整合的作用，顯現在村落內不同姓族的聯結、村落之間的聯繫、以及縮小社會差距三個方面。〔註185〕

不可諱言地，十六國北朝時期華北廣大地域所流行的造像之風，是佛教思想「共同性」的產物，但佛教思想的「共同性」，其緣由乃是中土原本故有的宗教信仰之外增加了共同性（即佛教）的成分，因此在民眾結社造像所表現的思想動機上，就值得探討：只是單純的佛教信仰所然，抑或是在雜揉有傳統信仰的成分，而這也有助於瞭解當時一般的民眾信仰。佛教是不是完全取代了傳統的信仰？接收佛教信仰的民眾是成為一位「完全」的佛教徒，或只是片面的選擇部分教義？如果後者成立的話，那麼他們的選擇有何依據？就以上述的〈東魏李氏合邑造像碑〉為例，我們姑且不論李氏豪族共同體內，其宗族或鄉黨，是不是所有人都有佛教《法華經》的思想信仰，並都加入了這個以《法華經》思想為主導的造像邑，而單就造像邑本身成員而言，他們即使也都是虔誠的佛教徒，那是否代表這些人的宗教信仰中，佛教信仰是其唯一呢？他們所選擇的奉佛方式，除了心理上服膺佛法教義並從其教義指導之外，是否尚有其他因素？

（二）由造像記看民眾對佛教教義的理解與認識

在目前所知諸多的造像記中，並非都能如上所引〈東魏興和四年（542）李氏合邑造像碑〉中的記文，可以明確瞭解是以《法華經》做為合邑造像的信仰思想指導，有許多造像記並不易辨識其所據之經典或指導的教義，但造像記中的願文都可以揭露造像者的目的〔註186〕，並道出信仰的部分內涵，即

〔註184〕侯旭東，《五、六世紀北方的民眾信仰》，頁269～271。

〔註185〕劉淑芬，〈五至六世紀華北鄉村的佛教信仰〉，《史語所集刊》第六十三本三分（台北：1993年），頁536。

〔註186〕就願文的形式而言，其篇幅一般不過百字，短者寥寥數字，如供養、供養從心、願願妞心、平安等，不一定有發願對象。長可數十字，一般都包括發願對象與祈願兩部分。發願對象上至君主帝王、州郡令長，下及造像者七世父母、師僧、所生父母、存亡眷屬，旁及朋友、眾生有形等。一般而言，在同一造像題記中發願對象通常要比造像對像範圍來得廣泛，如〈太安三年（457）九月二十三日宋德興造像〉發願對象包括先師、七世父母、內外眷屬、知識、

民眾對佛教教義的理解與認識，以及其內心之渴求。侯旭東對此有相當細緻的研究，其說大致如下：五、六世紀佛教信徒多接受了佛教輪回觀念，開始關注來生歸宿，故祈願亡者或己身死後升天，或托生西方淨土者頗多，構成了生死觀的巨大變化。造像記的願文中，早期是以祈望升天者多，而西方淨土的觀念則從五世紀末開始流行，六世紀三十年代後才漸成主流；然而大部分信徒「天」界的理解仍不夠深入，他們心目中的天實際已等同於佛國淨土。願文內容所表現的兩大主軸是離苦與得樂，其流行有本土觀念的的作用，亦可見佛教的天堂地獄、六道輪回說之影響，其中得樂祈願的流行與接受西方淨土說有一定的關係。流行的「值佛聞法」〔註187〕與「龍華會首」〔註188〕

亡女、一切眾生等，而造像對象僅亡女一人。該記見：金申，《中國歷代紀年佛像圖典》（北京：文物出版社，1994年），頁438。至於祈願內容一部分使用佛教術語，一部分則爲與佛教無關的世俗祈願，如帝祚永隆、長隱、長壽、無病、得福等。

〔註187〕「值佛聞法」即是直接聆聽如來或佛法言的聲聞弟子，聲聞弟子可借助佛之點化，無須長期修練，很快解悟法相，但這必須是釋迦牟尼佛在世時才可能。但造像記中祈願值佛聞法者，苦望值佛而無論是現世還是來生，此土還是他方，追求借助佛力（外力）解脫，不選擇曠日持久的自證、自悟的修行態度。在造像記中信徒對「值佛聞法」的表述大致可分爲三種，一是僅強調與佛相見，如〈太和四年（480）四月二十日越明造像〉中的「常與佛會」、〈北魏神龜三年（520）四月十三日翟蠻造像〉中的「侍佛左右」；二是希望與不止一尊佛見面，如〈太安三年（457）九月二十三日宋德興造像〉中的「值與諸佛」；三則是盼望見佛後能聽佛說法，如〈延昌三年（514）七月九日劉歸安造像〉中的「見聞佛法」。較早期的祈願多數不知道會遇到哪尊佛，也沒有明確希望遇到哪尊佛，「見佛」往往成爲最終的目的，這或許意味著一種渴望見佛的較盲目追求。上引諸造像記分別收入：金申，《中國歷代紀年佛像圖典》，頁445、438；《北京圖書館藏中國歷代石刻拓本匯編》第四冊，頁80；《魯迅輯校石刻手稿》第二函第一冊，頁77。

〔註188〕「龍華會首」是基於彌勒經典中宣揚的彌勒下生成佛，召開龍華三會之說而產生的。此說分別見《彌勒成佛經》、《彌勒下生經》等，主要內容是彌勒在兜率天五十六億年以後，下生人間，於金剛莊嚴道場龍華菩提樹下成佛，爲眾多天人眾生解說四諦、十二因緣諸法，前後於龍華樹下華林園舉行三次說法盛會，與會者盡得阿羅漢果。參見：楊惠南，〈漢譯佛經中的彌勒信仰〉，《文史哲學報》第三十五期（1987），頁157～158。但就五、六世紀北方信徒而言，祈生「龍華三會」者與求上升兜率天、崇拜供養彌勒者相脫離，作爲一種獨立的觀念與祈願流行於世。其在造像記的願文中說法頗多，如〈北魏太平眞君四年（443）苑申造像〉：「彌勒下生，龍華三會，聽受法言」或〈北魏神龜二年（519）四月二十五日尼法文法隆造像〉：「彌勒三唱，桓登先首」等。祈願對象包含死者亦不排除生者。據侯旭東研究，在六世紀三十年代以前大部分信徒只是單純希望參加龍華三會，尚不太要強調參與初會，

之祈願則表達了信徒對佛及解脫方式的認識與追求。渴求見佛，無論是泛指的佛，還是彌勒佛，聽法得悟，反映了信徒崇尚外力解脫的心理，這與本土固有的信仰觀念一脈相承。而成佛與正覺則是信徒所追求的最高境界，不過不同背景的信徒其追求則各有側重〔註189〕。以上這些與佛教有關的內容構成了祈願的主體，至於世俗性的祈願種類雖多，但在祈願中出現的次數較少。這都說明了在佛教思想的衝擊下，來生的關切與解脫問題成為信徒注意的焦點，對現世利益的追求地位下降，不過這種變化對信徒整個人生有多大的影響仍尚難知曉。〔註190〕

由造像的祈願可見信徒信仰思想的內涵，但這還不足以說明為何是以造像來表現。而且侯旭東在上述對祈願內容的研究中續言道，「就大部分信徒的信仰水平而言，其信仰仍是零散、不見系統的，崇奉對象與祈願間多缺乏內在的意義關聯，同一造像的祈願間多無內在的聯繫，只有少數信徒的祈願具備了一定的內在關聯與邏輯性。」〔註191〕也就是說並不存在著有什麼樣的信

所以祈願多如上〈苑申造像〉所云。三十年代以後則希冀參與龍華初會，求登先首者漸為主流，祈願多如〈太昌元年（532）六月七日樊奴子造像〉云：「三會初興，願登先聞」或〈西魏大統元年（557）二月十二日張始孫造像〉云：「彌勒初會，願使先首」。信徒參與龍華三會的主要目的是聞法進而悟解玄宗，獲得正覺。其與「值佛聞法」所體現借助外力以獲正覺的心態是相同的。參見：侯旭東，《五、六世紀北方的民眾信仰》，頁196～214。上引諸造像記分別收入：金申，《中國歷代紀年佛像圖典》，頁 436～437；《北京圖書館藏中國歷代石刻拓本匯編》第三冊，頁125、第五冊，頁165、第八冊，頁97。

〔註189〕信徒所追求的最高境界，在願文中有多種不同的說法，其中成佛、成道、成正覺的含義大致相同，至於登十地、悟無生忍、至彼岸等，根據佛經含義並不完全相同，可參見：《望月佛教大辭典》卷三、五，頁1973、4286、4835。祈願中還是以成佛與成正覺為主，兩者含義實質相同，僅表述角度有別。正覺指的是真正覺悟到宇宙人生的真理，斷盡諸惑，側重達到的精神境界；成佛除這一層意思外，還包含著成為佛一樣的具有三十二相，八十種好，種種神力的意義在。侯旭東的研究指出在造像記的願文中，祈願成佛者平民占三分之二，僧侶居中，官吏極少；至於祈願成正覺者平民就相對較少，似乎貧民更樂於接受成佛而非正覺，似乎暗示著他們更看重佛本身的法力，而不是內在的境界。侯旭東，《五、六世紀北方的民眾信仰》，頁204～211。

〔註190〕侯旭東，《五、六世紀北方的民眾信仰》，頁150～248。

〔註191〕侯旭東，《五、六世紀北方的民眾信仰》，頁 248。有少部分信徒的祈願體現出一定邏輯性，並顯示一定程度的佛法意義，如〈天平四年（537）正月二十八日比丘惠暉等造像〉云：「六道眾生，永拔困苦，生生值聖聞法，悟玄，速成正覺。」透過「值佛聞法」來實現成正覺。但較多的情形是信徒在祈願中

仰內容，就必然有什麼相應的造像產生。因此在在都顯示民眾之所以造像，除了佛教信仰的動機外，應還有其他重要的因素；而且祈願中反應的佛教信仰既然與造像缺乏系統性的關聯，那麼多少也表示在一定程度上信徒對佛教信仰是帶有選擇性的，那麼取捨的關鍵又是什麼呢？這可以從信徒對佛教的信仰，只需造像祈願而不用奉戒來談起。

（三）造像是在不放棄固有的生活與行為方式下，最不費氣力而能獲致功德福報的辦法

對於造像興福、禮拜供養形象，西土傳來的有關佛經多表提倡，但未對其提出具體要求。而上層僧侶在承認其存在之必要性的同時，還進一步示以規範，強調興福、造像之徒是必須遵從佛教戒律的。在〈與桓太尉論料簡沙門書〉中慧遠指出：「經教所開，凡有三科，一者禪思入微，二者諷味遺典，三者興建福業，三科誠異，皆以律行為本。」雖認可福業存在，也十分明確地指出興建福業也須遵守戒律〔註192〕。佛教中的戒是指為信徒制定的規範，用以防惡止非，並強調通過信徒持戒，即進行防惡修善的道德修持實踐，以及定、慧之學的修習來獲得解脫。戒是三學的基礎，信徒持戒多少與獲得善報多少成正比，所以有「全一戒者，則亦得為人」，「全五戒則人相備，具十善則生天堂」，「人有高卑，或壽夭不同，皆由戒有多少」之說。依佛理，興福之徒亦不應例外，首先得要奉戒。〔註193〕

但從事福業的信徒中奉守戒律的情況，從造像的祈願文中僅個別信徒希望「戒行日增」〔註194〕，絕大部分的信徒並沒有這方面的追求，他們大概亦不持戒。北魏時奉佛有名者如馮熙，「為政不能仁厚，而信佛法，自出家財，

雖常包括有「值佛聞法」、「龍華會首」與成佛、成正覺兩部分，但並未加以連結以構成較系統性的說法，往往是如〈武定三年（545）劉晏造像〉云：「（亡孫）世世直遇諸佛，居家眷屬一時成佛」，或〈北齊天統三年（567）四月八日宋寶造像〉云：「見在眷屬，值佛聞法，四生之類，等成正覺」。這些信徒祈願對像各不相同，其間也缺乏意義關聯，實屬簡單的附合、拼湊。上引諸造像記分別收入：《魯迅輯校石刻手稿》二函二冊，頁 253；《支那美術史・雕塑篇》，頁 270；《北京圖書館藏中國歷代石刻拓本匯編》第七冊，頁 183。
〔註192〕《大正新修大藏經》第五十二冊，《弘明集》卷十二，頁 85 中。
〔註193〕《大正新修大藏經》第五十二冊，《弘明集》卷十三，郗超，〈奉法要〉，頁 86 下。相關研究參見：侯旭東，《五、六世紀北方的民眾信仰》，頁 255～258。
〔註194〕如〈北魏延昌二年（513）八月二日尼法興造像記〉，收入：《八瓊室金石補正》卷十三，頁 73。

在諸州鎮建佛圖、精舍，合七十二處，寫一十六部一切經。延致名德沙門，
日與論講，精勤不倦，所費亦不貲」，其奉佛不可謂不誠，福業不可謂不大，
其寫經至今尚有保存於敦煌者〔註195〕。但他卻無視佛教戒規，「在諸州營塔
寺多在高山秀埠，傷殺人牛。有沙門勸止之，熙曰：『成就後，人唯見佛圖，
焉知殺人牛也。』」、「爲州，因事取人子女爲奴婢，有容色者，幸之爲妾。」
〔註196〕熙之所做所爲，違反了五戒中的不殺生、不淫邪兩條，他卻仍振振有
辭，自恃捨財興福便可穩得善報。造成這種狀況的原因除了僧伽管理不嚴外
〔註197〕，本土文化中本不存在個人道德與其命運幸福的聯繫，亦使戒律植入
人心頗爲不易。特別是受持戒律，哪怕是最基本的五戒也要改變人們的生活
方式，實踐起來自然阻力重重。而左右民眾選擇以造像而不需受戒的更爲深
刻的原因，是民眾的宇宙觀，及其支配下的行爲模式。〔註198〕

1. 趨吉避凶──以機械原則安排日常生活的宇宙觀

據研究中土民眾傳統觀念中的宇宙觀有雙重性質，一方面，它是一個機
械性的世界，世界中的一切現象都經由時日的規劃而呈現出來；另一方面，
它是有靈、有鬼的世界。且後者被限定在前者機械性的框架中。因爲那些不
爲人所喜的鬼神與事物，可運用一些方法趨吉避凶，這些方法就逐漸發展成
已設定好吉凶禍福的固定時日，也就是規範成上述機械性的世界；人們只要
依此選擇生活與行爲的內容與形式，所以其生活不是完全命定的，仍有某種
自主性。若想要獲得理想的命運，只須在擇日與擇時上投注心力。因此就無
需道德的反省，一切道德的修養基本上都被否定了。〔註199〕

此論是根據睡虎地秦簡《日書》篇得出的。雖然《日書》反映的是公元

〔註195〕饒宗頤，〈北魏馮熙與敦煌寫經〉，收入：氏著，《選堂集林史林》上（香港：
　　　　中華書局香港分局，1982 年），頁 421～425。

〔註196〕《魏書》卷三十八〈外戚傳上〉。

〔註197〕如謝和耐所云：「中國和尚們沒有看到佛教戒律規則中的一些的強硬規定。對
　　　　於他們來說，……遵守戒律取決於各自的能力。」見：氏著；耿昇譯，《中國
　　　　五至十世紀的寺院經濟》（蘭州：甘肅人民出版社，1987 年），頁 300。史料
　　　　中所見僧侶破戒犯規之事頗爲不少，如《周書·柳慶傳》稱有人曾與一沙門
　　　　再度酣宴，醉畫寢云云；而時人亦有攻擊此一弊端者，如《顏氏家訓·歸心》，
　　　　頁 372。做爲世間佛教事業指導者的僧侶尚且如此，他們又如何要求其他信
　　　　徒秉持戒律呢？

〔註198〕侯旭東，《五、六世紀北方的民眾信仰》，頁 258～261。

〔註199〕蒲慕洲，〈睡虎地秦簡《日書》的世界〉，《史語所集刊》六十二本四分（台北：
　　　　1993 年），頁 663～664。

前三世紀民眾觀念與行為的模式，但宇宙觀與行為方式乃是人們觀念中很基本、很核心的內容，一旦形成，即具有相當的穩定性，不會輕易變化。像這類設定宜忌的曆譜著作傳統，到往後的南北朝，甚至更久以後，仍賡續不絕；不論是出土文書或傳統文獻的記載均不少，如王充《論衡》、崔寔《四民月令》、東魏賈思勰《齊民要術》都頗多引述這類內容的書籍，再如《氾勝之書》、《雜陰陽書》等，也指示五穀種植、生長的宜忌日期。在出土文書中，敦煌所出北魏太平真君十一、十二年的曆書上標注了每月朔日的建除日直〔註200〕。另據《資治通鑑》卷一一五「晉義熙六年正月條」，載「往亡」之說在東晉頗為盛行，《顏氏家訓・雜藝》：「反支不行，竟以遇害，歸忌寄宿，不免兇終」，可見「反支」、「往亡」之說在南北朝時期應深刻影響著人們的生活。

　　兩漢南北朝時逐漸形成的日常生活時令安排，就反映在《四民月令》、《風俗通義》、《荊楚歲時記》中的月令習俗，與《日書》指導下的活動編織了人們生活的主幹。《日書》指導下的生活，要求人們在具體活動前要據日書或曆譜定奪；《月令》中見的安排多屬固定化的，不因年份的推移而變化。前者是「日禁」，後者可能屬於「月諱」。「月諱」同樣承認世間有鬼，且鬼的活動嵌于機械性的世界內，有規可循。具體時刻的活動如三月三日曲水流觴、五月五日佩長命縷、九月九日插茱萸一類，或是除鬼去厄的最佳時機或辦法。〔註201〕

　　在上述的宇宙觀下，人們認為個人禍福生死，乃遭逢吉祥、觸犯兇忌所致〔註202〕。受這種觀念支配，人們只需遵從一定的原則來安排日常生活，便可去災免禍，或偶有冒犯，則由祭祀來消弭，如王充《論衡・解除》曰祭祀之後，「心快意喜，謂鬼神解謝，殃禍除去。」及《論衡・譏日》曰：「世人舉世不考于心而合于日，不參于義而驗於時。」無需進行內心的反省與道德自律。這種觀念與行為方式在面臨外來的新文化衝擊時，同樣制約著人們的

〔註200〕鄧文寬，〈敦煌本北魏曆書與中國古代月蝕預報〉，收入：北京圖書館敦煌吐魯番學資料中心、台北南海雜誌社合編，《敦煌吐魯番學研究論集》，北京：書目文獻出版社，1996 年，頁 361～365。

〔註201〕侯旭東，《五、六世紀北方的民眾信仰》，頁 262～263。

〔註202〕如：王充《論衡・辯祟》描述世俗之人：「舉事若病、死、災、患，大則謂之犯觸歲月，小則謂之不避日禁」、「人之疾病死亡，及更患被罪，戮辱歡笑，皆有所犯，起功、移徙、喪葬、行作、入官、嫁娶，不擇吉日，不避歲月，觸鬼逢神，忌時相害，故發病生禍……至於死亡，殫家滅門，皆不重慎犯觸忌諱之所致也。」因此日常生活中「歲月之傳既用，日禁之書亦行，世俗之人，委心信之」、「世人無愚智、賢不肖，人君布衣，皆畏懼信向，不敢抵犯。」

選擇。當人們接觸到佛教並爲其所吸引時，自然傾向於與其故有行爲方式相近的修行辦法；佛教教義的核心如持戒、道德反省、自律等，因悖於常行，難以激起共鳴，故一般人應者無多。而佛經中倡導的造像興福則爲信徒網開一面。因爲佛典出自多途，諸經之書說頗多相戶抵觸、矛盾。在持戒的問題上亦復如是。有些經典暗示不必持戒，亦有其他與持戒同樣效果的方法，大啓方便之門。如宣揚興福的經典中往往不提奉戒問題，後漢時譯的《佛說未曾有經》、《佛說作佛形像經》、《佛說諸德福田經》等皆是〔註203〕。一方面信徒便可依此爲據，只要出錢造像便能招致福報或死後登天，且佛經中還宣揚造佛像無論大小均有功德〔註204〕，且還可數人、數十人乃至數百上千人集資造像，平均下來每個人承擔的費用也不多了；甚至還可以泥造像，花費當然更少。因此不需要爲奉佛去改變故有的生活與行爲方式；如此一來，自然造像興福者趨之若鶩，而持奉戒條者少之又少了。〔註205〕

造像供養成了本土民間祭祀的延續與變種。中國傳統祭祀的具體表現，是用禮物向神靈祈禱（求福曰祈，除災曰禱）或致敬；祈福是目的，獻禮是代價，致敬是手段〔註206〕。造像供養實際與傳統祭祀性質一樣，佛菩薩像即是變像的神靈，供養則涵蓋獻禮與致敬，祈願即是傳統祈禱的表現。使傳統的行爲方式以新的形式繼續存在下去，顯示其頑強的生命力與廣泛的適應性。如傳統祭祀中，不論朝廷或一般平民百姓的祭祀，時間都是固定的〔註207〕。而造像中顯露出來對時間的重視，應也是本土觀念的延襲與發展〔註208〕，只

〔註203〕再如《雜寶藏經》卷五記述譬喻故事頗多，其中有〈長者夫婦造作浮圖生天緣〉、〈長者見王造塔亦復造塔獲報生天緣〉等宣揚興造功德者，均未云長者須受持五戒或八戒，只說因造塔或浮圖之功德死後得升天。

〔註204〕《佛說未曾有經》說起大如菴摩勒果之塔，其剎如針，上施盤蓋如酸棗葉，或作如撬麥大的佛像均可獲得不可稱量的功德。《大正新修大藏經》第十六冊，頁781下。再如北周人引《涅盤經》云：「造像若佛塔，猶如大姆指，常生歡喜心，則生不動國。」參見：《大正新修大藏經》第五十二冊，《廣弘明集》卷十〈周天元立有上事者對衛元嵩〉，頁157下。

〔註205〕侯旭東，《五、六世紀北方的民眾信仰》，頁265。

〔註206〕詹鄞鑫，《神靈與祭祀──中國傳統宗教綜論》（南京：江蘇古籍出版社，1992年），頁172。

〔註207〕朝廷祭祀的日期見於《史記、封禪書》、《漢書、郊祀志》、《續漢書、禮儀志》；而百姓常規的祭祀時間在《四民月令》中有較詳細的記載。相關研究可參見：詹鄞鑫，《神靈與祭祀──中國傳統宗教綜論》下編第三、五章。

〔註208〕十六國北朝時期，造像者越到後期越重視造像的日期與放置的地點，所選定的日期多集中在某些特定的日子，如二月八日、四月八日、七月十五日的情

是造像時間的擇定，與當時流行的時日吉兇間，是否存在直接的聯繫，由於尚無法復原此時期的完整曆譜，所以只能候之來日。再如本土傳統中，無論是祭祀還是造墓築室，均重視地點的擇定。朝廷儀規自不待言，地方山川祭祀亦要選當地有神驗之名山，祭壇設置的具體地點、方向亦需費一番斟酌〔註209〕，而造像中所出現的擇形勝之處立像之現象，亦應是本土觀念的繼續。

2. 民眾的佛教信仰──依靠外力及功利傾向

　　僧侶在推動民間造像時所宣導的「成佛像身觀」，也是配合民眾的本土觀念而成。所謂「成佛像身觀」是造像記中，可見信徒透過觀睹現世中，反映佛之眞容、重現宣法聖地之造像來達到啓悟、殄障、喜惑、發心之目的，說明了造像與信徒覺悟間的關係，爲信徒提供了一條便利的途徑。同時以再現眞容的造像爲媒介，解決信徒啓悟必須依靠佛之點化，但現世中卻又無佛的矛盾。如〈武定三年（545）七月十五日河南沁陽僧惠等造天宮像記〉云：「（大覺）皓林促變，隱影靈遷，圓明息曜，三界悲動，四生號慕，賢徒泣血，能言瀝地。」〔註210〕〈大統十三年（547）九月八日陳神姜造像〉云：「誕（？）應王宮，化盡有緣，終歸大寂，自眞儀隱影，創生懷感。」〔註211〕上文揭示過的〈興和四年（542）李氏合邑造像〉亦有云：「但以眾生福盡，不善諸業，百八云張，耶（邪）風竟扇，致令靈曜潛暉，遷感異域，自聖去遙延，華道喪然。」〔註212〕表達了釋迦牟尼寂滅雙林的悲痛心情，並對其寂滅做了一番分析。〈天保七年（556）陶長貴造像〉指出：「自能仁滅影，□迹雙林，含生

況越來越多，這三天分別是釋迦成道、釋迦誕生與盂蘭盆節，這三天以外其他日期造像的分布很分散。此外，生者爲死者追福，按七七做法的風氣也漸流行，爲亡者造像的日期也開始與七七法事掛勾，但就造像記資料本身的限制，相關例子並不多，可如〈武定二年（544）四月十四日楊顯叔爲亡父造像〉云：「（亡）考忌十日日敬造石像四軀，願令亡者生常值佛。」忌十四即是二七。「七七」說之根據有源於《論衡・訂鬼》者亦有取自佛家之說者，此俗在隋唐以後影響日熾。按七七日爲死者做功德造像，使造像日期與死者命終之日間形成相對固定的關係，亦有在固定時間內造像的意義。侯旭東，《五、六世紀北方的民眾信仰》，頁250～252。

〔註209〕如〈祀三公山碑〉云：「卜擇吉□治東，就衡山起堂立壇」；〈白石神君碑〉亦云：「遂興靈宮於山之陽營宇之制，是度是量，卜云其吉，終然允臧」。高文，《漢碑集釋》（開封：河南大學出版社，1985年），頁32、472。
〔註210〕《北京圖書館藏中國歷代石刻拓本匯編》第六冊，頁124。
〔註211〕《北京圖書館藏中國歷代石刻拓本匯編》第六冊，頁11～14。
〔註212〕《北京圖書館藏中國歷代石刻拓本匯編》第六冊，頁90。

□蘊，纏迷苦海。」〔註213〕由於沒有釋迦的開悟，眾生只能在苦海中掙扎，描述了大覺去世後眾生的狀況。他們表述此一事實時，使用「潛暉」、「隱曜」、「息曜」一類詞語，視釋迦辭世為日光隱沒，但畢竟終能復出再照。但佛的復出畢竟是一種渴望，信徒們心懷期待的同時，又深知現世中實處在無佛狀態，且眾生又無法究竟義理，惟依靠佛力開悟（由上文對民眾造像願文的敘述可知），於是依靠佛像便是出路之一，用佛像來表現釋迦牟尼之真容。如〈永熙三年（534）山東臨淄高抑村法義兄弟二百人造像〉云：「夫大覺遷方，托靈像以□福，法雄謝世，寄三乘以存教。」〔註214〕而〈武定八年（550）河南禹縣杜文雅等造像〉則云：「真仙舍逝，屍彼虛空，蒼生靡托，雕鎔遺容。」〔註215〕明確指出雕造遺容是為了使眾生在無佛狀況下有所依托，暗示佛像具有代替真容的作用。

當時的高僧大德亦持有許多類似的觀念，但似無創立「見佛啟悟」之說〔註216〕，應是支持參與造像活動的中下層僧侶所為。以興造為事之僧侶欲斂集足夠的財物來興福修像，則必須廣泛吸引信徒參與其事，要「勸化邑義」、

〔註213〕《北京圖書館藏中國歷代石刻拓本匯編》第七冊，頁 55。

〔註214〕《魯迅輯校石刻手稿》第二函第一冊，頁 215。

〔註215〕《北京圖書館藏中國歷代石刻拓本匯編》第六冊，頁 162。

〔註216〕釋慧遠，《沙門不敬王者論·體極不兼應》、道安〈十二門經序〉、支遁〈釋迦文佛像贊〉，對於如來悲愍眾生沉淪苦海，而解救群迷以及最終匿跡雙林，及其寂滅後的情狀亦多有描述，他們同樣以「世不值佛」、「生值佛後」為憾事，參見：《大正新修大藏經》第五十五冊，《出三藏記集》卷六，道安，〈陰持入經序〉、〈十二門經序〉，頁 45 上、46 上。但大德們所認定的現實中眾生解脫之路卻與造像興福之徒不同。他們反復伸述經典的重要性，強調通過戒定慧三學去悟玄解宗；而禪定被認為是「三乘之大路」，不行斯法，則如「無柯而求伐，不飯而尋飽，難以獲矣。」參見：《大正新修大藏經》第五十五冊，《出三藏記集》卷六，道安，〈十二門經序〉，頁 46 上。他們一般不否認包括造像在內的興福在佛教中的地位，但頂多認為這只是一種權宜與方便，乃「弘道之初津，攝度之權術」。見《大正新修大藏經》第五十冊，《續高僧傳》卷二十九，頁 699 上。信徒需由此「悅其耳目」，進而「漸率以義方」。見：《大正新修大藏經》第五十二冊，《弘明集》卷一〈正誣論〉，頁 8 中。當時許多高僧雖亦造像，但像也僅是修行的輔助工具，慧遠嘗指出：「耳目生靈，賴經聞佛，藉像表真」，認為佛像可以表現佛之真容，見：《大正新修大藏經》第五十二冊，《廣弘明集》卷十，頁 153 中。以究竟義理為追求目的的高僧大德是不會產生「見像啟悟」之類的說法。「見像啟悟」強調像之作用，其根柢在於認為依靠外力可獲得解脫，排斥了通過修行證悟的解脫正途，亦貶低了經典與僧人的作用。就佛教教義立場而言，「見像啟悟」說乃是旁門左道，為名僧宿德所不取。

「□化利邑道俗」〔註217〕。據〈孝昌二年（526）道沖等造三級浮圖記〉云：「道沖等承恩師之遺囑，建扶圖於寺側，每欲完善，履年不果，今合永光寺法師法相等助資五十緡，兼又募化四方得七十餘緡，乃造三級浮圖并列諸聖像於寺旁，今得成就。」〔註218〕便是一例。面對重視效驗，追求依靠外力達到目標的民眾，投其所好，宣揚形像之神奇，鼓吹見像啓悟，以廣攬信徒興福造像似就不足爲奇了。

但「見佛啓悟」的說法既利用了佛經中的某些記載，也充分吸收了本土所固有的像可表眞的觀念，錢鍾書即指出：「自古在昔，以爲影之於形，像之於眞，均如皮附肉，而肉著骨，影既隨形，像既傳眞，則亦與身同氣合體」，再者，「畫形則神式憑之，故妙繪通靈能活，擬像而成實物眞人」、「手筆精能，可使所作虛幻人物通靈而活，亦可使所像眞實人物失神而死」，並引《水經注》卷十三〈漯水〉載慕容俊於勝平元年使人畫駿馬逼眞，而眞馬失神而死事爲例〔註219〕。而劉向《新序・雜事》中所載葉公好龍之事也是一例，造像記中亦有引此典者。〈永安三年（530）薛風規造像〉云：「故葉公好龍，申降形以示眞」〔註220〕、〈大統六年（540）七月十五日臣始光造像〉云：「故葉公好龍，感至義而見眞」〔註221〕，均把葉公好龍而雕龍以致眞龍一事，視爲可造佛像而見佛之眞容的證據。正是由於中土民眾存在這種觀念，一方面使「成佛像身觀」得以成立，另一方面也使此說能爲本土信眾所接受。

這種觀念的出現與流行，對於十六國北朝時期造像的發展有重要的意義。由前文對造像祈願的討論，可以得知當時民眾佛教信仰反映出兩種主要傾向。一是渴望依靠外力（佛力），來獲得解脫，願文中的值佛聞法、龍華會首觀念正體現了這一點。一是期待能夠不費氣力地實現自己的各種追求，有許多按照正統經典教義所要求的修行，才能達到的目標，如托生西方淨土、成佛、成正覺等，信徒都期盼透過造像供養這種不費心力的方式一舉實現。而成佛像身觀正好能適應民眾的要求。因形像可表眞啓悟，使得人們在現世

〔註217〕分見〈北齊天保八年（557）十一月二十九日河南登封靜明等修塔像〉、〈北魏正光五年（524）八月十一日道充等一百人造像〉，分別收入：《北京圖書館藏中國歷代石刻拓本匯編》第七冊，頁 66；《北京圖書館藏中國歷代石刻拓本匯編》第四冊，頁 171。

〔註218〕《魯迅輯校石刻手稿》第一函第四冊，頁 779。

〔註219〕錢鍾書，《管錐編》（北京：中華書局，1979 年），頁 716～717。

〔註220〕《北京圖書館藏中國歷代石刻拓本匯編》第五冊，頁 141～143。

〔註221〕大村西崖，《支那美術史・雕塑篇》，頁 289。

無須苦行，通過禮拜、觀瞻佛像就可以見到釋迦之真容並進而獲悟，不必等到死後升天或淨土後，才能見佛聽法；不離現世就滿足了那些渴望值佛聞法的信徒之要求。〔註222〕

（四）小結——造像盛行是佛教中國化的過程

綜上所述，可知十六國北朝時期造像的流行可以說是當時華北民眾在固有的生活與行為方式下，利用諸多佛經存在的差異性所做的群體選擇。其原因在於「代價」與「收益」比是最佳的。這種情形當然也不可能存在藉由信仰的道德規範，而達到為政者所期待的「罪息刑清」、「坐致太平」的理想。由於中外觀念之不同，可能使信徒認為道德行為與個人幸福間的聯繫難以存在，魯惟一就認為這一點，是佛教與中國土生土長的思想體系之間的一個重要差別〔註223〕。不僅是中土固有的思想體系，缺乏個人道德行為與其命運、幸福的聯繫，廣大民眾的頭腦中同樣不具備這種聯繫。侯旭東即認為，「中土民眾的選擇，則使因佛教傳入而帶來的使中土民眾思想『宗教化』的可能性基本消失了」。〔註224〕

就民眾造像的行為與動機可知，他們在原有的本土宇宙觀的背景下吸收了一些新的觀念，接收了新的崇拜對象，並選擇了一種易於接受的修持方式。由此觀之，佛教對於中土民眾的實際影響僅限於觀念層面，未深至行為方式與宇宙觀層面。這方面學者多認為是佛教中國化過程的完成，因為從華北大範圍、長時間造像興福活動的流行，代表著民眾已經找到了契合其心理，滿足其要求的佛教修持方式，應能視為在民眾層面以及實踐方面佛教中國化的完成〔註225〕。而理論上中國化過程的結束則要到隋唐時期了。〔註226〕

第四節　東晉南朝的佛會

東晉南朝時，在今日的江蘇、浙江、江西等地，皆有後世所謂「結社唸佛」屬於淨土法門的佛教團體。由於此時「社」是專指春、秋二社的組織，

〔註222〕侯旭東，《五、六世紀北方的民眾信仰》，頁234～245。
〔註223〕崔瑞德、魯惟一編；楊品泉等譯，《劍橋中國秦漢史》（北京：中國社會科學出版社，1992年），頁717。
〔註224〕侯旭東，《五、六世紀北方的民眾信仰》，頁268。
〔註225〕侯旭東，《五、六世紀北方的民眾信仰》，頁267～268。
〔註226〕錢穆，《國史大綱》上冊（台北：國立編譯館，1991年），頁281～284。

其他的民間團體並不以「社」作爲組織名稱，本書以下將經由討論，認爲以「佛會」稱之，可能較爲適當。

一、東晉南朝「佛會」的萌芽與發展

東晉元興元年（402），慧遠爲首的廬山教團是「結社唸佛」（佛會）的始祖，也是當時這類佛教團體最具代表性者。《高僧傳》卷六〈晉廬山釋慧遠傳〉云其在廬山：〔註227〕

> 率眾行道昏曉不絕。釋迦餘化於斯復興。既而謹律息心之士。絕塵清信之賓。並不期而至。望風遙集。彭城劉遺民、豫章雷次宗、雁門周續之、新蔡畢穎之、南陽宗炳、張萊民、張季碩等，並棄世遺榮，依遠遊止。

在這個基礎上，廬山教團於焉成立。《出三藏記集》卷十五〈慧遠法師傳〉云：〔註228〕

> （慧）遠乃於精舍無量壽像前，建齋立誓，共期西方。其文曰：維歲在攝提，秋七月戊辰朔，二十八日乙未，法師釋慧遠，貞感幽冥，宿懷特發。乃延命同志，息心清信之士百有二十三人，集於廬山之陰，般若台精舍阿彌陀像前，率以香華，敬荐而誓焉。惟斯一會之眾……推交臂之潛淪。悟無常之斯切。審三報之相催。知嶮趣之難拔。此其同志諸賢所以夕惕宵勤仰思攸濟者也。

這些「同志諸賢」所組成的教團，在與約略同一時期，中國北方佛圖澄的教團相較之下，至少展現了兩大特色：其一是是教團的宗旨非常明確，那就是「建齋立誓，共期西方」；其二則是廬山教團具有高僧和名士大結合的特色。

就第一項特色而言，「同志諸賢」在阿彌陀佛像前「建齋立誓，共期西方」，大大拓展了阿彌陀佛淨土在江南的影響，亦被后世視爲淨土宗的起始，其所產生的佛教格調及其社會影響力，也在江南綿延不絕。如望月信亨所言：「南方因受廬山慧遠之影響，又有寶雲、畺良耶舍等相繼譯出淨土經典，彌陀淨土之信仰逐漸傳播於各地。」〔註229〕這個特色的形成也與當時江南佛學盛行義理之風有關。淨土宗雖然是以宗教實踐爲主，但在當時卻是和討論

〔註227〕《大正新修大藏經》第五十冊，頁358下～359上。
〔註228〕《大正新修大藏經》第五十五冊，頁109下。
〔註229〕望月信亨著；釋印海譯，《中國淨土教理史》，頁43。

三世報應、眞神佛性等問題有關。慧遠對人生有沒有來世、今世的行爲與下一世有什麼影響等，所謂三世因果報應深表關心，撰寫了〈因俗疑善惡無現驗三報論〉〔註230〕、〈答桓玄明報應論〉〔註231〕等，並在給同是教團成員的劉遺民信中囑咐：「宜簡絕常務，專心空門，然後津寄之情篤，來生之計深矣。」〔註232〕如此對沉溺於因果輪迴之中的畏懼，當會引領出「建齊立誓，共期西方」的強烈願望〔註233〕。目標明確本是淨土宗最大的號召力，沒有其他的佛教派別比它有更直截了當的許諾，而廬山教團的結合有了理念和理論上的共識，宗教的目標當更爲明確，彼此之間的關係應也會較爲緊密。

至於第二個特色：高僧和名士的結合。《高僧傳・晉廬山釋慧遠傳》中所述的劉遺民、雷次宗、周續之、宗炳等都是當世名士。如《南史》卷七十五〈隱逸・雷次中傳〉云其：「宋元嘉十五年，徵至都，開館於雞籠山聚徒教授，置生百餘人。……車駕數至次宗館，資給甚厚。久之，還廬山，公卿以下并設祖道。后又徵詣都，爲築室於鍾山西岩下，謂之招隱館，使爲皇太子、諸王講《喪服經》。」宗炳則於《宋書》卷九十三〈隱逸・宗炳傳〉云其：「宋受禪，徵爲太子舍人；元嘉初，又徵通直郎；東宮建，徵爲太子中舍人，庶子，並不應。……衡陽王義季在荊州，親至炳室，與之歡讌，命爲諮議參軍，不起。」而《宋書》卷九十三〈隱逸・周續之傳〉則云周續之「閑居讀老、易，入廬山事沙門釋慧遠。時彭城劉遺民遁迹廬山，陶淵明亦不應徵命，謂之尋陽三隱。」這些名士雖然大多爲「隱逸」，但在江左朝野仍有著很大的影響力。他們集結在慧遠的周圍，不僅大大抬高了慧遠個人的聲望，而且使得佛教在士大夫中擁有一定程度的政治勢力，因而廬山教團成爲當時佛教勢力的原因也就不難理解了。〔註234〕

在廬山教團之後，配合上述的兩個特色，江南民間的佛教團體組織，就以高僧、文士與阿彌陀佛淨土思想爲主要的結合元素。東晉以下以迄宋、明，江南地方屬於淨土法門的民間奉佛團體，其組織型式就可區分爲兩種主要的類型。

〔註230〕《大正新修大藏經》第五十二冊，《弘明集》卷五，頁34中～34下。
〔註231〕《大正新修大藏經》第五十二冊，《弘明集》卷五，頁33中～34中。
〔註232〕《大正新修大藏經》第五十二冊，《廣弘明集》，卷二十七〈與劉遺民等書〉，頁304中。
〔註233〕嚴耀中，《江南佛教史》，頁74。
〔註234〕嚴耀中，《江南佛教史》，頁74～75。

　　第一種類型，乃僧人與文士的交流，因而導致由二者共同參與的宗教團體之出現。最顯著的例子當然首推上述慧遠的廬山教團，且被視爲這類組織的濫觴。之後，齊竟陵文宣王「募僧俗行淨住法」，結成一個「淨住」團體〔註235〕，這些是文人雅士與寺僧所結成的法會。包括慧遠的廬山教團或竟陵文宣王的「募僧俗行淨住法」，除了僧人與名士之外，可能還有庶民的參與。梁時士大夫沈約等與僧人結成「千僧會」，共聚會十次，前八次集會「仰憑上定林寺祐法主」；第十次集會，沈約又集「百僧於所田廬」〔註236〕；至隋代的陳淵，「仰勝化道無方，隨緣濟物，衛護國土，級行天人」，於是在崇正殿設「千僧法會」，奉請僧人智顗爲菩薩法師〔註237〕。沈約與陳淵二例，則是在士大夫中流行請僧人作法會的習俗。在江南文士與名僧共同參與的宗教團體，到宋代以後就更爲普遍，尤其至明代達於鼎盛〔註238〕。士與僧的結合傳統始於慧遠，長久以來文人間也每每引爲佳話，如唐代劉禹錫送僧東遊時作詩道：「勿憶遺民社中客，爲我衡陽駐飛錫。講罷同尋相鶴經，閒來共蠟登山屐。」〔註239〕欲追隨廬山教團中名士劉遺民之遺風。唸佛社的史迹多有可見。一直到明代由於佛社中淨土與禪相間，結社之多令袾宏大聲疾呼：「結社唸佛，始自廬山遠師。今之人，主社者得如遠師否？與社者得如十八賢否？則宜少不宜多也。以眞實修淨土者，亦如僧堂中人故也。至於男女雜而同社，此廬山所未有，……」袾宏是認爲其時佛教結社太爲泛濫，且懼其產生弊端。但其中可見結社唸佛流傳千年後，世人仍多以慧遠與劉遺民、周續之等名士所組成的的廬山教團爲始祖、爲榜樣。

　　第二種類型，則是以高僧爲中心聚集信眾。如《高僧傳》卷七〈釋超進傳〉略云：「（釋超進）停止浙東，講論相續，邑野僧尼及清信男女。並結菩薩因緣，伏膺戒範。」〔註240〕此記載之年代，應在南朝劉宋泰始年號（465～472）之前〔註241〕，由僧人釋超進爲中心組成的民間佛教團體。「結菩薩因

〔註235〕《大正新修大藏經》第五十四冊，宋・釋贊寧，《大宋僧史略》卷二，頁250下。

〔註236〕《全梁文》卷三十二〈千僧會願文〉。

〔註237〕《全隋文》卷十五〈請釋智顗爲戒師書〉。

〔註238〕陳寶良，《中國古代的社與會》，頁369～376。

〔註239〕《全唐詩》卷三五六〈送僧仲剬東遊兼寄呈靈澈上人〉。

〔註240〕《大正新修大藏經》第五十冊，頁374中。

〔註241〕郝春文，〈東晉南北朝時期的佛教結社〉，《歷史研究》，1992年第一期，頁97。

緣」和上述廬山教團，以及華北部分「邑義」的「香火因緣」，應都是一種結義的關係。這類由佛僧組成以進行講經、唸佛的團體，至唐宋以後大盛，例如唐開成五年（840）同樣是在江南會稽大禹寺，請釋玄英於餘姚平原精舍講論《金鋼經》，因而結成的「九品往生社」，會眾達一千二百五十人；同一地點亦有僧人處納結「九品往生社」的碑刻〔註242〕；再如神皓在吳郡「別置西方法社」，誦《法華經》九千餘部〔註243〕。至宋代如杭州「城中太平興國傳法寺淨業會，每月十七日集男士，十八日則集女士，入寺奉經聽法」等皆是。〔註244〕

不論是以僧人、寺院為中心而聚眾事佛，或者由僧人與文士所組成的這二種類型的佛教結社，大致上都是唸佛、誦經、聽法、齋會之類的會社，屬於淨土法門的修行之道，各代、各地的組織名稱都不同，且似乎沒有一個專門的稱呼；明代的史料中多以「結社唸佛」來指稱這一類的民間組織，這應可以算是一個具代表性的名稱，並可表現出這類結社的功能、性質〔註245〕。但在東晉南朝時，由於民間結社的「社」字，仍是專指傳統進行春祈秋報的祭社組織，「結社唸佛」的「社」恐與傳統春秋二社的「社」相混淆，且江南這類屬於淨土法門的民間佛教團體，亦不同於華北的「邑」、「邑義」或「法義」，那麼其組織的名稱又該以何為佳呢？

筆者認為可以用「佛會」來稱呼。在《出三藏記集》敘述廬山教團的引文中有「惟斯一會之眾」，梁時士大夫沈約的「千僧會」，以至隋代陳淵的「千僧法會」，都可見「會」字。而觀其活動則多屬齋會、法會的性質，或者集會由高僧講經。北魏初年譯出的《雜寶藏經》中有載：「爾時舍衛國，有諸佛弟子、女人作邑會，數數往至佛邊。」〔註246〕又《續高僧傳》卷六〈釋法貞傳〉：

〔註242〕《唐文拾遺》卷五十〈結九品往生社序〉。陳去病所著《五石脂》，說明「九品往生社」碑刻，本埋於紹興大禹寺中，故金石家皆未見及，後於道光末年，「寺中僧人始地得之，遂為方可中所拓，碑復發現」。參見：甘蘭經等校點，《丹午筆記‧吳城日記‧五石脂》（南京：江蘇古籍出版社，1999年），頁399。

〔註243〕《大正新修大藏經》第五十冊，《宋高僧傳》卷十五〈唐吳郡包山神皓傳〉，頁803上。

〔註244〕南宋‧耐得翁，《都城紀勝》，「社會」條。

〔註245〕明‧釋智旭，《蕅益大師淨土集》卷下〈示唸佛社〉，可見「結社唸佛」的規定：「諸善友，獨結社唸佛，盡一日中，出聲一柱香，循環無間，必以一心不亂為期。」

〔註246〕《大正新修大藏經》第四冊，頁473下。

「（釋法貞）與僧建齊名，時人目建爲文句無前，目貞爲入微獨步。貞乃與建爲義會之友，道俗斯附，聽眾千人。」因此在江南由慧遠爲始的這些屬於淨土法門的民間佛教組織，稱爲「佛會」可能較爲適當。即使到唐代以後，各種功能的民間結社組織都可以以「社」爲名，但這類在江南屬於淨土法門進行結社唸佛的組織，仍多有稱「會」者。如宋代釋贊寧云：「歷代以來成就僧寺，爲法會社也。」〔註247〕宋代僧人元照所組織的的唸佛社，「近世宗師公心無黨者，率用此法，誨誘其徒，由是在處立殿造像，結社建會，無豪財，無少長，莫不歸誠淨土。」而由居士所組成的如明代祝夢得「號善而皈釋氏，受《金鋼經》，與宗人好善者日爲金剛經會，朝（夕）呶呶不輟」，顯然自東晉南朝，以迄明代，大致上亦都能以「佛會」視之。

二、「法社」釋疑

對於東晉南朝的佛教團體，另有「法社」一說，中外學者存在著不同的看法。最早由日本學者小笠原宣秀、山崎宏所提出。如山崎宏所言：〔註248〕

「法社」興於南方，側重講經、說法、修行，參加者往往是由一些原來的貴族、大官、有識有閒的居士及若干出家人組成。至唐五代宋初期間性質上有如義邑的北方民間佛教團體社邑及邑會增多，南方如江南附近，法社愈益發達成熟。

近年來學者如寧可〈述「社邑」〉一文，其論述兩晉南北朝的佛社時，有部分是直接徵引山崎宏的「法社」之說，但之後又在文中將關於「法社」的文字剔除〔註249〕，而由其學生郝春文發表〈兩晉南北朝時期的法社〉一文，指出山崎宏所謂的「法社」是不存在的，因爲此時期的「社」與「邑」是有嚴格的區分，而尊崇佛教的里社被稱爲「法社」，法是指佛法，社是指春、秋二社。「法社」是佛教傳入我國初期階段，佛教信徒改造傳統春、秋二社所進行「血祠之祈」的產物。〔註250〕

〔註247〕《大正新修大藏經》第五十四冊，《大宋僧史略》卷三〈結社法集〉，頁 250 下。

〔註248〕山崎宏，《中國中世佛教の展開》第四章〈隋唐時代に於ける義邑及び法社〉，頁 768。

〔註249〕寧可，〈述「社邑」〉，《北京師院學報》，1985 年第一期，頁 13，在敍東晉末南北朝時的私社發展時，原徵引山崎宏法社之說，但該文後來收入：氏著，《寧可史學論集》，頁 444，已將「法社」的敍述刪除。

〔註250〕郝春文，〈兩晉南北朝時期的法社〉，《北京師範學院學報》，1992 年第一期，

　　若按郝氏之言，山崎宏的「法社」是憑空捏造的嗎？在上述的引文中，山崎宏所說的「法社」是存在於江南，其功能主要是講經、說法、修行，組成分子是在家的佛教信徒，尤其是「貴族、大官、有識有閒的居士及若干出家人」，而且到唐五代以後益發盛行。按其流行地域、發展狀況、功能、組織型式，可知山崎宏所說的「法社」，應即是上文所說明的，由東晉慧遠的廬山教團爲始，在江南漸行發展屬於淨土法門的「佛會」，且應是指文人名士與僧人交往結社的類型。山崎宏所言「貴族、大官、有識有閒的居士」，與唐宋以後「結社唸佛」（佛會）、盛行，其事業即是由居士所支撐的情形符合。唐宋以後在江南奉行淨土法門的居士也越來越多，相習成俗，如福州「其俗多修淨土」〔註251〕，宋時進士王日休著〈龍舒淨土文〉，「修一切善法回向西方」，並「刊淨土文板逾二十副」〔註252〕，流傳很廣。又如宋代王闐，「以居士服遍參講席。凡禪林宗旨，天台教門，無不綜覽。晚年述《淨土自信錄》以明三身四土之旨」〔註253〕。馬西沙、韓秉方等人也認爲：「居士佛教作爲佛教流派大量出現在南宋，白蓮教最初是居士佛教的代表。其信徒信仰佛教淨土宗，但多家居火宅，娶妻生子，無異平民。後來這一流派的某些分支演化成民間宗教。這種以俗人信仰佛教的形成，爲明代知識分子所繼承。」〔註254〕「居士」的稱呼主要是在唐宋以後，在東晉南北朝時主要還是以所謂「名士」爲主，而山崎宏概以「居士」來稱之。

　　復次，山崎宏以「法社」來作爲這種「佛會」的組織名稱，可能是不恰當的，尤其是在魏晉南北朝時代，原則上進行傳統春秋二社的「社」，與民間佛教團體「邑」、「邑義」、「法義」等是有嚴格區分的。山崎宏之所以稱爲「法社」，其原因大概有二：第一是山崎宏所著《支那中世佛教の展開》書中，〈隋唐時代に於ける義邑及び法社〉一章主要討論的時代是以隋唐爲主，在其追溯東晉南朝「法社」的起源時，慧遠的廬山教團仍爲其最主要的立論依據，但他把廬山教團稱爲「蓮社」，此顯然是中唐以後人們的附會之說。

　　湯用彤對於慧遠的廬山教團是否能稱爲「蓮社」，已有詳細的考證。若說

　　　　頁95～100。

〔註251〕宋・洪邁，《夷堅志・戊志》卷一〈雪峰義僧〉。

〔註252〕宋・費袞，《梁溪漫志》卷十「王虛中」條。

〔註253〕明・徐象梅，《兩浙名賢錄・外錄》卷七〈王闐傳〉。

〔註254〕馬西沙、韓秉方，《中國民間宗教史》（上海：上海人民出版社，1992年），頁841。

慧遠立「蓮社」，通常所據之書相傳爲〈十八高賢傳〉，陳舜俞之《廬山記》與釋志磐之《佛祖統記》均載其文，但兩者先後均有附記：「東林寺舊有十八賢傳，不知何人所作。文字淺近，以事驗諸前史，往往乖謬，讀者陋之……予既作山記，乃因舊本，參質晉宋史及高僧傳，粗加刊正」、「十八賢傳始不著作者名，疑自昔出於廬山耳。熙寧間嘉禾賢良陳令舉舜俞粗加刊正……今歷考廬山集高僧傳及晉宋史，依悟本再爲補治……」，因此〈十八高賢傳〉，乃妄人雜取舊史採摭無稽傳說而成，湯氏更列舉六項「蓮社」故事妄僞顯著者〔註255〕。上文徵引的《出三藏記集》與《高僧傳》，都是記載東晉慧遠與劉遺民、雷次宗等一百二十三人清信之士，所組成的佛教團體，在當時絕無「蓮『社』」之稱，由於唐代以後「社」才作爲民間結社普遍、通用的名稱，山崎宏未察於此，所以把東晉南朝時，本書稱爲「佛會」的民間佛教組織也以「社」稱之。

　　第二個原因則是魏晉南北朝時，在佛教經典中，有關於《法社經》、《法社節度》等與「法社」有關的記載，是山崎宏選擇以「法社」作爲名稱的依據。但此二著均已是亡佚的經典。關於《法社經》，在梁時僧佑《出三藏記集》卷四〈新集續撰失譯雜經錄〉中已著錄有《法社經》〔註256〕，被列爲疑經，至隋代費長房在《歷代三寶紀》卷六中，進一步確定該經在西晉時由竺法護譯出〔註257〕。之所以被列爲疑經，唐代釋智昇所撰《開元釋教錄》卷十八中，有兩行按語云：「內題云業報輪轉償債引導地域慈悲莊嚴《法社經》」〔註258〕，這個按語表明了《法社經》所包含的是佛教對在家信眾宣傳的內容，中國僧人在傳播佛教過程中，早就認識到對不同對象所宣傳的內容應有所不同〔註259〕，因此《法社經》在當時可能就不是依據哪部佛經譯出的，而

〔註255〕湯用彤，《漢魏兩晉南北朝佛教史》，上冊，頁365～371。
〔註256〕《大正新修大藏經》第五十五冊，頁28中。
〔註257〕《大正新修大藏經》第四十九冊，頁61下、64上。
〔註258〕《大正新修大藏經》第五十五冊，頁671下。
〔註259〕《高僧傳》卷十三〈唱導篇〉中云：「如爲出家五眾，則須切語無常，苦陳懺悔；若爲君王長者，則須兼引俗典，綺綜成辭……若爲悠悠凡庶，則須指事造形，直談聞見；若爲山民野處，則須近局言辭，陳斥罪目。」另《出三藏記集》卷十三〈康僧會傳〉略云：「康僧會，以（孫）皓性兇粗，不及妙義，唯敘報應近驗，以開諷其心焉。」又唐·窺基著，《妙法蓮華經玄贊》卷一略云：「佛初成道，爲提謂等五百賈人，但說三歸五戒十善世間因果。」這些材料所記載的對在家佛教信徒宣傳的內容與《開元釋教錄》關於《法社經》的按語所提示的內容大致相同。

是僧人依其需要根據佛經編撰或選鈔而成〔註260〕，故而歷代經錄都把它列為疑偽經〔註261〕。至唐代開元時期，已從〈入藏錄〉中遭刪除，以後即失傳。而《出三藏記集》卷十二〈法苑雜緣原始集目錄〉中有〈法社建功德邑記〉，其文已佚，但是該記下題云「出《法社經》」〔註262〕，大概可知《法社經》是這類「法社建功德邑」的指導經典。但「法社建功德邑」的組織，似仍是以「邑」為名稱，在原文已失的情況下，將「法社建功德邑」就視為「法社」，恐有不妥。

至於《法社節度》，在《出三藏記集》卷十二陸澄撰〈法論目錄〉中有「法社節度序，釋慧遠」〔註263〕，由名僧慧遠曾為其作序，而《法社節度》是否就為慧遠所作，並無記載。《法社節度》有可能是關於法社的指導思想、活動內容等具體的規定。但由於《法社節度》與〈法社節度序〉均已失傳，故其詳情已不得而知。

綜上之述，可知山崎宏所稱的「法社」，按其所述之性質，應即是屬於淨土法門的「佛會」，或唐宋以後可稱「結社唸佛」，以東晉時候慧遠與名士所組成的廬山教團為濫觴。但山崎宏立論之基礎，可能亦循唐宋以降，時人追溯慧遠為淨土宗華土初祖，並依從慧遠與名士所結乃「蓮社」的附會之說；並且以唐宋以後，所流行的「居士」名稱，作為東晉南朝時候組織成員的稱呼。此二者都是同樣的比附方式。「法社」在唐宋以後的文獻中亦有記載，但仍不脫淨土法門的聚眾唸佛、頌經、聽法等功能，以及居士文人和名僧的結合這一項組織型式。前者如唐代神皓在吳郡「公於圓宗，別置西方法社，誦《法華經》九千餘部」，他死時，「是夜琉璃色天，星霣如雨，西方兆朕，密現於前」。可知他既奉天台，又信阿彌陀淨土，除了唸佛號之外還要誦經，不過這個「法社」是否真是團體組織的名稱，也不易論斷。至於後者，居士、文人和名僧的結合，這在明代尤為盛行，明代袁宗道詩中「詩壇兼法社」正是這種情形最好得詮釋〔註264〕。因此，「法社」在唐宋以後的發展，聯繫山崎

〔註260〕郝春文，〈兩晉南北朝時期的法社〉，《北京師範學院學報》，1992年第一期，頁95、98～99。

〔註261〕在《開元釋教錄》卷十八中所載之《法社經》即列為疑偽經。收入：《大正新修大藏經》第五十五冊，頁671中、下。

〔註262〕《大正新修大藏經》第五十五冊，頁91上。

〔註263〕《大正新修大藏經》第五十五冊，頁84上。

〔註264〕明・袁宗道，《白蘇齋類集》卷四〈結社二聖詩〉。

宏所述，或上引唐代神皓的「西方法社」、袁宗道所說「詩檀兼法社」等史料，「法社」或許是淨土思想的「結社唸佛」中，屬於居士或文士等社會較上層分子，與僧人交遊並進一步結社的組織。

但在此必須強調，由居士、文人和名僧所組成的「法社」，是唐宋以後的事情；至於東晉南北朝，佛教經典中關於《法社經》、《法社節度》、甚或文章標題如〈法社建功德邑記〉等，或許可能是「法社」一稱的起源，但在其文均已亡佚的情形下，且東晉南北朝「社」、「邑」等民間組織尚有嚴格區分的環境中，是否真有以「法社」為名稱的民間佛教組織，實須存疑。本書以下將會提出，東晉南北朝時經典中的「法社」，指的可能是一種叫「法社齋」的齋會。

郝春文即認為東晉南北朝時，並沒有山崎宏所說的「法社」團體組織，但他並沒有推敲山崎宏所謂的「法社」是什麼，而是在當時以「社」為名，是專指進行傳統春、秋二社的私社（里、村社）的基礎上，另行提出「法社」是佛教思想改變傳統的里、村社，在進行春、秋二社時，所進行的「血祠之祈」；「法社」的法即是佛法，社是春、秋二季祈農報功之祭社與祭後的聚飲活動。但郝氏並未能找到確切、具體的史料來說明，而是提出北齊〈天保三年（525）四月八日邑社曹思等石像之碑〉﹝註265﹞作為立論的依據。

北齊〈天保三年（525）四月八日邑社曹思等石像之碑〉，上一節已有特別徵引說明，在華北「邑」、「邑義」的民間佛教結社中，稱為「邑社」是特別罕見的例子。其功能是集眾造像並兼行傳統的春、秋二社，由組織型態可知是屬於「邑」的民間佛教團體，但由於是現今所知的極少數，可供說明佛法教義對傳統春、秋二社到底產生了哪些影響的具體例證，所以郝氏乃藉以探究「法社」的性質。該碑碑陽文字第九行，說的是此邑社團體宋顯伯等人，認識到佛教所宣傳的「苦」、「空」等道理；第十行「毗救鴿之念，下愍羊噭屠剮之痛」，則云邑社成員被捨肉救鴿的故事（應即指〈尸毗王本生〉）所感動，於是開始憐憫在祭社時被殺之羊；第十一行是「□□二、八血祠之祈，專崇法社減膳之□」，據上下文含意推測，「二、八」之前所缺的兩個字當是否定的文字，因邑社成員既然同情被殺之羊，自然不再舉行「血祠」，這和下

﹝註265﹞碑文拓片見：《北京圖書館藏中國歷代石刻拓本匯編》第七冊（鄭州：中州古籍出版社，1997 年），頁 16～18；另，清・王昶，《金石萃編》卷二亦載有錄文。

文「菩提之路，禽獸之命，盡修短之壽」，也相一致；且第十九至二十二行，均是四字一句，當是願文中的「贊」，贊文常常是前面願文的概括，而第二十二行是「群迷聚會，悟心同發，止殺存生，滅善自罰」，此行也正好可將第十一行殘缺文字的意思補齊。概括願文和贊文，當可說「減殺存生」是其基本精神，其所針對的是春、秋二社的「血祠」。〔註266〕

但這個「邑社」團體畢竟仍不是「法社」，該碑的題名記中，領導人員有「邑師父」、「邑主」、「邑老」等，一般成員稱爲「邑子」，顯然是屬於流行於華北的「邑」、「邑義」的一脈。郝春文連繫上文所述兩晉南北朝諸多材料，認爲《法社經》是法社的指導理論、《法社節度》是法社的組織辦法，《出三藏記集》卷十二中所載的〈法社建功德邑記〉文，性質當同北齊時曹思等人所結成的「邑社」。「法社」的功能即是推行佛法教義，進行勸阻傳統春秋二社「血祠之祈」的民間組織。但實際上，依現有的材料而言，並沒有稱爲「法社」的組織之例證，且郝氏也無法說明「法社」是屬於進行傳統春、秋二社的「社」，還是屬於「邑」、「邑義」性質的民間佛教團體。他既然強調了「社」與「邑」在此時的嚴格區別，卻又以華北屬於「邑」性質的「邑社」來比附「法社」，顯然有所不妥。

不過北齊〈天保三年（525）四月八日邑社曹思等石像之碑〉碑文中第十一行有「專崇法社減膳之□」，這個「法社」指的又是什麼呢？《續高僧傳》卷三十〈釋道濟傳〉記：「勸人奉持八戒，行法社齋，不許屠殺」〔註267〕，或許「法社齋」是可備一說的解釋。在兩晉南北朝中關於「法社」的材料，多是出於佛教經典或民間的佛教組織之中，如果不要把「法社」視爲一種組織的名稱，而是一種齋會，佛教信徒可能以這種齋會來代替「血祠之祈」的春、秋二社，而《法社經》、《法社節度》等，也有可能是宣傳這種齋會的經典，其最重要的功能應即是「止殺存生」，鼓勵信徒守戒。隋代僧人釋普安，看到「年常二社，血祀者多。周行救贖，勸修法義。不殺生邑，爲數不少」〔註268〕，他鼓勵組成「法義」，而不是「法社」，可見在「法義」的組織中，應是可以舉行類似「法社齋」這種避免殺牲的齋會。上文提到唐代神皓在吳郡「公於

〔註266〕郝春文，〈兩晉南北朝時期的法社〉，《北京師範學院學報》，1992年第一期，頁95～97。

〔註267〕《大正新修大藏經》第五十冊，頁701中。

〔註268〕《大正新修大藏經》第五十冊，《續高僧傳》卷二十七〈釋普安傳〉，頁682上。

圓宗，別置西方法社，誦《法華經》九千餘部」，別置西方法社也有可能不是一個組織，而是如「法社齋」一類的齋會。

總之，依兩晉南北朝的史料狀況而言，在資料鮮少且又缺乏具體例證的情況下，對於「法社」的認識也僅只於推論，其解釋還是多所保留爲宜。在唐宋以後的情形，如上文提到如山崎宏所說的「法社」，或者明代袁宏道所說的「詩壇兼法社」，都是文人居士與僧侶交遊而組成的，屬於淨土法門的佛教結社，那麼唐宋以後的「法社」組織，與兩晉南北朝的「法社齋」，以及佛教史料中，如《法社經》、《法社節度》等資料，是否有所關連？以及《法社經》、《法社節度》等是否與淨土思想有關？除了目前僅知《法社節度》由淨土宗華土初祖慧遠作序外，其餘的尚不易探明。

除了山崎宏與郝春文兩位學者的解釋之外，任繼愈主編之《中國佛教史》則把法社稱爲「寺社」〔註269〕。其云：「釋慧遠著有『寺社節度』」，究依據是分別是《出三藏記集》卷十二陸澄撰〈法論目錄〉中的釋慧遠作〈法社節度序〉〔註270〕，以及宋代的釋贊寧所著的《大宋僧史略》卷二中有曰：「慧遠立法社節度。」〔註271〕二者均云「法社節度」而無「寺社節度」。詳究《大宋僧史略》卷三〈結社法集〉云：「歷代以來成就僧寺，爲法會社也。」〔註272〕《中國佛教史》可能會認爲釋贊寧有將「法社節度」視爲「寺院節度」之意。但同樣在〈結社法集〉中，釋贊寧仍說慧遠的廬山教團是「白蓮社」，「社之名始於此也」，顯然有誤，郝春文指出可能在宋代時《法社經》等經典已經亡佚，因此《大宋僧史略》的做者釋贊寧對「法社」的認識可能也只是推論而已〔註273〕。總之，《中國佛教史》的作者爲何把「法社」說成是「寺社」，從其所引材料中其實是不知其所以然，亦未對「寺社」的組織加以說明，或許也只能望詞生義將其視爲由出家的佛教信徒所組成的宗教組織。因此「寺社」之說實難具有說服力。

綜合本節所述，可知東晉時由慧遠與當代名士所組成，以「建齋立誓，

〔註269〕任繼愈，《中國佛教史》第二卷（北京：中國社會科學出版社，1981年），頁177。

〔註270〕《大正新修大藏經》第五十五冊，頁84上。

〔註271〕《大正新修大藏經》第五十四冊，頁241中。

〔註272〕《大正新修大藏經》第五十四冊，頁250下～251上。

〔註273〕郝春文，〈兩晉南北朝時期的法社〉，《北京師範學院學報》，1992年第一期，頁99。

共期西方」爲主要目的的廬山教團，成爲往後江南所流行的，屬於淨土法門民間佛教組織的始祖。其發展在東晉南朝雖僅有區區數例，但至唐宋以後大爲盛行，成爲江南民間佛教結社的主流。受江南義理佛學的浸潤，以及彌陀淨土唸佛法門的影響，「佛會」組織通常是由文人、名士或居士與僧人的結合，或者是以某一位高僧爲首聚集信徒，進行唸佛、齋會、誦經、講經、說法、聽法等活動，其組織多半比較鬆散，因爲除了發起人或宗教首領之外，就不見其他常設幹部，所進行的活動也多屬定期的聚會。本書將這種始於東晉，而後在江南盛行，屬於淨土法門的民間佛教組織稱爲「佛會」。因爲唐代以前的佛教結社又不稱「社」的情況下，「佛會」之稱即可在各個時期都能一體適用，而唐宋以後各種民間組織都可以「社」爲名稱。故而除了「佛會」之外，唐宋以後，「結社唸佛」也可以用來作爲這類佛教團體的名稱。

山崎宏所指的「法社」，應即是這類的佛會，但在兩晉南北朝時期，因「邑」與「社」等民間組織名稱仍有嚴格的區分，所以稱爲「法社」易生混淆；且其所根據，亦難支撐以「法社」爲名稱之立論。郝春文則認爲「法社」的組織，是佛教勸阻傳統春、秋二社血祠之祁，以止殺存生爲目的，受佛教教義浸漬的傳統的春、秋二「社」。然而兩晉南北朝卻未有這類「法社」存在的具體例證。經連繫當代相關諸史料，本書以爲若不將「法社」當作民間組織的名稱，而視爲一種讓信徒不殺牲而守戒的佛教齋會，也就是「法社齋」，可能會較適當些。至於兩晉南北朝時的「法社齋」，與宋明時代，文人與僧侶交遊而所結成的，屬於「結社唸佛」系統的「法社」，是否有所關連？就有待更進一步的研究來加以說明。

第五節　民間團體與政府關係

關於民間結社與政府的關係，首先由組織型態上最初步、單純的，依「原群」即地緣或血緣關系所組成的村社談起。

魏晉南北朝時期尚無政府運用「村社」協助辦理地方事務的例子，這要到隋唐時代，才有如社倉的設置，或由村社協助里正徵收賦稅等實例，這或許多少反映國家在面對豪族社會，或國家直接掌控的自營農民社會時，國家力量下達基層社會的程度與方式有所不同，但此議題恐還須另立專文予以論述。此時期雖然缺乏國家運用地方「村社」的實例，但村社的結合基礎「村」，

除了是自然的聚落之外，在東晉南朝中，也可見其已漸具備行政與法律的功能，也就是即使並非國家的行政組織之列，但國家的行政在一定程度上仍可能加以運用。對於「村」的說明，應多少可彌補由於史料未載，以致在討論國家與村社的關係時，所產生的空白之憾；並有助於接續下文隋唐時期村社的探討。

一、東晉南朝「村」的行政意義

東晉南朝時，村的行政意義主要表現在四個方面〔註274〕：第一，村逐漸成為稅收的基本單位，如東晉元帝時，句容令劉超的徵稅方法是村中戶主各自向縣申告家貲〔註275〕；南齊太祖時，竟陵王子良上奏痛論臺使的橫暴，其中可知宋文帝以來，中央政府以郡縣徵稅的速度太慢，直接派遣使者督促村民納稅〔註276〕。依現有的聚落徵集當然較為便利，這種狀況發展至唐代，以成為村正與村社必須協助里正的一項職責。第二，村已有初步的行政管理機構，稱為「村司」。村司人員由《南齊書》卷五〈海陵王紀〉可知有村長、路都等人〔註277〕，此外各村中還有村老、村耆、三老等散見於諸史籍〔註278〕，只是這些職稱並非正式的政府官員，也沒有司法權，但卻負協助政府處理地

〔註274〕關於東晉南朝時期政府所賦予村的行政任務，可參見：齊濤，《魏晉隋唐鄉村社會研究》，頁49～53。

〔註275〕《晉書》卷七十〈劉超傳〉云：「尋出補句容令，推誠於物，為百姓所懷。常年賦稅，主者常自四出結評百姓家貲。至超，但作大函，村別付之，使各自書家產，投函中訖，送還縣。百姓依實投上，課輸所入，有踰常年。」

〔註276〕《南齊書》卷四十〈竟陵文宣王子良傳〉云：「前臺使督晡切調逋切調，恆聞相望於道。及臣至郡，亦殊不疏。凡此輩使人，……朝辭禁門，情態即異；暮宿村縣，威福便行。但令朱鼓裁完，鈹槊微具，顧眄左右，叱吒自專。摛宗斷族，排輕斥重，……其次絳標寸紙，一日數至；微村切里，俄刻十催。四鄉所召，莫辨枉直，孩老士庶，具令付獄。或尺布之逋，曲以當匹；百錢餘稅，且增為千。」

〔註277〕《南齊書》卷五〈海陵王紀〉記延興元年冬十月詔曰：「又廣陵年常遞出千人以助淮戍，勞擾為煩，抑亦苞苴是育。今并可長停，別量所出。諸縣使村長、路都防城直縣，為劇尤深，亦宜禁斷。」

〔註278〕「村老」之稱如《北史》卷四十〈李元護傳〉：「為齊州，經拜舊基，巡省故宅，饗賜村老，莫不欣暢。」《水經注》卷二十八：「沔水有東逕左桑。昔周昭王南征，船人膠舟以進之。昭王渡沔，中流而投，死於是水。……庾仲雍言，村老云：『百姓佐昭王喪事，于此成禮而行，故曰佐喪。』左喪失體耳。……沔水又東得合驛口。庾仲雍言，須導村耆舊云：『朝廷驛使合王喪，於是因以名焉。』今須導正有大斂口，言昭王于此殯斂矣。」此例不但可見村老、村耆舊等稱呼，亦可見村中世代流傳著關於村落起源的口碑。

方事務的任務，如上述南齊的蕭子良即於建元三年奏言：「近啓遣五官殷瀾、典籤劉僧瑗到諸縣，得丹陽、溧陽、永世等四縣解，並村耆辭列，堪墾之田，合計荒熟有八千五百五十四頃，脩治塘遏……」（《南齊書·蕭子良傳》）。而在村之中，也如同漢代的里實行什伍連坐之法，「一人犯吏，則一村廢業」，這在劉宋時期已很普遍〔註279〕。第三，村是基本的經濟事務單位，在東晉南朝時代，舉凡流亡人口的安置、荒田的開墾、政府的救助，多以村為單位進行，如陳宣帝在太建二年曾下詔，要求州郡以良田廢村，安置流民〔註280〕。在這種經濟事務中，村司、三老起著十分重要的作用〔註281〕。第四，村有時還成為分封的單位，《宋書》卷四十〈蠻夷傳〉記道，南宋順帝時，晉熙蠻梅式生起義：「斬晉熙太守閻湛之、晉安王子勛典籤沈光祖，封高山侯，食所統牛崗、下柴二村三十戶。」

北朝時的村存在於三長制的地方行政架構中，目前所見政府權力在村中所施行者亦不多，大致上有四：一是南朝在村中進行的什伍連坐法也可見於北朝的村〔註282〕；二是以村為單位的旌彰與優賜〔註283〕；三是組織預防和制止盜賊的工作〔註284〕；四是興學。〔註285〕

〔註279〕《宋書》卷五十三〈謝方明傳〉：「江東民戶殷盛，風俗峻刻，強弱相陵，姦吏蜂起，符書一下，文攝相續。又罪及比伍，動相連坐，一人犯吏，則一村廢業，邑里驚擾，狗吠達旦。」

〔註280〕《陳書》卷五〈宣帝紀〉：「頃年江介繈負相隨，崎嶇歸化。……州郡縣長明加甄別，良田廢村，隨便安處。若輒有課訂，即以擾民論。」《陳書》卷七十〈謝祖深傳〉記梁朝情況也是如此。梁武帝時郭氏曾上言，指出梁朝建立以來，發人征役，號為三五。甚至有戰死沙場，而被主將列為叛逃者，再向其家中或村伍徵調，使用的也是連坐法，終致「一人有犯，則合村皆空。」

〔註281〕如《梁書》卷二〈武帝紀〉記梁武帝天監十七年曾下詔安撫流亡，詔稱：「凡天下之民，有流移他境，在天監十七年正月一日以前，可開恩半歲，悉聽還本，蠲課三年。其流寓過遠者，量加程日。若有不樂還者，即使著土籍為民，准舊課輸。若流移之後，本鄉無復居宅者，村司三老及餘親屬，即為詣縣，占請村內官地官宅，令相容受，使戀本者還有所託。」

〔註282〕如《周書》卷四〈明帝紀〉曾記明帝詔曰：「帝王之道，以寬仁為大。魏政諸有輕犯未至重罪、及諸村民一家有犯乃及數家而被遠配者，並宜放還。」

〔註283〕北朝朝廷亦常常通過更改「里名」來表彰孝義忠節，但亦有改村名的，如上述《北史·李德饒傳》的「孝敬村」，《北史》卷三十三〈李子雄傳〉載李子雄之子李惰與從父兄普濟並被舉為秀才，故「時人謂其所居為秀才村」。至於政府對村的優賜，可見：《北史》卷五〈孝武帝紀〉：「鞭馬長驚至湖城，飢渴甚，有王思村人以麥飯壺漿獻帝，帝甘之，復一村十年。」

〔註284〕如《魏書》卷六十六〈李崇傳〉：「（孝文帝時）以本將軍除兗州刺史。兗土舊多劫盜，崇乃村置一樓，樓懸一鼓，盜發之處，雙槌亂擊。四面諸村始聞者

　　魏晉南北朝的村尚未列入國家的行政序列，政府對於村的運用或控制，仍多屬臨時的處置，以利用村自然聚落的特性，以收便利之效；而在此也未能見政府權力對村社的介入。不過在瞭解政府與村的互動關係後，多少也可以知道「村社」在這種環境下，所可能與政府產生配合者應不致太過深刻。不過在此要再強調的是，從漢代里、社分離始，此時期的里社與村社都已是屬於「私社」的性質，且在史料中未見政府介入的情事，這種以鄉村聚落的地緣關係為基礎，人民自由結合以從事春、秋二社活動的結社，似乎有了較為寬廣與活潑的表現。先秦時統治者祭天、祭祖，被統治者只能祭社，先秦各聚落的社以至秦漢的「里社」都由官方組織，這種做為人民社會生活和宗教信仰的重心之一的祭社活動，可以說是在政府軍、政、教合一的掌握之中，祭社活動也帶有濃厚的統治教化色彩。但當里、社漸趨分離之始，在某些程度上可能也意味著民眾宗教信仰的一種「鬆綁」，上文已述自漢代已漸有社神人格化的的跡象；富人也有一套自己的祭祀與娛樂方式；「五斗米道」的起源也與傳統的祭社有關；在一定程度上應也可視作民間信仰的活絡。至魏晉南北朝，隨著佛教的興盛，其教義也流佈於民間，亦開始對傳統的祭社展開影響，最明顯的例子，就是上文已談過的改變祭社的「血祠之祈」。

二、北朝國家與民間造像團體

　　至於北朝官府對於民間團體造像的態度又是為何呢？五、六世紀中國北方朝野上下都籠罩在佛光僧影中，雖然知識階層信徒與名僧大德的信仰有別於一般信徒，其修持方式也各不相同，但無論講經論法、諷頌禪修，還是興福造像，都有正途與方便之別，但仍須各承佛法教義，也就是若有典可依，原則上均能被佛教所認可。這一點或許不為廣大的信眾所知曉，卻於統治者對民間佛教的態度有重大的影響。從一般信徒活動觀察，造像供養類似於傳統的祭祀祈禱，從正統的禮教立場而言，佛法出自西方，當不屬國家之祀典，又功不施民，「非天子諸華所該祠奉」，事佛當同「淫祀」〔註286〕。儘管社會上事佛，特別是造像興福，以致塔像林立，寺宇遍野，的確類似淫祀。但因

撾鼓一通，次復聞者以二為節，次後聞者以三為節，各擊數千槌。諸村聞鼓，皆守要路，是以盜發俄頃之間，聲布百里之內。其中險要，悉有伏人，盜竊始發，便爾擒送。諸州置樓懸鼓，自崇始也。」
〔註285〕如《北史》卷三十一〈高祐傳〉：「請縣立講學，黨立教學，村立小學。」
〔註286〕《高僧傳》卷九〈佛圖澄傳〉，頁325。

造像興福典出有據，且這些經典同樣爲奉佛的統治者及高僧所修習，造像在他們心目中的意義也就產生了變化，而由「淫祀」變成「福業」，使民間的佛教活動獲得了保護傘。南北朝時期朝廷方鎮不乏掃蕩「淫祀」之舉，但罕有波及民間佛教者〔註287〕；同時朝廷與民間在信仰上的分歧與衝突得到了一定程度的和緩。換言之，在某種程度上加強了上下層之間的認同。而平民信徒亦利用造像之機向官員獻媚，這也是佛教信仰溝通不同階層的表現。

（一）造像追福與朝廷倡導的「教道」暗合

造像記中所表現出的追福之風，與朝廷歷來爲鞏固人民對政權的效忠而倡導的「孝道」，亦有暗合之處。上述已言，民眾以造像作爲奉佛的重要方式之一，因爲造像供養可視爲本土民間祭祀的延續與變種，人們可以在不放棄原有的宇宙觀與故有的日常生活行爲下，透過造像供養祈願並獲致功德。但追福之風的形成，倒是佛法教義使人們的原有的生死觀念產生深刻的變化，這一部分的影響就不是受傳信仰觀念所制約，而是將其加以改變，而終成爲造像盛行的一大助力。

佛教傳佈中土，人們生死觀念的變化有二：一是死後由不可復生變爲可再生；二死後歸宿由固定不變衍化爲去所無定，取決於死這生時的行業。新生死觀念的確立，驅使佛徒廣修佛事以換取來生的解脫，同時他們亦由己及人，開始關心死去的親人來生的命運，爲亡親祈福消災，加之若干佛經如《佛說盂蘭盆經》、《優婆賽戒經》也有類似的說法。而一些傳聞如《冥祥記》所錄劉薩荷遊冥間事，亦鼓勵爲亡人設福，開啓了子孫爲先人亡親追福之風。具佐藤智水統計，三分之一的造像的發願對象含有造像者的亡親，有父母、七世父母，亦有配偶、子女、兄弟姊妹等，但以祖先爲主。如〈北魏皇興四年（470）王鍾夫妻造像記〉：「爲亡父母造觀世音像一軀，願令亡父母常與觀世音菩薩共處一處」〔註288〕、〈北魏太和七年（483）崔承宗造像記〉：「上爲父母敬造釋迦像一軀，使亡父母托生紫府安樂之鄉」〔註289〕。此風不僅行於民間，皇家亦不能免。《魏書》卷一一四〈釋老志〉載北魏獻文帝死後，孝文

〔註287〕如《魏書·肅宗紀》神龜二年十一月有詔「除淫祀，焚諸雜神」，因此時正值佞佛之靈太后執政，蕩除者自然不含佛教。不過北朝佛教亦歷經了兩次法難，可見朝廷對佛教的態度並不一致，但這與統治者個人的好惡有極大的關連。

〔註288〕金申，《中國歷代紀年佛像圖典》，頁440。

〔註289〕《北京圖書館藏中國歷代石刻拓本匯編》第三冊，頁15。

帝爲之「于永寧寺設太法供，度良家男女爲僧尼者百有餘人，帝爲剃髮，施以僧服，令修道戒」，以「資福于顯祖」。類似事例可見趙翼《陔余叢考》卷三十二〈七七〉條所引。

　　追福之風日熾無形中對朝廷弘揚的「孝道」起了推波助瀾的作用。作爲一種基本的倫理規範，「孝行」、「孝道」自西漢以降長期爲朝廷與儒生提倡。「孝道」內容頗爲豐富〔註290〕，考《魏書・孝感傳》所載北魏、東魏時被視爲孝感者的行爲，包括生時色養供奉、替親受刑、爲父母復仇、死後尋禮安葬守葬等。概言之，「孝道」要求的是子女報答父母養育之恩，在父母生前死後盡各種義務。父母死後「盡孝」主要指守喪盡禮，報恩修先，這些很多是通過祭祀來表達的。故《禮記・祭統》曰：「祭者，我以追養繼孝也。」王充在《論衡・祀義》中指出：「修祭祀，緣生死事，示不忘先。」兩漢南北朝時期人們對祖先的祭祀不輟，但眞正能踐行這種孝道的人不多，更都的人是借祭祀求福佑〔註291〕。追福風氣的漸行，卻在一定意義上爲「孝道」的推行增添了一股助力。

　　佛徒爲祖先追福，取意與朝廷所倡的「孝道」其實並不完全一致。但傳統「孝道」的要旨之一，是使子孫「示不忘先」、「勿死其親」，強調子孫對先輩的追思與緬懷，在這一點上追福是與其相符的。傳統的孝道只停留在「不忘先」上，無須關心祖先的命運，而追福則在此基礎上更進一步使祖先來世的命運更加幸福。不少士人高僧的確也如此解釋，《弘明集》卷三載孫綽〈喻道論〉云：「既得弘修大業，而恩計紀不替，且令逝沒者得福報一生天，不復顧欣於世祀，斯豈非兼善大通之道乎」〔註292〕。同書卷七釋慧通〈駁顧歡夷夏論并書〉亦云：「若乃煙香夕台，韶法晨宮，禮拜懺悔，祈請無綴，上逮歷劫親屬，下至一切蒼生，若斯孝慈之弘大，非愚瞽之所測也。」〔註293〕一般信徒也有過明確的表示，敦煌所出寫經題記 P.4506《金光明經題記》爲北魏皇興五年（471）居定州中山郡盧奴縣之武威人張璪所造，記中云：「父母恩遇，無以仰報。」〔註294〕亦體現了寫經者以此寄託孝心的意圖。前引〈北魏

〔註290〕馮友蘭，《中國哲學史新編》第三冊（北京：人民出版社，1985年），頁101～103。

〔註291〕侯旭東，《五、六世紀北方民眾佛教信仰》，頁27～278。

〔註292〕《大正新修大藏經》第五十二冊，頁17下。

〔註293〕《大正新修大藏經》第五十二冊，頁46上。

〔註294〕黃徵、吳偉編校，《敦煌願文集》（長沙：岳麓書社，1995年），頁807。

太和七年（470）崔承宗造像記〉亦云：「使亡父母托生紫府安樂之鄉，神飛三，普沾十地，展孝思於靡矣曠……」視造像追福爲寄託孝心的方式。崔承宗又可見於《魏書・孝感傳》，傳稱因其母亡殯於漢中，他「萬里投險，偷路負喪還京師」。他亦用追福來表示孝心。在信徒心目中，追福已是行孝的一種方式了。

佛教傳入中土後，「孝親」的問題一直是佛法與名教爭論的焦點之一，雙方每每都要在此上大作文章〔註295〕。但侯旭東指出，較感意外的是，廟堂之上佛儒的義理之論諜諜不休，但民間的佛徒在實踐中卻開闢出一條融通中外化解糾葛的別徑。

（二）福田事業能得到官府的褒獎

除了造像在思想意涵之上與朝廷所推行的孝道有其助力之外，北朝民間佛教團體所兼行的種福田工作，包括設置義塚、供應義餐以救濟飢民等社會救濟事業，以及造橋、鋪路、掘井、種樹等公共建設事業，也都能得到官府的褒獎，甚至進而優免徭役；或者引以爲地方建設的助力。

就如「北齊標異鄉義惠石柱」，它是從東漢以來朝廷以「表其門閭」的方式，褒揚孝子、義夫、節婦這個傳統的延續。自東漢安帝首度下詔以旌表門閭，彰顯個人的孝行義事之後〔註296〕，此一方法便爲往後各個朝代所採行，旌揚孝行義事，以之獎勵風俗，而這種表其門閭的例子，多可見於史書上之〈孝義〉、〈孝友〉、〈烈女〉等傳。北朝各代對此也相當種視，如北魏宣武帝延昌四年（515）九月，胡太后特下詔：「孝子、順孫、義夫、節婦，表其門閭，以彰厥美。」〔註297〕而魏書對這方面的記載也特別豐富。其中可見有孝行義跡的人，往往因鄉里稱美，而由州縣奏請朝廷旌表其義行美跡，其方式乃延續後漢以來「表其門閭」的傳統，在其住處的里閭或其所住房屋，樹立旌表文字的標記〔註298〕。由於受到表揚的事蹟畢竟是少數，且其孝行節義亦

〔註295〕 王月清，〈中國佛教孝親觀初探〉，《南京大學學報》，1996年第三期，頁27。
〔註296〕 《後漢書・孝安帝紀》記元初六年二月乙卯詔：「賜人尤貧困、孤弱、單獨穀，人三斛；貞婦、有節義十斛，甄表門閭，旌顯厥行。」
〔註297〕 見《魏書・肅宗紀》。此年正月，宣武帝薨，孝明帝即位，胡太后臨朝聽政。
〔註298〕 《魏書・孝感傳》中記李顯達純孝，靈太后詔表其門閭；又，王崇有孝行「州以奏聞，標其門閭」。《魏書・節義傳》記天水白石縣人趙令安、孟蘭彊等「四世同居，行著州里，詔並標榜門閭」。「標其門閭」乃從漢代以來高大其門閭，以示尊崇之意，同時在門閭上書寫著旌表的文字。如《魏書・逸士・

復非常人所容易辦到的，所以此事又稱之爲「標異」。此石柱額題作「北齊標異鄉義惠石柱頌」，即是此一脈絡的相承。〔註299〕

而有部分受到「表其門閭」者可獲優免徭役，甚或租調兵役全免，以作爲獎勵，如《魏書》卷八十六〈孝感傳〉中記王續生有孝行，世宗「詔標旌門閭，甄其徭役」，閻元明至孝，州刺史上書表其孝行，「詔下州郡，表爲孝門，復其租調兵役，令終母年。」

由於一般的「表其門閭」都是旌表個人或個別家族，所以可以標顯其家門里門；然而這個「義」的組織成員眾多，無法對個人採取表其門閭的方式。據該石柱頌云：「靈圖既作，降敕仍隆，標建堂宇」〔註300〕，可知原先可能欲以「標建堂宇」，標顯義坊建築物的方式以表彰義眾。不過北齊河清二年范陽太守郭智依敕表揚義眾時，卻是以木柱的方式爲之，而此一木柱後來便爲目前所見的石柱所取代。

該石柱的頌文中提到北齊每縣邑義兩百餘人免役之令，爲史書上所未見，算是相當珍貴的史料。頌文云：

> 河清二年，故范陽太守郭府君智見此至誠，……令權立木柱，以廣達人。自尒於今，未曾刊頌。新令普班，舊文改削，諸爲邑義，例聽縣置二百餘人，壹身免役，以彰厥美，仍復季常考列，定其進退，便蒙令公據狀判申，臺依下□，具如明案。〔註301〕

可知在由范陽太守下令該「義」建造木柱，「以廣達聞」之後，北齊有每縣邑義兩百餘人免役新令的頒布，該「義」依令獲得免役。由於每縣僅有兩百餘人免役的額數，不是所有這種團體的成員都有這種好處，而且只限定成員本人，所以就必須定期考核，作爲獲得此優免的依據，也就是「定其進退」，表示並非終身優免。因爲之前建立木柱時，「自尒於今，未曾刊頌」，可見原來的木柱上沒有任何記敘此「義」的歷史和義行的頌文。而頌文中有載北齊天

李謐傳》就有云延昌四年朝廷下詔賜謚「貞靜處士」，並表其門閭：「遣謁者奉冊，於是表其門曰『文德』，里曰『孝義』云。」至於「高大門閭」，大概就如〈隋書・列女傳〉中所記，可知有些是採取建闕的方式。隋文帝下詔褒表節婦韓覬之妻，「表其門閭，長安中號爲『節婦闕』。」即建闕以突顯其里門的特異性。

〔註299〕劉淑芬，〈北齊標異鄉義慈惠石柱——中古佛教社會救濟的個案研究〉，《新史學》五卷四期，頁38～41。

〔註300〕《定興縣志》卷十六，頁9。

〔註301〕《定興縣志》卷十六，頁6、7。

統三年幽州刺使斛律羨「教下郡縣以石代焉」，之後經過此「義」成員的一番努力，終於建成此一石柱〔註302〕。因此立石柱的目的除了標異「義」成員之義行外，也有以刊刻訟文題記，作爲此「義」之成員免役的證明。就如訟文所言，「福賜標柱，眾情共立，遣建義所，旌題首領，眾免役苦」〔註303〕。不過有趣的是，建立此柱有部分原因乃因刺史斛律羨之意，斛律家族上文已提過亦是此「義」的施主，但建立此石柱並不是由官方建造，而是由此「義」的成員費盡一番辛苦才找到適合的石材，並由范陽縣令劉徹以私人身分捐獻家財而得立。當然立柱刊功，尤其是朝廷的旌表，對「義」的成員是無比的榮耀，但對於州級官府而言，選定此「義」成員獲得免役權利，這也是必須的工作，或是稱爲「交待」更爲貼切。即使與刺史本人關係匪淺，但爲得到優免徭役，可能也是不得不然。

　　復次，由上引頌文中可知北齊每縣的「邑義」可以有兩百多人的額數得到免役，因爲當時有一些「邑義」從事公共建設的義行，得到優免並不無可能，只是在目前碑誌中尚未見記載。不過有些資料顯示了當地方需要建設橋樑或道路時，地方官常商請當地的寺院或德高望重、有影響力的僧人出面鳩集工物、人力；由於寺院擁有眾多的信徒，因此寺院僧人出面募集資金人力，則其功易成。如上文已經討論過的〈東魏武定七年（549）義橋石像碑〉〔註304〕，在唐代和宋代也有相同的例子〔註305〕。但在碑誌中，有時會將建設之功歸美於守令鎮將，〈東魏武定七年（549）義橋石像碑〉即爲一例。在此碑中由於其碑額作「武德于府君等義橋石像之碑」，且碑文之前半如同一般造

〔註302〕《定興縣志》卷十六，頁 8。

〔註303〕《定興縣志》卷十六，頁 10。

〔註304〕《北京圖書館藏中國歷代石刻拓本匯編》第六冊，頁 153；《石刻史料新編》第一輯第一冊，《金石萃編》卷三十一〈義橋石像碑〉，頁 549；《八瓊室金石補正》卷十九，頁 346～347；大村西崖，《支那美術史‧雕塑篇》，頁 275。

〔註305〕唐懿宗咸通九年（868）在高壁鎮所建的通濟橋，便是當鎮兵馬使張諗清商請當鎮寺院咸通音院住持普安勸化民眾而修就的，參見：《山右石刻叢編》，卷九〈高壁鎮通濟橋碑〉，頁 34。而宋理宗寶慶元年（1225）撫州（今江西臨川市）一座主要橋樑的重建爲例，便是由官員請僧人妙嚴負責所需資金、工料的鳩集。參見 Robert P. Hymes, *Statesmen and Gentlemen: the elite of Fu-chou, Chiang-hsi, in northern and southern Sung.* New York: Cambridge University Press, 1986, pp.182～183。相關研究參見：劉淑芬，〈慈悲喜捨——中古時期佛教徒的社會福利事業〉，《北縣文化》第四十期（台北：1994 年），頁 18～19。

像碑文先敘佛教之要旨，而後形容武德郡之沿革、山川，守令之德政美風、修橋建碑之事，只有在碑文的頌文之後附記的一小段文字，才揭露了修建此橋之主動者其實為寺院之僧人，如不仔細審視碑文，很可能會誤解其為守令之德政〔註306〕。該碑在碑陰題名的二百六十餘人中，前兩列全是地方守令和大小職官之名，第三列以下才地方百姓之名，可能是出力建橋的「營橋人」，至於捐施材木建橋的七個寺院的僧人則都未列名其間。《金石萃編》的作者有論曰：「文末年月後列七寺，以紀施材木之功，而楊屬寺為橋主，列於首。然則建橋乃各寺之緣，立碑則歸美於守令也。」〔註307〕

　　以上討論北朝的華北地方的「邑」、「邑義」等佛教團體，同一時期在南方，以慧遠廬山教團為始祖的「佛會」，其與官府的關係和北方的情況就有所不同。就皇帝權力與佛教教團的關係而言，多有學者指出北朝為國家佛教，南朝為貴族佛教；北朝教團處於國家強力統治之下，而南朝教團相較之下就多具自律性。此差異的理解來自於南北兩朝統治結構的差異。這樣的理解或許大方向上沒有明顯的錯誤，但顯然對於教團與國家權力間的從屬型態仍無法交待清楚，且由此所反應的佛教信仰，包括教義的傳播、僧尼的活動、民眾信仰的內容等，也不能算是作了充分的解釋與說明〔註308〕。這其中有些議題，已在上文各節進行討論。

三、鬆散的佛教團體與南朝政權

　　一般狀況下，教團組織得越嚴密，其規模越是龐大，它的政治潛力也就越大。對官府而言，是無法容忍任何能與其抗衡的組織存在，也不允許任何其他個人的權威，不論是在政治上或思想上與當朝的統治者並存。但在北朝，由於十六國時代諸小國的君主多為少數族人，雖有軍事和政治上的權威，但對於思想上的統治力量仍不強，所以有的提倡儒家教育，一般對於宗

〔註306〕劉淑芬，〈慈悲喜捨——中古時期佛教徒的社會福利事業〉，《北縣文化》第四十期（1994），頁 18～19。劉氏並指出，在通都大邑的公共建設，即使由佛教徒或寺院、僧侶主動發起的，也常將其所作福田的公共建設之功歸美於地方守令鎮將；至於在村落地區的佛教徒的福田公共事業則略有不同，在其碑記的題名中，雖然有時可見少數有官銜者的題名，但在其碑文中則未見將其功歸美於地方官的情形。

〔註307〕《石刻史料新編》第一輯第一冊，《金石萃編》卷三十一，〈義橋石像碑〉，頁549。

〔註308〕佐藤智水，〈北朝造像銘考〉，收入：劉俊文主編，《日本中青年學者論中國史》六朝隋唐卷，頁 56。

教也不僅不限制，而且還多所鼓勵和優待〔註309〕。在如此機遇下佛教就形成了較大規模的教團。如在佛圖澄周圍「受業追游，常有數百，前後門徒，幾且一方。所歷州郡，興立佛寺八百九十三所，弘法之盛，莫與先矣」〔註310〕。佛圖澄的門徒以及他所建立的寺廟當然與他個人有著聯繫，形成教團想必無疑。其規模「莫與先矣」，應也是「莫與後矣」，因為一個擁有如此眾多追隨者，和擁有大勢力範圍的僧人，是會讓統治者坐立不安；所以除了「亂世」，它就無法生存。姑且不論統一的帝國時期，在北魏國家權力已漸漸增長之時，即使朝廷奉佛益盛，但如此龐大規模的教團恐怕就難以存在，君主也開始有滅佛之舉。當時國家與佛教信仰的關係錯綜複雜，並非本書所能論列，但不論如何，統治權力的強弱對於佛教教團的規模，當是有相當程度的決定性。

與北方相較之下，儘管門閥政治多少削弱了統治者的集權，但東晉皇帝的統治權力仍能發揮一定程度的作用，在此時開始發展的佛教教團也不同於北方的情形。在東晉南朝並沒有出現能比擬佛圖澄教團規模者，也未見如北朝動輒上百人，甚至上千人的民間的佛教團體。一方面由於義理佛學的影響，一方面是政治結構的制約，不但史料上遠較北方為少，民間佛教團體也大多是以較鬆散的組織形態來發展。

東晉南朝開始發展的，屬於淨土法門的「佛會」，其組織特色就是高僧與名士的結和，慧遠與名士所組成的廬山教團乃其濫觴。以此為例，這些名士雖然多為「隱逸」，但在江左朝野有著很大的影響。他們集結在慧遠的周圍，不僅大大抬高了慧遠的聲望，而且使得佛教在官僚士大夫中擁有一定的政治勢力，以致每當有人對佛教發難時，總會有一些大臣名士站出來為佛教辯護。廬山教團多少也因此在當時成為佛教勢力的核心。對佛教本身而言，因為那些來到廬山的名士也多是飽學之士，如雷次宗在晉宋間為江左儒宗，這也勢必加強佛教傳統文化之間的相互聯繫和融合，在一定程度上催化了南朝以降三教合一的勢頭。而這也是江南義理佛教流行的重要原因之一。〔註311〕

本書上節已提過，慧遠的廬山教團既有廣泛性，但卻又很鬆散。這就使慧遠處於十分有利的地位，即有聲譽、有勢利而不遭統治者的疑忌。通過

〔註309〕如後趙統治者石勒、石虎尊佛圖澄為「大和尚」；前秦符堅優禮釋道安；后秦姚興崇敬鳩摩羅什為國師等等，都是廣為人知的例子。

〔註310〕《大正新修大藏經》第五十冊，《高僧傳》卷九〈晉鄴中佛圖澄傳〉，頁 387上。

〔註311〕嚴耀中，《江南佛教史》，頁 75～76。

教團的影響力，慧遠可以與各方人士廣爲交往，如與桓玄、陶侃、殷仲堪、何無忌、司徒王謐、護軍王默等當時的各色權要皆有往來〔註312〕。甚至與所謂「國寇」的盧循交往，也安全無虞。《高僧傳》卷六〈釋慧遠傳〉記其事云：〔註313〕

> 盧循初下據江州城，入山詣遠。遠少與循父瑕同爲書生，及見循歡然道舊，因朝夕音問。僧有諫遠者曰：「循爲國寇，與之交厚，得不疑乎？」遠曰：「我佛法中情無取捨，豈不爲識者所察，此不足懼。」及宋武追討盧循，設帳桑尾。左右曰：「遠公素王盧山，與循交厚。」宋武曰：「遠公世表之人，必無彼此。」乃遣使齎書致敬，并遺錢米。
> 於是遠近方服其明見。

慧遠之有恃無恐，是因爲他明白既然不會和盧循一起謀反，那麼憑他的聲望和社會關係，他人不致於輕易觸動他，而這也應即是盧山教團所產生的功用。誠然，慧遠個人的因素也必須加以強調，由於他在佛教教團中廣泛接納東晉統治階級的精英分子，在社會政治中有地位而不直接干預政治〔註314〕，從而能在護衛佛教利益的同時，避免了官府的疑忌與鎮壓。其流風所及，不但在佛教組織上，且甚至在江南佛教的發展方向與北方有所不同，在江南免於發生「三武之禍」的迫害，有一定的貢獻。〔註315〕

第六節　民間團體與豪族的補充功能

綜觀兩晉南北朝的民間結社，「里社」承繼漢代以來已私社化的性質，並與逐漸興起的「村社」，共同作爲普遍存在於鄉村社會，最初步、單純的，依地域關係所結合的民間組織，發揮著春、秋兩季祭祀社神的宗教功能，以及歡會聚飲的社會功能。北朝的「邑」、「邑義」與「法義」等，主要是作爲造像、設齋等集資的結合，其中部分團體另有進行公共建設事業者；或者由佛教信徒組織成「義」的團體，專注於社會救濟事業的推行。而在南朝以慧遠

〔註312〕嚴耀中，《江南佛教史》，頁76。
〔註313〕《大正新修大藏經》第五十冊，頁359中。
〔註314〕慧遠個人政治手腕之高明，可參見：方立天，《魏晉南北朝佛教論叢》（北京：中華書局，1982年），頁60～62。
〔註315〕狄百瑞（de Bary, Theodore），《東亞文明——五個階段的對話》（中譯本）（南京：江蘇人民出版社，1996年），頁46。

的廬山教團作爲發端的屬於淨土法門的「佛會」，其功能主要是「建齋立誓，共期西方」，或爲名僧與名士的結合，或以名僧爲首聚集信徒進行齋會、說法等，受偏重於義理佛學以及政治環境的影響，相較之下這類佛教團體的組織都頗爲鬆散，史料也不多見。

漢代已具有互助功能的民間組織開始出現，其功能主要有協力共耕、地方事務與商業合作三項，但在魏晉南北朝時期，卻未能於碑誌或史籍中發現擁有這些功能的民間團體。但時序進入唐代之後，擁有互助功能的民間結社大盛，尤其在敦煌出土的寫本文書中，可見諸如喪葬、迎娶、生子、立莊造舍、遠行資助、疾病慰問、以及成員間危難基金的設置等互助功能，普遍存在於各種類型的私人結社中，至宋代以後的發展也更爲興盛與多樣化。那麼爲何唯獨此時期的民間結社，有以芸芸眾生爲對象所進行的種福田事業，卻未見組織內成員間互助功能的發揮呢？或許受限於史料限制的推測，是可以被接受的一個原因，但本書仍試著就當時國家社會的情況，提出可能的解釋。

上文已述在北朝社會，從尊禮佛教到對親族鄉黨的推財或接濟，以及社會救濟或公共建設事業的進行，都是「義」的行爲表現。由北魏國家所推動的「僧祇粟」；寺院僧人的賑濟，以及勸化信徒結成「邑義」、「法義」等佛教組織，除了造像奉佛之外，並推動修路、造橋、掘井等公共建設；而宗族或豪族對親族推財或救濟鄉黨，亦有領導佛教造像團體並兼行福田事業者；甚至還有佛徒組成「義」的團體專門進行社會救濟。北朝時候救濟活動似乎是相對熱絡的時期，那麼是不是這種社會救助的功能，取代了民眾互助組織的發展？所謂「取代」，並不是抑制，而是在當時的政治、社會、經濟結構中，原本在漢代或唐代作爲國家編戶齊民自營農民，在日常生活上需要以彼此互助來達成的需求，可能改以濟助的形式來達成。誠然，上述包括國家、寺院或民間佛教團體所推行的救濟或者公共建設，對廣大社會民眾而言應還是杯水車薪，且無法在人們的生活中提供長期、持續的照料。但宗族，或者作爲此時代特色之一的豪族，對其宗族鄉黨的接濟，以及透過其力量所作的組織生產，就頗能貼近一般民眾的日常生活；且另一方面，豪族也有其從事救濟的不得不然之必要。

以下即針對豪族討論其與宗族鄉黨的關係、豪族必須施濟的原因，以及可能組織民眾進行共耕和鄉村建設的情形，作爲這一時期民間結社中未見互助功能的部分解釋。

　　豪族勢力自漢武帝以後開始崛起於地方社會，東漢帝國在一定程度上已是屬於豪族政權體制〔註316〕。其在經濟方面的發展，本書第二章中已略有討論，其農田經營規模有賴代田法所使用的「二牛一犋」之法而愈趨擴大，使得西漢中期以降「兼併之弊」持續深化；除了經濟力量一項，同時也存在通過政治力而塑造者，但通過政治力塑造的豪族若要長期維繼，經濟權力的掌握仍是關鍵因素，富與貴的相需而生，正是豪族崛起於地方社會的常態〔註317〕。但就是對於政治權力的競逐，而使得東漢末年產生了濁流政府與清流豪族間的衝突〔註318〕。二次黨錮事件之後，作為清流勢力的豪族被徹底從政界清除出來，但這些清流勢力卻深植於鄉邑社會的鄉論之中。川勝義雄即認為當時的豪族展現了一種「矛盾的性格」，因為作為豪族要達成「清」的生

〔註316〕楊聯陞，〈東漢的豪族〉，《清華學報》十一卷四期（北京：1936 年），頁 1006～1063。

〔註317〕余英時謂漢代士人與宗族的關係自武帝以後便日深一日，參見：《中國知識階層史論・古代篇》，〈東漢政權之建立與士族大姓之關係〉（台北：聯經出版公司，1980 年），頁 163。豪族通過政治力的塑造在民間社會的影響者如《鹽鐵論》裡文學指出：「大抵逋賦皆在大家，吏正但畏憚，不敢篤責，苟急細民，中家為之色出。」〈未通篇〉則說明地方官與有力者的勾結。相關研究可參見：王德權，〈古代中國體系的搆成──關於許倬雲先生「中國體系網路分析」的討論〉，《新史學》十四卷一期（台北：2003 年），頁 171～183。

〔註318〕濁流政府大致上是指當時當權的宦官或外戚，在私人權力的收奪中，他們都具有豪族的本質。仲長統有云：「權移外戚之家，寵備近習之豎，親其黨類，用其私人，內充京師，外部列郡，顛倒賢愚，貿易選舉，疲篤守境，貪財牧民，擾撓百姓……。」再如增淵龍夫所言，「為了在外朝和地方官僚機構中扶植各自的勢力，向外朝和各地官僚施加壓力，請託選舉，無視鄉黨輿論，將自己的家族及依附他們的地方豪族子弟送進官府……引起了激於鄉黨輿論的清議。」所謂「選舉」，是地方郡守依據「孝廉」等儒家的道德標準向中央推薦人才，從中錄用官僚的制度。濁流破壞選舉，川勝義雄認為是破壞了「共同體」的秩序，包括共同體內父老與子弟的關係中，內在具自律性倫理的「孝悌」，以及以「孝廉」為中心，基於共同體的評判──「鄉論」舉薦人材的方式。自漢武帝開闢了培養儒家人材作為官吏的道路，清代趙翼即指出「東漢功臣多近儒」，「及東漢中葉以後，學成而歸者，各在故鄉教授門徒……由是學遍天下矣。」儒學也進入了富裕的豪族階層。濁流對於鄉舉里選體制的破壞，引發了鄉黨輿論「鄉論」的興起，包括具儒家教養的官僚、士大夫及太學生的反對。上述討論，參見：《後漢書・仲長統傳》引〈昌言・法誡篇〉；增淵龍夫，〈後漢黨錮事件的史評〉，《一橋論叢》四十四卷六期（東京：1960年）；川勝義雄，〈六朝貴族制社會的成立〉，收入：劉俊文主編，《日本學者研究中國史論著選譯》六朝隋唐卷（北京：中華書局，1992 年），頁 9～18；趙翼，《陔余叢考》卷十六「東漢功臣多近儒」、「兩漢時受學者皆赴京師」條。

活理念，就是要通過否定「經營產業」而成立的，被要求「有餘財，輒以分施」，但這樣卻在一定程度下否定了豪族對於擴展經濟力量的追求，不過卻可以由此得到鄉論的支持，透過九品官人法進入魏晉政權。〔註319〕

　　除了政治面的考量之外，在經濟方面，川勝義雄續有提到，「根源於華北地區的農業生產，即自耕農民只有結成某種共同體關係從事農業生產，鄉村社會才可能成立。某個豪族把所有農民變成自己的隸屬，置於領主體制之下，就會破壞農業生產環節，使鄉村社會瓦解，進而剝奪豪族自身生存基礎」〔註320〕。堀敏一的研究也指出豪族經濟體系中，所掌握的依附人口大多數仍是屬於自耕小農，「這些農戶的結合是以豪族為中心依其實力保護而聚集的小農，使逃避國家稅役成為可能。另一方面小農喪失自立性而依附於豪族，因而出現「豪強征斂，倍於公賦」的狀態，……但（豪族）把對宗族、鄉黨的救濟作為義務，起著保障農民自立性的作用」〔註321〕。這些相關的研究，原則上都奠基於漢代鄉村社會的「里共同體」，進展至魏晉南北朝的「豪族共同體」的觀念架構上〔註322〕。東漢掌握朝政的濁流豪族就是破壞了「共同體」的秩序，在東漢之後以迄魏晉南北朝，豪族在鄉村社會不論政治或經濟考量，

〔註319〕侯外廬指出清議之士的思潮以黨錮事件為契機轉向隱逸的方向。以黨錮事件後士大夫普遍進入隱逸君子的方向，並較貼近一般民眾的立場，「清」成了士大夫最重要的生活理念，以清淨、高潔作為至上的價值。其中以陳寔、荀彧、司馬懿等被稱為「權道派」的清流士人，以下部權力為後盾的「民望」，也就是鄉論的支持，支撐上層權力，並制約其方向，形成了作為權力媒介的士人階級，為了扶植曹操政權，最終只能採取進入曹操政權官僚系統的形式。所以曹操政權的官僚階層，是由黨錮以來純粹在民間維持的鄉論重層結構逐漸發展演變而來。參見：侯外廬等著，《中國思想通史》第二卷（北京：人民出版社，1975年），頁404以後；川勝義雄，〈六朝貴族制社會的成立〉，收入：劉俊文主編，《日本學者研究中國史論著選譯》六朝隋唐卷，頁26～29。

〔註320〕川勝義雄，〈六朝貴族制社會的成立〉，收入：劉俊文主編，《日本學者研究中國史論著選譯》六朝隋唐卷，頁23。

〔註321〕堀敏一，《均田制研究》，頁131。

〔註322〕包括「里共同體」、「豪族共同體」與「國家共同體」乃日本京都學派學者，對於漢代到北朝隋唐均田制國家，所提出對於國家、豪族與自營農民為主的鄉里社會彼此間形成的關係結構之解釋。可參見：谷川道雄著，馬彪譯，《中國中世社會與共同體》（北京：中華書局，2002年）；谷川道雄，〈日本魏晉南北朝史研究回顧〉（續），《中國史研究動態》，1993年第六期，頁22～24；川勝義雄、谷川道雄，〈中國中世史研究における立場と方法〉，收入：中國中世史研究會編，《中國中世史研究》（東京：東海大學出版會，1970年），頁3～16。

都有繼續維持共同體秩序的必要。

　　豪族所擁有的依附人口有多種類型，就國家所承認的，在魏晉時期主要是佃客和衣食客，前者大體上實行個體經營，以家庭爲單位進行勞動，而衣食客主要是以「個人」爲單位，衣食客據研究，和唐代的賤民、部曲有關，是從事包括農業工作在內的家內雜務之人，可能是漢代存在著衣食於主家的「傭客」等雇傭人的後身〔註323〕。而東晉以迄南朝也有不少流民托庇於大姓爲客，如《南齊書》卷十四〈州郡志·南兗州條〉所載「時百姓遭難，流移此境，流民多庇大姓，以爲客」，他們沒有戶籍，但在東晉的「給客制」中要求主戶列出課的名字上報政府〔註324〕。但不可否認的豪族大姓的身邊應有一定數量的奴婢，這從當時的一些諺語可以得知〔註325〕，他們從事主家家內雜務的同時，亦在主家住宅周圍所直接經營的土地上工作，但在此以外，就是佃客所經營的租佃土地。在政治上兩晉的「給客制」可以視爲這種情形的妥協，而在實際情況上，許多豪族的依附民仍較「給客制」中所規定來得多，而依附於豪族也的確能規避國家的賦稅。

　　在魏晉一直到北魏實施三長制之前，如《魏書》卷五十三〈李沖傳〉載：「舊無三長，惟立宗主督護。所以民多隱冒，五十、三十家方爲一戶。」這和前代《晉書》卷一二七〈慕容德載記〉所言：「或百室合戶，或千丁共籍。」的情形是一樣的，表明了有許多小農爲了逃避戰亂和國家課役，集聚豪族門下以求得保護，組成一種虛擬的大家族形態，而這些隸屬的小農在各自的家庭裡是實行獨立的農業經營，史書上記載了許多他們恃仗豪族的勢力，出現了抗拒國家稅役及統治的傾向〔註326〕。因此從上述的奴婢、衣食客、佃客，

〔註323〕堀敏一，《均田制研究》，頁76～79。

〔註324〕《隋書·食貨志》載東晉「給客制」的部分。

〔註325〕《魏書·刑罰傳》：「且俗諺云：『耕則問田奴，絹則問織婢』。」《宋書·沈慶之傳》：「治國譬如治家，耕當問奴，織當訪婢。」《隋書·柳或傳》：「古人有云：『耕當問奴，織當問婢』，此言各有所能也。」《三國志·蜀志·楊戲傳》裴注引〈襄陽記〉說：「請爲明公以作家譬之，今有人，使奴執耕稼，婢典炊爨。」且均田制中亦有明列奴婢的受田數，可見豪族家中當存在有奴婢。

〔註326〕如《三國志·魏志·司馬芝傳》載曹操平荊州時，濟南郡主簿劉節，「舊族豪俠，賓客千餘家」，不負擔國家的徭役；《三國志·魏志·賈逵傳》裴注中引《魏略·楊沛傳》云：「時曹洪賓客在縣界，微調不可如法。」《晉書·山遐傳》：「豪族多挾藏戶口，以爲私附。遐繩以峻法，到縣八旬，出口萬餘。」《魏書·王脩傳》載「高密孫氏素豪俠，人客數犯法。民有相劫者賊入孫氏，吏不能執。」從東漢末年到北魏有許多例子都表明了投靠豪族的庇護、不接

以及此處所說爲了逃避戰亂和國家課役，投入豪族門下的自營小農，甚至於在下文將會提到的，鄉里間與豪族有債務關係的自營小農等，皆可視爲豪族的依附民。豪族對他們的支配程度不一，得端看小農的自立程度，但這些依附民都是豪族共同體的一員，雖然如《魏書·食貨志》所言「豪強徵斂，倍於公賦」，但豪族也須透過對親族推財、爲宗族鄉黨提供賑恤、防敵、調解糾紛和教化等社會功能，東漢末豪族崔寔在《四民月令》中記載了以小農爲對象，在收穫季節收購其農產品，在青黃不接的季節加以出售的商業行爲，但也將對宗族的救濟視爲義務來記敘。〔註327〕

　　在豪族與其眾多類型的依附民，他們都有一個共通之處，就是共居於同一鄉里之中，本書第二章已有討論先秦漢代以來，邢義田所謂「聚族里居」的情形。宗族集體居住，並與依附民以及號爲鄉黨的同一地域的居民，彼此有了緊密結合的條件，這也成爲漢代以來豪族力量的基礎。在鄉里中豪族透過自身大土地的產業經營，以及對依附民某種程度的支配，來累積自身的經濟實力；但也得對親族推財以及賑濟鄉黨。雖然這和經濟力量的積累背道而馳，但可維持生產及鄉里秩序的穩定，避免依附民的再次破產與流離，以穩固經濟基礎，保其生生不息，並且由此獲得鄉論的支持，累積政治資源。所以豪族背後的鄉里，是提供經濟、社會、政治力量的源泉，一旦豪族離開了鄉里，提供力量的臍帶也隨之中斷。唐長孺論述南北朝士族的差異，即指出南朝高門的腐化，重要原因之一就是缺乏強大的宗族基礎；僑姓高門早就脫離他們的宗族鄉里，而吳姓高門也由於江南風俗的影響，宗族關係疏遠，逐漸脫離宗族，至於北朝高門大都有強大的宗族基礎，宗族關係密切〔註328〕。而北魏三長制、均田制實施之後，對豪族經濟力量的逐步削減固然是關鍵的因素，但隋唐開始展開的科舉制度，地方士人離開鄉里加入國家的官僚系統，對於豪族力量的沒落也是重要原因之一，由於出仕已漸與鄉論無關，而憑一己之才幹，不是不足照拂子弟，就是無法獲得宗親奧援，對中央政治的關注也漸勝過對家鄉事務的熱心，家族利益導向的格局逐漸取代宗族利益。在實證的案例中，盧建榮對於彭城劉氏宗族團體的研究就明確指出上述的變化，

受中央政府的統治、不繳納課役的戶口相當多。

〔註327〕西嶋定生，〈秦漢時期的農學〉，《古代史講座》第八期（東京：學生社，1963年）中有相關的討論。

〔註328〕唐長孺，《魏晉南北朝隋唐史三論》（武漢：武漢大學出版社，1993年），頁171～173。

該宗族在隋唐帝國建立後趨於崩解一途，而至唐末終告式微。〔註329〕

　　接下來實際談談豪族產業的經營以及對鄉里宗黨的濟助，探究有沒有可能在這樣的作為中，補充了民間結社互助性的功能。《後漢書》卷六十二〈樊宏傳〉載樊氏是南陽著姓，三世同堂的大家族，被稱為「世善農稼，好貨殖」，擁有許多民戶和田地，兼營養魚、蓄牧，進行自給自足的多種經營。此外亦曾率眾興建村落中的灌溉設施，並擔任三老躋身於官僚行列的底層。樊重在臨死之際，亦焚契約放棄債權。其子樊宏在王莽喪亂時，「與宗家親屬，作營塹自守，老弱歸之者千於家。」樊宏的例子是豪族莊園經營與豪族社會典型的例子，在《四民月令》中也頗多這類豪族大土地莊園生產的描述。《晉書・庾袞傳》載庾袞在禹山的塢壁中也進行大土地的生產，「田於其下，年穀未熟，食木實，餌石蕊，同保安之」，同保即同塢部眾。此外更「考功庸，計帳尺，均勞逸，通有無，繕完器備，量力任能，物應其宜。」雖然這些例子都以大土地的莊園生產來視之，但配合上述依附於豪族有許多不同類型的依附民，所謂大土地的生產應可再詳劃分為以豪族自家人，和奴僕勞動為主的直營地，以及以「客」為主要耕作者的租佃地。像庾袞在禹山的作法，對於耕作生產進形組織與規劃，治備生產資料，督促並考劾農民工作的效率，並領導民眾興修水利，而樊重亦有率眾興建灌溉設施之舉，這些經營作為顯然就不是單純地針對其直營地的經營，對於佃耕地甚至鄉里間其他的自營農民的生產活動，多多少少都可見豪族的介入、規劃與組織。誠然，庾袞的例子主要是在禹山的塢壁中，塢壁因戰守一體其共同體性質當更為強烈些，但不論如何，就以領導組織水利的興修而言，不但對於租佃地，甚至於鄉里間應產生有一定程度的功用。另一方面，豪族對其租佃土地的經營多少是因為當時的租佃是以實物地租的方式進行，保障這些佃耕者基本的產量，也等同於保障自身的收入。

　　在這樣的生產體制中，因豪族力量介入生產過程的安排，就有可能在某些程度上取代了漢代屬於國家編戶的自耕小農彼此組織結社進行協力共耕的功能。《魏書》卷八十〈樊子鵠傳〉記「後出除散騎常侍本將軍殷州刺史，歲屬旱儉，子鵠恐民流亡，乃勒有粟之家，分貸貧者，並遣人牛易力，多種二麥，州內以此獲安。」這是北魏地方官組織百姓進行人力、牛力交換耕作，

〔註329〕盧建榮，〈唐代彭城劉氏宗族團體之研究〉，《中央研究院歷史語言研究所集刊》第六十三本第三分（台北：1993年），頁571～638。

以及可能於春天播種時，強迫仍有粟種者須貸給缺種貧民的措施。而堀敏一據此提出了一個觀點：〔註330〕

> 如果說有粟之家分貸貧者這種情況是由豪族來實行的話，那麼可以認為前面表現共同體關係的人力、牛力交換，也多是在豪族與一般農民之間進行的。而且正是這種由豪族和小農組成的鄉村秩序的存在，使得上述樊子鵠的政策成為可能。

「前面表現共同體關係的人力、牛力交換」指的是北魏在勸農政策下，如《魏書·樊子鵠傳》所述，由地方牧守令長展開由地方組織的牛與人力交換的勞動機制。在這裡必須先指出的是，在耕作之法上，這時人力、牛力的換工，已配合著先進的一牛一犁式耕作法的推廣，因而與漢代由民間組織中，以結合勞力的鋤耕或挽重犁的的協力共耕方式有所不同。一牛一犁式耕作法初發於漢末，到南北朝時，特別是北魏以後開始漸居於主導地位〔註331〕。本書第二章第二節已云，面對新式的生產資料，小自耕農往往無餘力購置，從漢代的合耦或相庸挽犁，到一牛一犁耕作法中的人牛力相貿，都反應了農民無餘力投資大規模的勞動資料（如重犁、牛隻），即便在北魏時使用較先進的一牛一犁式耕作法，也是得常是面對牛隻缺乏的窘境，一般自營農民擁有牛隻的數目恐怕還不是很理想，每當牛隻發生溫疫時常伴隨著普遍的饑饉，因而皇帝履有禁殺牛馬的詔令〔註332〕。因此藉由人力、牛力相貿作為協力共耕的形式之一。而在魏晉南北朝時，應有相當程度是由豪族來組織人力的結合挽犁或者共同進行鋤耕，抑或是人力、牛力互換，來使用漢代時與豪族經濟力量持續擴張有關的「二牛一犋」，或者是更進步的「一牛一犁」耕作法。就如上述晉代時瘐袞在禹山，「考功庸，計帳尺，均勞逸，通有無，繕完器備，量力任能，物應其宜」，豪族組織人力、牛力相貿應也可在這層意義上加

〔註330〕堀敏一，《均田制研究》，頁125註1。

〔註331〕魯才全，〈漢唐之間的牛耕和犁耙糖樓〉，《武漢大學學報》（哲學社會科學），1980年第六期，頁86～96。

〔註332〕如《魏書·孝文帝紀》：「詔曰：『去年牛疫，死傷太半，耕墾之利，當有虧損。』」《魏書·食貨志》：「（太和）十一年，大旱，京都民飢。加以牛疫，公私闕乏，時有以馬驢及橐駝供駕輓耕載。詔聽民就豐。」《魏書·天象志（二）》：「時帝討姚興弟平於乾壁，克之。太史令晁崇奏角蟲將死，上慮牛疫，乃命諸軍併重焚車。」可見朝廷對於牛疫戒慎恐懼的發生對於墾耕有極大的危害，且與饑荒可能有極大的關連，如《魏書·天象志（三）》有載劉宋天安二年，「江南阻饑，牛且大疫」。

以瞭解。

　　不論是民間小農彼此之間，或者由豪族所組織的換工，其意多在互通有無或者組織生產、調配生產資料，追求較高的收穫，並保障基本的產量。但進入均田制之後，由國家所組織的人牛力相貿，有其更深一層的目的。北魏由國家勸獎或地方官吏組織人力與牛力之換工，史書上多有記載，除上述樊子鵠的例子之外，景穆帝、孝文帝亦有詔令地方令守必須「使無牛家以人牛力相貿」，「若不從詔，一門之內終身不仕」，因而「墾田大爲增闢」〔註333〕。由國家推行的換工當是屬於「勸課農桑」的一環，其終極目標在於「以備兇荒」，並以「勸課農耕」的方式介入自營農民的農業經營〔註334〕，藉由大量穀物的積存，保障農民生產及社會秩序的安定，不因災荒而流離；另一方面國家也藉由整體生產量的增加而增強國家的實力。而要達到這個目的，最基本的任務即如《魏書‧孝文帝紀》太和元年之詔曰：「其敕在所督課田農，有牛

〔註333〕《魏書‧景穆帝紀》記恭宗監國時曾令曰：「……其制有司課畿內之民，使無牛家以人牛力相貿，墾殖鋤耨。其有牛家與無牛家一人種田二十二畝，償以私鋤功七畝，如是爲差，至與小、老無牛家種田七畝，小、老者償以鋤功二畝。皆以五口下貧家爲率。各列家別口數，所勸種頃畝，明立簿目。所種者於地首標題姓名，以辨播殖之功。」該時尚未實施均田制，其詔令是針對首都近畿已爲國家編戶的自耕農民而設，把需要牛力耕作的無牛之家必須償還的勞力耕作畝數都明列出來，在此並可見所謂的人力指的是「鋤功」，也就是無牛的農民他們的耕種無法使用「犁」，而是事倍功半的「鋤」。此外詔令中還規定「禁飲酒、雜戲、棄本沽販者」，並把每個家口所「勸種」（其實是強制的意思）的畝數都明列造冊，可見其目的就是要以國家的力量，強制所有的勞動力與生產資料都投入生產。《魏書‧孝文帝紀》則記：「有牛者加勤於常歲，無牛者倍庸於餘年」；「同部之內，貧富相通。家有兼牛，通借無者，若不從詔，一門之內終身不仕。」更明確指出這種換工是牧守令長的職責，若有失職當受處分。

〔註334〕北魏從建國以來就一直爲連年饑荒所苦，太宗時甚至考慮遷都於鄴。《魏書‧韓麒麟傳》載北魏太和十一年（487）韓麒麟所提出的「時務策」主要是針對那一年大饑饉的慘狀而提出的對策，建議計口受田後把穀物儲存在公立的倉儲裡。《魏書‧李安世傳》及《通典》卷一〈田制上‧後魏〉載李安世上書「均田制」之法，其動機也是因饑饉導致農民的流亡，如「時民困饑流散」云云，他的辦法是期望農民的家庭富裕起來。因此國家「勸課農桑」的方式介入自營農民的農業經營，但其強制力並不是採取直接的以人身強制措施，而是採取指導、監督農業生產的型態，《周書‧蘇綽傳》載西魏六條詔書中的第三條「盡地利」所論，百姓欲足衣食就得盡地力，而此又非正確有效的勸獎不爲功，因此由牧守令長擔任指導勸課之任，荒怠不力之人，鄉里長正必須呈報郡縣，守令必須加以懲處以敬效尤。因此種種措施的首要目的在於以備兇荒。

者加勤於常歲，無牛者倍庸於餘年。一夫制治田四十畝，中男二十畝。無令人有餘力，地有遺利。」也就是要必須運用到所有可用的勞動力，以計口受田並徵收實物田租的方式，也就是一種責任耕墾制，做到「人無遺力」、「地無遺利」。這種理想看似理所當然，但在實際的狀況中不難想像在一個自耕農的家庭中，可以運用的勞力或者生產資料，通常可能多沒有辦法作極致的發揮，或許就是以達到基本的生存任務為目的〔註335〕。而國家所需要的並不僅僅如此，就如谷川道雄所指出的，當時「每一個人的農業生產勞動不僅是為了他自己和家庭的在生產，同時也和整個社會的再生產有關」；「一個社會財富的多寡，最重要的是先看他是否能養活社會上的所有人，而財富的分配方法則屬於次要的問題」〔註336〕。這也是李安世上均田策時所欲達到的目標，「……力業相稱，細民獲資生之利，豪右靡餘地之盈，則無私之澤，乃播均於兆庶，如阜如山，可有積於比互矣」。

自耕小農本身面對優勢的生產工具與技術時，自身力量的不足，也可間接推論其經濟自主程度的不足，當其獨自耕作的產量面對生活的開支、政府的賦稅以及再生產的投資已感吃力，只要有天災兵禍就極容易造成小農生產的崩潰而導致流亡，在國家政權力量無法保證完成基本生活任務的生產時，投入豪族門下，由豪族力量提供天災兵禍的預防與應變，到完成一般農民日常生活的基本任務。均田制以後，對於漸漸由豪族門下析出的自營農民，北魏以後國家的力量發揮在於強制介入生產過程，使自營小農達到相當的自主性，並使這種自主性得到保障，成為國家經濟、社會的基礎。谷川道雄等學者乃分別以「豪族共同體」和「國家共同體」的概念來詮釋豪族、國家與自營農民彼此的相依共存的關係。〔註337〕

〔註335〕 就如《周書·蘇綽傳》中所謂「民者冥也，智不自周，必待勸教，然後盡其力。」必須要在他人指導下才能盡其力，當然當時所謂的指導，就是配合均田制的計口受田與勸課農耕，多少帶有強制性，要做到「每至歲首，必戒敕部民，無問少長，但能操持農器者，皆令就田。」才能使「人無遺力」、「地無遺利」。

〔註336〕 谷川道雄，〈自營農民與國家之間的共同體性關係〉，《食貨月刊》（復刊），1981年第五期，頁238～239。

〔註337〕 「豪族共同體」前文已有介紹，關於「國家共同體」可參間：谷川道雄，〈自營農民與國家之間的共同體性關係〉，《食貨月刊》（復刊），1981年第五期，頁229～242；谷川道雄著，馬彪譯，《中國中世社會與共同體》（北京：中華書局，2002年）；谷川道雄著，李濟滄譯，《隋唐帝國形成史論》（上海：上海古籍出版社，2004年）。

承上所言，豪族除了自身產業的經營與對其依附民生產的介入之外，豪族與宗族鄉黨的關係亦是作為共同體不可或缺的一環。《北史》卷三十三〈李元忠傳〉：

> 家素富，在家多有出貸求利。元忠焚契免責，鄉人甚敬之。……及葛榮起，元忠率宗黨，作壘以自保。坐於大槲樹下，前後斬違命者，凡三百人。賊至，元忠輒卻之。

《隋書》卷七十七〈隱逸·李士謙傳〉：

> 家富於財，躬處節儉，每以振施為務。州里有喪事不辦者，士謙輒奔走赴之，隨乏供濟。……其後出粟數千石，以貸鄉人，值年穀不登，債家無以償，……於是悉召債家，為設酒食，對之燔契。……他年又大饑，多有死者，士謙罄竭家資，為之糜粥，賴以全活者將萬計。收埋骸骨，所見無遺。至春，又出良種，分給貧乏。

〈李士謙傳〉雖列屬於〈隱逸〉，但其傳中有云：「李氏宗黨豪盛，每至春秋二社，必高會極歡，無不沉醉諠亂。嘗集士謙所……。」且家又富於財，可見當屬豪族一脈。李元忠和李士謙二例中，可見兩人都有對鄉人放貸取利，在某些時候卻又焚毀債據，因而為鄉人所敬重。這說明豪族與鄉里的小農之間多存在著債務關係，即使這些小農原本不屬於豪族佃戶的依附民，但其依附性質也很有可能因不斷產生的債務益為強烈，終至可能失去土地成為豪族的佃戶，甚至於失去自身產業而憑勞力換取生存的衣食客。豪族透過這種債務關係，可能與廣大的鄉里自營小農發生依存的關係。而另一方面，在豪族產業的經營中，藉由生產的大量多餘穀物放貸取息，與《四民月令》中載豪族以小農為對象，在收穫季節收購其農產品，在青黃不接的季節加以出售的商業行為，都屬豪族產業經營、掙取利益，作為自身經濟力量擴張的手段。

不過豪族的放貸也不宜單視為斂財謀利，在上述所徵引史料的記載，這種放貸的行為並沒有受到激烈的撻伐。蓋自漢代以來，小農因生產時序使他們的生活有著規律的週期性，在秋收所得無法應付至隔年的收成，尤其是春耕時再缺糧種，則更無收成的希望，所以借貸多產生於春耕之時，如〈李士謙傳〉有「至春，又出良種，分給貧乏」，至唐代寺院的放貸業以及中唐以後敦煌寫本便貸文書中顯見借貸幾乎多是穀種的春借秋還，也就是農作物的一個生產週期，而敦煌的私社放貸糧種的功能也是這種性質。春耕時糧種的貸

出對於小農的生產也有其不可或缺的必要，因為至少只要能收成就有希望，所以如上文所徵引《魏書‧樊子鵠傳》載殷州刺史樊子鵠「恐民流亡，乃勒有粟之家，分貸貧者」，還要再安排人牛易力使民能持續耕作生產，這樣的工作在豪族勢力的鄉里中便由豪族來進行。因為不論地方官或豪族，他們所念茲在茲的就是「恐民流亡」，不論對國家或豪族而言都是經濟基礎的瓦解。

　　放貸既有施濟的精神，所以焚毀債據的作為也就反映了這層意義，在實際上也削弱了自身經濟能力的擴張。包括上述西漢末年的樊宏，以及李元忠和李士謙二例，在史書上焚毀債據的記載頗多，每每引為佳話，如李元忠獲「鄉人甚敬之」即是〔註338〕。因此焚毀債據的行為並不適合單純地當作美談或個人性格的仁慈，這種放債又免債的情形，除了經濟上必須持小農的基本生活任務之外，不就正好反映了上文川勝義雄所指出在東漢末年以後清流豪族所展現的「矛盾性格」：擴大自己的財富，乃豪族之所以成為豪族的根本，但卻仍要採取相反的路線，維持共同體秩序，和一般農民聯合，以爭取鄉論的支持，成為鄉村社會的領導者，爭取政治地位。而豪族的這種性格，就反應在「清」的生活上，以清淨、高潔作為至上的價值標準，以「清簡好施」，「有餘財，輒以分施」，通過否定經營產業來達成「清」的理想。李士謙的例子就頗為典型。他名列於《隋書‧隱逸傳》中，頗符合最初「清」的概念形成之時，也就上文提過東漢黨錮之禍以後清議之士普遍轉向隱逸君子的路線。史書上記載了許多他對於鄉里宗黨的具體救濟行為，除了焚毀債據外，還有如鄉黨喪葬的濟助，春耕時出貸良種、饑荒時的賑濟、以及收埋骸骨等等。這些都是削減自己經濟力量的作法，但卻也是維護鄉村生產、社會秩序，或者說是維持共同體關係，並在政治上獲得聲望的累積所不得不然耳。〔註339〕

　　李士謙雖處均田制實施後的隋代，國家已開始建立以作為國家編戶的自耕農民為基礎的生產與鄉村社會結構，但豪族力量的完全沒落則是要到唐代

〔註338〕如《宋書》卷四十二〈王弘傳〉有「珣（弘之父）頗好積聚財富，布在民間，珣薨，弘悉燔燒券書，一不收責，餘舊業悉以委付諸弟」；《北齊書》卷十一〈蘭陵武王長恭傳〉也有「有千金債券，臨死日，盡燔之」等等，燒契約放棄債權的記載頗多。

〔註339〕九品官人法中規定根據豪族在其鄉里的地位定鄉品，在其鄉品的基礎上決定官品。而兩晉的給客制和占田制又根據官品等級規定土地或者「客」（按：包括佃客和衣食客）的數額，所以豪族的社社會地位、政治地位和經濟地位是彼此互相適應的。參見：堀敏一，《均田制研究》，頁88～89。

時候，而其對鄉里的賑濟仍是豪族一脈的作為，其中收埋骸骨與饑饉的賑濟，就是本章第二節所討論〈北齊標異鄉義慈惠石柱頌〉〔註340〕所記稱為「義」的慈善團體的主要功能。所以連繫這些概念，或許可以這麼認為：豪族這種「清」的理念，其具體的表現就是「義」的行為，這包括對親族的推財，以及對鄉黨的賑濟。豪族的「義行」與鄉論的獲得應有相當的關連性。

收埋骸骨與饑饉的賑濟，都是民間「義」的慈善組織，以及豪族義行的主要作為，但這也反映了在自營小農生產的自立性仍不高的條件下，面臨這種非自身所能抗拒的生存威脅的機會是不小的，而這個部分也不是一般民間結社成員間發揮彼此互助的功所能免除。互助之意在於利人利己，可以是彼此資源的交換，或者是共同儲備，以防未來包括己身在內的所有成員，所可能面對的不時之需，如漢代民間互助性結社的協力共耕或者唐代的喪葬互助，但一旦遭逢全體個人生命財產都受到威脅的時候，不且民間結社互助的功能恐怕無法應付，且是否有辦法組織固定的互助團體都有困難，唯一的辦法就只能透過有力者的賑濟來克服了。就如上述隋代李士謙的例子中，「州里有喪事不辦者，士謙輒奔走赴之，隨乏供濟」，鄉里民眾對於突來的喪事無法應付，還得透過豪族的救濟來操辦。在中唐以後的敦煌寫本文書中，可知喪葬互助已成為當時民間結社最具普遍性的互助功能〔註341〕，且在這類喪葬互助的組織中其團體成員，也是必須繳納一定數量的物資，待到某位成員有喪事協助的必要時，其他成員還得再繳納協助治喪的資材，這多少得在較穩定的生產與社會秩序中才能辦得到。民眾喪事的操辦由豪族的濟助到民眾的結社互助，雖說國家後來取代了豪族在鄉村社會的角色，在唐代中期以前，均田制尚能實施之時，國家的作為表現在藉由受田以及「勸課農耕」維持自耕農民穩定的生產，扶植其自立性質，但隨著均田制的廢弛，國家在這一方面的用力也漸趨式微，但在均田制實施之時，國家是否如同豪族般提供民眾喪葬的實質幫助，在史料上不得而知，但中唐以後能由民眾彼此的結社互助來達成，自耕農民自立性的提高可能就是其關鍵的因素，而在較穩定的生產與社會狀況的基礎上，也才能提供民眾結社有較穩固的組織運作之環境，如果常因天災人禍而流離失所，相信是無法發揮民間互助性結社的功能。

〔註340〕《定興縣志》卷十六〈金石〉；《魯迅輯校石刻手稿》一函六冊。
〔註341〕關於唐代私社中的喪葬互助功能在下文將續有討論，相關研究可參見：寧可、郝春文，〈敦煌社邑的喪葬互助〉，《首都師範大學學報》，1995年第六期，頁32～40。

對於鄉里宗黨的生產和社會秩序的維護上，豪族力量的發揮除了上述的賑濟與組織共耕之外，在東漢、西晉末年和十六國兵馬倥傯的時期，還必須提供軍事保護的功能，多以結成塢或塢壁的形式來自保。《晉書‧郗鑒傳》稱：

> 鑒得歸鄉里。於時所在饑荒，州中之士素有感其恩義者，相與資贍。鑒復分所得，以恤宗族及鄉曲孤老，賴而全濟者甚多，咸相謂曰：「今天子播越，中原無伯，當歸依仁德，可以后亡。」遂共推鑒爲主，舉千餘家俱避難於魯之嶧山。

郗鑒「鑒復分所得，恤宗族及鄉曲孤老」使他具備「恩義」、「仁德」美名，因而具有號召力。削減資財施濟鄉里宗黨的義行，維護其生存做爲其事業的基礎，並獲得鄉里輿論的支持，因而成爲地方的領袖，即是本書所述標準的豪族性格。有千餘家隨郗鑒避難於嶧山，想必在在那裡也應即是結成塢壁的形式。

塢壁通常是戰守一體，集經濟、政治、軍事功能於其中。塢壁主通常對於平常經濟生產與社會秩序都會加以規劃與安排，以期能發揮持久堅守的力量，因而共同體間的關係更爲緊密，甚至還可視爲自成一系的自治團體。《三國志‧魏志‧田疇傳》中所載，東漢末年田疇率宗族與徙附的百姓五千餘人於徐無山所建的武裝集團，有自己的「相殺傷、犯盜、爭頌」之法，又有「婚姻嫁娶之禮」，還有「學校講授之業」，這是時代較早也最爲著名的例子。還有《晉書‧庾袞傳》載庾袞出身世族，又有門人若干，又曾爲郡功曹，「率其同族及庶姓保於禹山」，可見跟隨者也就是塢壁的成員就是其宗族與鄉黨，庾袞與其部相約「無恃險、無怙亂、無暴鄰……同恤危難」、「量力任能，使邑推其長，里推其賢，而身率之」，這是鄉里秩序的維持，挑選適合的人材建立基層行政單位，在親族鄉里間的危難必須互相施濟；對於生產工作則是「均勞逸、通有無、繕完器備」，一切都有統籌的安排，而這一切的成果，就是豪族力量的展現，共同體的意味十足。上述的這些塢壁若按其組織成員而分類，可以視爲鄉里塢壁，而鄉里正是豪族的基盤；其他的類型還有流民塢壁、乞活塢壁、兵士塢壁等。〔註342〕

帶有軍事防衛性質的塢壁組織，多是屬於中央政治權力薄弱時期暫時性的權宜辦法，只要時局稍加安定，中央權力漸強大，這些塢壁又會慢慢納入

〔註342〕塢壁的類型可參見：齊濤，《魏晉隋唐鄉村社會研究》，頁54～56。

國家統治的體系中，北魏初期的宗主督護制便是招撫武裝的塢壁而生。北魏政府承認塢壁的合法性與塢主對所屬部眾的統轄權，成為實際的地方統治者。但這種與國家權力發展衝突宗主督護，最後在孝文帝時代包括三長制、均田制等一連串政策之下，國家逐漸取代了豪族在鄉村社會所扮演的角色，繼「豪族共同體」後，進入了「國家共同體」的時代。

綜上所述，在此時期未見互助性質的民間結社，可能主要是透過豪族對其鄉里宗黨的救濟或者安排人力、牛隻的換工來取代，而不是以民眾結社的方式來達成。不過這絕不代表在豪族社會就沒有民眾的結社，上文曾經提過北朝的「邑」、「邑義」、「法義」等民間佛教團體中，以平民與僧侶的組合所佔的比例為最高，有許多團體是由僧人勸化或由寺院來組織的，豪族既然作為鄉里社會的領導者，故也有不少「邑」、「邑義」等團體是由豪族領導鄉里宗黨所組織者。只是這類佛教團體的結社並不具有互助的功能，除了造像奉佛之外，便是進行社會救濟或公共建設事業，其對象是鄉里民眾，甚或是更廣泛的社會大眾，而不是團體組織內的成員。而豪族領導組織這類的團體，對於取得鄉論的支持應有所幫助。我們可以〈東魏興和四年（542）李氏合邑造像記〉〔註343〕來加以說明。

該邑成員共計有二百二十一人，其中包括比丘僧十人，俗人中李姓就佔了一百九十八人，部分成員名前都帶有官銜。記文有「李次、李顯族百餘人」，其後的頌文最後一行題為「都邑金像義井主長樂太守李次」，而正面佛堪兩緣題有「都唯那大像碑主李顯族」，因此可知應是以李次為首、李顯族為輔所領導的李姓宗族及其鄉黨與僧侶的造像組織。造像記中的李氏宗族，其服官事業相當驚人，共有十五位太守、十二位縣令、二位中央武職將領、四位諸侯國的卿官、一位三公府幕僚、二位雜號將軍、以及二位書令史〔註344〕。因此將這個李氏宗族應該可以稱得上是豪族了。

復次，該造像記碑左側有「永安寺」的「邑主比丘」一人與「比丘」七人，在碑額陰面所提及的「開經主比丘」一人。「邑主比丘」應與該組織的「都邑主」、「大都唯那」李次、李顯都屬領導之人，所以這個「邑」的組織是豪族與寺院僧人互相合作組織的產物，至於「開經主比丘」則是開講經義的僧

〔註343〕《北京圖書館藏中國歷代石刻拓本匯編》第六冊，頁 90；大村西崖，《支那美術史・雕塑篇》，頁 274。
〔註344〕盧建榮，〈從造像銘記論五至六世紀北朝鄉民社會意識〉，《師大歷史學報》第二十三期（1995），頁 119。

人，本章第三節已有說明該造像記所反映者乃《法華經》之思想教義，可見僧人在該團體中亦擔任指導經典佛法的事宜。因此這個團體應是由豪族配合僧侶共同組織起來的。他們率領鄉里宗黨建造寺院、僧坊、講堂、寶塔等奉佛事業外，另於村南二里的水陸交通要地進行掘井、種樹的公共建設，以供旅客休息。

豪族組織這類佛教團體除了其自身宗教信仰的動機之外，如本書章第二節所討論北朝社會，包括捨田建寺、布施僧人以及救濟飢寒等與尊禮佛教有關的德行，就是「義」的行為表現；而進行掘井、種樹等公共建設不但實質上有助於改善鄉里的生活條件，且有率領鄉里宗黨種福田、獲功德的效果，即是谷川道雄所言，豪族在共同體中具有精神領導的作用〔註345〕，而這其實也就是豪族藉以獲得鄉論支持的一種方式。而這個團體又「於村中造寺一堀，僧坊四周，講堂已就」，「永安寺」可能是他們所造的寺院，也可能是他們為永安寺又造新舍，但不論如何是僧侶得到了實質的供養，且造像、掘井、種樹立碑，亦有佛教宣傳之功；另一方面僧侶也協助豪族作為鄉里社會宗教信仰的領導人。所以在這個團體中，我們可以見到豪族與寺院僧侶的彼此配合而相得益彰。

而有的時候豪族並不直接組織或領導民間團體，而是以施主的身份來參與，這對於鄉里輿論的獲得或許也可能有一些幫助。在上文討論過的〈北齊標異鄉義慈惠石柱頌〉碑文中可見嚴氏家族捐贈土地建「義坊」、供義食，並以其種植蔬果的收入做為該「義」的收入；當地范陽豪族盧氏，對此「義」也有很大的貢獻，盧文義首先敦請名僧曇遵至此傳道，對此「義」的成長著壯有很大的影響，盧文義之子盧士朗及其孫盧釋壽都曾為此義的「檀越」，「檀越」即是施主之義〔註346〕。除了范陽的嚴氏與盧氏之外，當時的幽州刺史斛律羨與范陽太守劉仙等地方官長也多以個人身份對「義」捐獻資財，不過他們並非范陽當地的豪族，他們的義助可能較多出自於個人的信仰、善心

〔註345〕其意即是透過「清」概念的實踐來獲得鄉里輿論的支持。谷川道雄，〈「共同體」論爭について〉，收入：氏著，《中國中世の探求》（東京：日本エデイタースクール出版部，1987年），頁154～196。

〔註346〕盧士朗仕至殿中郎（《新唐書‧宰相世系表》），故頌文中言「寧將榮祿革意直置，逍遙正道，坐臥清虛，仍憂此義，便為檀越」，而盧釋壽曾任范陽郡功曹，頌文說他「還為義檀越，志存世業，財力匡究」。頌文見：《定興縣志》卷十六，頁4、8；相關言究參見：劉淑芬，〈北齊標異鄉義慈惠石柱──中古佛教社會救濟的個案研究〉，《新史學》五卷四期（1994），頁28。

〔註347〕，以及「義」的組織對於地方的救濟貢獻良多，贊賞之餘也使他們願意參與這個組織。

　　本節主要論述了豪族的「矛盾性格」，既要經營產業擴張經濟實力，又得對鄉里宗黨進行濟助以及組織生產，而這也在一定程度上補充了漢代與唐代民間結社所擁有的互助功能，如豪族所組織人牛易力的換工、對鄉里喪事的濟助、以及在缺種之時的放貸等。而豪族自身亦有組織民間結社或為民間佛教團體的贊助者，但這些團體組織的功能並不在於其成員間的互助，就豪族立場而言，除了自身信仰的趨使之外，進行奉佛活動以及福田思想的實踐，不但合乎當時「義」的內涵，有助於獲得鄉里聲望，且與僧侶配合實際組織這類團體，似乎也有領導鄉里信仰的意涵，而進行源於福田思想的公共建設，多少也能增進鄉里生活的便利性。

〔註347〕如斛律羨可見《北齊書・斛律金傳》，斛律氏一門多出名將，且有一位皇后、二位太子妃、三位公主，尊寵之盛當時無人可及。斛律金之弟斛律羨自河清三年至武平二年間（564～578）間都督幽、安、平、南、北營、東燕六州諸軍事，和幽州刺史，因位當時幽州刺史治所在薊城，而范陽恰在薊城和都城鄴城的官道上，故斛律羨及其家人便有許多機會經過在官道旁的「義」所。其一族原來可能原本就是佛教信徒。斛律羨在此停留之餘，還造佛像置於此「義」，也捐獻資財以供「義餐」，該「義」石柱的建立就是出自其指示。頌文云其「駟馬入覲，履過於此，向寺若歸如父，他還百里停湌，屈義方食，慰同慈母。費殊僧俗脫驂解駕，敬造尊像；抽捨物，共造義湌。」至於范陽太守劉仙頌文云：「獎勵妻子，減徹行資，中外忻悅，共拯饑饉。」參見：《定興縣志》十六卷，頁7、8。